汽车轻量化技术与应用系列丛书

乘用车车身结构设计与轻量化

中国汽车工程学会
汽车轻量化技术创新战略联盟 组 编

主 编 唐程光 刘江波 鲁后国
副主编 阚洪贵 伏建博
参 编 吴卫枫 李铁柱 张 羽 张朋伟
　　　刘 峰 欧阳俊珩

机械工业出版社

本书是"汽车轻量化技术与应用系列丛书"中的一册，主要围绕车身结构设计与轻量化展开。书中从设计理论入手，涵盖车身概念设计和详细设计的各个阶段，结合车身开发流程详细介绍了车身开发从前期性能目标设定、可行性分析、断面设计到后期详细结构设计、性能设计、试制试验验证的全过程。本书以材料－结构－性能一体化设计为思路，采用理论加实例的方式进行内容介绍，既强调设计理论，又突出工程性和实用性，同时也对车身结构设计涉及的力学理论基础进行了介绍以启发读者，让读者真正懂设计、知原理。

本书适合从事车身结构设计和轻量化设计，以及碰撞安全、NVH、疲劳、防腐等性能设计的汽车技术人员阅读。

图书在版编目（CIP）数据

乘用车车身结构设计与轻量化/唐程光，刘江波，鲁后国主编；中国汽车工程学会，汽车轻量化技术创新战略联盟组编．—北京：机械工业出版社，2019.10

（汽车轻量化技术与应用系列丛书）

ISBN 978-7-111-63947-3

Ⅰ.①乘… Ⅱ.①唐… ②刘… ③鲁… ④中… ⑤汽… Ⅲ.①汽车轻量化－车体结构－结构设计－研究 Ⅳ.①U463.82②U462.2

中国版本图书馆 CIP 数据核字（2019）第 219453 号

机械工业出版社（北京市百万庄大街 22 号　邮政编码 100037）
策划编辑：赵海青　责任编辑：赵海青
责任校对：刘志文　责任印制：孙　炜
保定市中画美凯印刷有限公司印刷
2020 年 1 月第 1 版第 1 次印刷
184mm×260mm · 20 印张 · 496 千字
0 001—2 500 册
标准书号：ISBN 978-7-111-63947-3
定价：129.00 元

电话服务　　　　　　　网络服务
客服电话：010-88361066　　机 工 官 网：www.cmpbook.com
　　　　　010-88379833　　机 工 官 博：weibo.com/cmp1952
　　　　　010-68326294　　金 书 网：www.golden-book.com
封底无防伪标均为盗版　机工教育服务网：www.cmpedu.com

汽车轻量化技术与应用系列丛书

编委会

主 任 张进华

副主任 侯福深　王登峰

委 员（按姓氏笔画排序）
马芳武　王 立　王 利　王智文　任 鹏　刘 波
刘永刚　刘宏亮　刘春太　汤 湧　孙凌玉　李占营
李光耀　李彦波　李菁华　邱国华　闵峻英　宋景良
张 海　陈云霞　易红亮　周 佳　赵丕植　夏 勇
徐成林　凌 静　高宪臣　郭爱民　康 明　董晓坤
蒋 斌　韩 聪　程志毅　鲁后国　熊 飞

秘 书 杨 洁　王利刚　项 坤

《乘用车车身结构设计与轻量化》编著委员会

主 编 唐程光　刘江波　鲁后国
副主编 阚洪贵　伏建博
参 编 吴卫枫　李铁柱　张 羽　张朋伟　刘 峰　欧阳俊珩

丛书序 PREFACE

经过 20 余年的快速发展，我国汽车产业正由产销量持续增长向结构调整和转型升级转变，自主品牌汽车的品牌价值和品质不断提升，新能源汽车的市场份额和总量不断扩大。从技术的发展趋势来看，受能源革命、信息革命和材料革命的影响，汽车产业正迎来百年未遇的大变革，汽车产品"电动化、智能化、共享化"的发展趋势明显。轻量化作为支撑汽车产业变革的重要技术手段，是推进汽车产品节能减排的一项关键共性技术。汽车轻量化是指在保证汽车综合性能指标的前提下，采用科学的方法降低汽车产品重量，以达到节能、减排的目标。目前，轻量化已成为国内外汽车企业应对能源、环境挑战的共同选择，也是汽车产业可持续发展的必经之路。它不仅是节能减排的需要，也是汽车产业结构调整的需要。

近 10 年来，我国汽车轻量化取得了快速的进步和发展，突破了汽车高强度钢、先进纤维增强复合材料、轻量化结构设计等一系列关键技术，积累了丰富的经验，轻量化产品开发体系基本形成，汽车产品轻量化水平也不断提高，与国际先进水平的差距逐渐缩小，同时，也培养出了一批年轻的、掌握核心技术的工程师。然而，随着轻量化工作不断深入，轻量化技术开发与产业化应用已进入了"深水区"，加快工程师的专业培养和基础技术、数据积累已迫在眉睫。

为此，中国汽车工程学会（以下简称"中汽学会"）和汽车轻量化技术创新战略联盟（以下简称"轻量化联盟"）共同策划了"汽车轻量化技术与应用系列丛书"，计划用 3~5 年时间，组织汽车企业、材料企业、汽车零部件企业等 100 多名一线技术专家，在分析大量轻量化案例的基础上，编写包括轻量化材料、结构设计和成形（型）工艺等不同技术领域的系列专著，如《汽车用钢板性能评价与轻量化》《乘用车内外饰材料与轻量化》《乘用车用橡胶与轻量化》等，以指导年轻工程师更好地从事汽车轻量化技术开发与应用工作。

书籍是知识传播的介质，也是人才培养及经验积累和传承的基础。本套丛书秉承中汽学会和轻量化联盟推动汽车产业快速进步和发展的理念，主要面向国内从事汽车轻量化工作的年轻工程师而编写，同时，也为从事汽车轻量化的研究的人员提供参考。

2019 年 7 月 23 日于北京

序 PREFACE

近年来,中国汽车工业发展迅速,汽车销量连续 10 年位居世界第一,但是 2018 年突遭寒冬,车市出现了多年未遇的负增长。目前,国内汽车产销规模基数较大,未来汽车行业发展低增速甚至减速将成为常态,市场竞争也将更加激烈,行业洗牌或将加速到来。在这一背景下,汽车工业的转型升级和高质量发展将成为主旋律。唯有掌握核心技术才能使企业在这一大变革时代中立于不败之地,实现高质量发展。

随着国家油耗及排放法规的进一步加严,在大力发展新能源汽车产业的现实要求下,汽车轻量化已经成为汽车产业的关键核心技术之一。国家和行业发布的《中国制造 2025》《汽车产业中长期发展规划》《节能与新能源汽车技术路线图》等政策、规划和技术路线中均已将轻量化列为一项重要内容。车身作为整车中最大的总成部件,其轻量化水平的高低将直接决定整车的重量和轻量化水平。如何设计出又好又轻的车身已经成为汽车行业的热点课题,汽车轻量化技术创新战略联盟每年都会组织中国轻量化车身会议专门研讨车身的轻量化技术。

本书以材料-结构-性能一体化设计为思路,从结构入手,以轻量化为目标,结合车身用材和性能要求,对车身结构与轻量化的设计过程进行了深入浅出的剖析。书中详细地论述了车身结构与轻量化的设计流程,以及概念设计、详细设计、性能设计、轻量化设计等内容,相信这些内容无论是对大中专院校汽车专业的学生,还是对汽车企业从事车身设计的技术人员都会大有裨益。

本书由汽车企业一线从事车身开发的工程技术专家编写,全书采用理论+案例分析的形式进行内容组织,既具备很好的理论性,又具备很好的工程性、实用性和科普性。相信本书的出版会对我国汽车车身开发和轻量化技术的发展起到一定的推动和促进作用,同时也希望本书能够对中国民族汽车工业的进步做出一定的贡献。

2019 年 8 月 15 日

为推动汽车轻量化技术应用，提升我国汽车轻量化水平，在中国汽车工程学会的组织下，我们围绕车身结构设计与轻量化编写了本书。本书是作者团队在长期从事车身结构设计工作的基础上，总结大量的设计经验编写而成的。同时，随着现代汽车车身技术的飞速发展，车身结构日新月异，在本书编写中，也注重吸收国内外最新的车身结构设计理论及方法，以使之更贴近实际工程设计需求。为了更好地适应汽车技术工程应用型人才培养目标要求，本书在内容编写中体现了以下创新。

1. 工程应用性强，实用性突出

本书主要由具有多年实践经验的一线车身结构设计技术专家编写，书中从设计理论入手，结合车身开发流程详细介绍了从前期性能目标设定、可行性分析、断面设计到后期详细结构设计、性能设计、试制试验验证的全过程，内容编写总体上采用理论、方法加实例的方式，既强调设计理论又突出工程性和实用性，同时也对车身结构设计涉及的力学理论基础进行了介绍以启发读者，让读者真正懂设计、知原理。

2. 内容主次分明，系统全面

本书以轿车车身结构设计为主线，以其设计方法和应用技术为指导，全面、系统、详细地介绍了车身各总成的结构设计和性能设计，体现性能驱动结构的正向设计理念。同时，为了满足目前汽车企业多车型开发的需求，本书内容也涵盖传统乘用车和新能源（电动）车的车身典型结构设计方法和工程实例。

3. 强调新方法、新技术应用

在车身开发新方法方面，详细介绍概念设计阶段车身结构全参数化概念模型在车身开发中的应用原理、过程、方法；在车身设计新技术方面，以典型铝合金和塑料材料车身结构为例，着重介绍了设计方法并辅以工程实例，充分体现车身结构开发与设计的新技术应用，把握最新发展动态。

本书内容涵盖车身概念设计和详细设计的各个阶段，详细阐述了车身各关键结构和轻量化设计、碰撞安全、NVH、疲劳、防腐等性能设计理论及方法，并辅以工程案例进行介绍：本书分为6章，第1章由阚洪贵、鲁后国、刘江波撰写，对乘用车车身的发展、分类进行了简要介绍，并重点介绍了当下主流的车身轻量化技术。

第2章由唐程光、张羽撰写，介绍了乘用车车身结构的传统开发流程和性能驱动的车身开发流程，总结了车身结构的设计内容。

第3章由唐程光、阚洪贵、李铁柱、吴卫枫撰写，对车身结构概念设计阶段的目标设定、可行性分析、概念结构设计、轻量化设计以及基于参数化模型的性能优化设计理论及方法进行了详细阐述，并总结了车身结构概念设计阶段各项设计内容的方法、流程和设计要点。

第4章由鲁后国、张羽、张朋伟、阚洪贵撰写，对车身结构详细设计阶段的典型断面设计、轻量化设计、各部位详细结构设计进行了详细阐述，并总结了车身结构详细设计阶段各项设计内容的理论方法、流程和设计要点。

第5章由刘江波、鲁后国、吴卫枫、李铁柱、欧阳俊珩撰写，分别介绍了基于碰撞安全、刚度、可靠性等性能驱动的车身结构一体化设计理论和方法，并对车身的防腐性能、气密性以及涉水性设计进行了总结。

第6章由伏建博、刘峰撰写，详细介绍了车身试制试验验证的目的、内容、方法、流程等。

本书借鉴了大量车身设计相关领域的文献和网络资料，在此对参考文献及资料的作者表示衷心的感谢。由于水平有限，书中难免有不妥和错漏之处，恳请读者批评指正。

编　者

目 录 Contents

丛书序

序

前言

第1章 车身概述

1.1 车身的发展简介 …………………… 1
1.2 车身的分类及特点 ………………… 2
1.3 车身结构简介 ……………………… 7
   1.3.1 传统燃油车身的结构 ………… 7
   1.3.2 新能源（纯电）车的车身结构 … 11
1.4 车身设计的基本要求及轻量化技术 … 12
   1.4.1 车身设计的基本要求及原则 … 12
   1.4.2 车身轻量化技术 ……………… 14
参考文献 ………………………………… 41

第2章 车身结构开发流程及设计内容

2.1 车身结构的开发流程 ……………… 42
   2.1.1 汽车的开发流程简介 ………… 42
   2.1.2 传统的车身开发流程 ………… 43
   2.1.3 性能驱动的车身开发流程 …… 44
2.2 车身结构的设计内容 ……………… 45
   2.2.1 概念设计阶段的设计内容 …… 45
   2.2.2 详细结构设计阶段的设计内容 … 48

第3章　车身结构概念设计

- 3.1 车身结构设计的目标设定及方法 …………… 53
  - 3.1.1 车身安全性能目标设定及方法 …………… 53
  - 3.1.2 NVH 性能目标设定及方法 …………… 55
  - 3.1.3 可靠性性能目标设定及方法 …………… 58
  - 3.1.4 防腐性能目标设定及方法 …………… 62
  - 3.1.5 车身轻量化目标设定及方法 …………… 65
  - 3.1.6 成本目标设定及方法 …………… 73
- 3.2 车身结构设计的可行性分析 …………… 74
  - 3.2.1 车身结构设计可行性分析的方法与流程 …………… 75
  - 3.2.2 车身法规符合性可行性分析 …………… 77
  - 3.2.3 车身布置及人机工程尺寸校核 …………… 79
  - 3.2.4 车身结构方案匹配设计可行性分析 …………… 81
  - 3.2.5 车身结构工程可行性分析 …………… 83
  - 3.2.6 车身结构性能可行性分析 …………… 88
- 3.3 车身结构概念设计与轻量化 …………… 91
  - 3.3.1 车身框架的概念设计与轻量化 …………… 91
  - 3.3.2 车身覆盖件的概念设计与轻量化 …………… 120
- 3.4 车身参数化模型的建立和性能优化设计 …………… 122
  - 3.4.1 车身参数化模型的建立和性能分析 …………… 122
  - 3.4.2 基于性能与重量平衡的灵敏度优化分析 …………… 127
  - 3.4.3 车身性能提升的方案优化与轻量化 …………… 133
- 参考文献 …………… 143

第4章　车身结构详细设计

- 4.1 典型断面设计 …………… 144
  - 4.1.1 车身典型断面的作用 …………… 144
  - 4.1.2 车身典型断面的位置与数量 …………… 145
  - 4.1.3 典型断面设计流程及方法 …………… 147
  - 4.1.4 典型断面设计过程 …………… 148
- 4.2 车身结构详细设计与轻量化 …………… 155
  - 4.2.1 结构轻量化设计 …………… 155
  - 4.2.2 工艺轻量化技术应用 …………… 157
  - 4.2.3 材料轻量化技术应用 …………… 157
- 4.3 车身各部位结构详细设计 …………… 159
  - 4.3.1 发舱前围结构详细设计 …………… 160
  - 4.3.2 地板结构详细设计 …………… 169
  - 4.3.3 侧围结构详细设计 …………… 181
  - 4.3.4 流水槽结构详细设计 …………… 192
  - 4.3.5 后围详细结构设计 …………… 196

4.3.6 顶盖结构详细设计 ………………………………… 199
4.3.7 翼子板结构详细设计 ……………………………… 212

第5章 性能驱动的车身结构一体化设计

5.1 碰撞安全性能结构一体化设计 …………………………… 220
　5.1.1 正面碰撞结构一体化设计 …………………………… 220
　5.1.2 侧面碰撞结构一体化设计 …………………………… 241
　5.1.3 车顶强度性能结构一体化设计 ……………………… 247
5.2 刚度性能结构一体化设计 ………………………………… 251
　5.2.1 车身局部板件刚度性能设计 ………………………… 251
　5.2.2 车身关键安装点的刚度性能设计 …………………… 254
5.3 可靠性性能结构一体化设计 ……………………………… 259
　5.3.1 车身可靠性强度概念 ………………………………… 260
　5.3.2 车身结构可靠性强度设计流程 ……………………… 261
　5.3.3 车身可靠性强度问题失效模式、原因及设计规避方法 … 263
5.4 防腐性能设计 ……………………………………………… 274
　5.4.1 车身防腐性能结构设计 ……………………………… 275
　5.4.2 防腐工艺设计 ………………………………………… 279
　5.4.3 车身防腐选材设计 …………………………………… 281
5.5 气密性及涉水性设计 ……………………………………… 283
　5.5.1 气密性设计 …………………………………………… 283
　5.5.2 涉水性设计 …………………………………………… 288
　5.5.3 白车身孔塞设计 ……………………………………… 290
参考文献 ………………………………………………………… 296

第6章 车身试制试验验证

6.1 车身试制试验验证的目的及内容 ………………………… 297
　6.1.1 车身试制验证的目的及内容 ………………………… 297
　6.1.2 车身试验验证的目的及内容 ………………………… 301
6.2 车身试制试验验证方法及流程 …………………………… 306
　6.2.1 车身试制验证方法及流程 …………………………… 306
　6.2.2 车身试验验证方法及流程 …………………………… 307

附录 常见专业术语英文缩略词及释义

第1章
车身概述

1.1 车身的发展简介

自1886年第一辆真正意义上的汽车被发明以来迄今130余年,汽车车身外观样式发生了翻天覆地的变化。从最开始的马车型车身的奔驰一号(图1-1),到后来的箱型车身、甲壳虫型车身、船型车身再到现在的流线型车身,共经历了五六代的变化。随着工艺、装备、制造技术的不断进步以及人们对美的追求,现代汽车的车身外形越来越追求惊艳新颖,同时更加追求质感以及力与美的结合,图1-2为目前最新型的汽车车身样式。

图1-1 马车型汽车车身样式

图1-2 最新型的汽车车身样式

在车身用材上,1900年,金属车身获得专利,但那时的车身主体结构用材仍然是木材,钢材在其中仅起连接木材的作用。1914年,Edward G发明了全金属车身。同年,道奇公司生产出了第一辆全金属汽车。之后随着钢板技术的发展,汽车车身开始步入钢车身时代。随着技术的发展,20世纪80年代末,欧、美、日等很多汽车生产厂家与铝业公司合作加强了对铝制汽车车身的研究，并取得了令人鼓舞的成就。1995年，德国奥迪公司首先开始批量生产铝质车身，把车身用铝的研究推向了高潮，之后铝合金在整车使用材料中的比例逐年提高。图1-3为奥迪A8经典的全铝车身图。

图 1-3 奥迪 A8 全铝车身图

随着技术的发展，以及节能环保、安全法规的日益趋严，现代车身正朝着更轻、更安全的方向发展，车身用料也从原来的单一材料变成了多材料复合，出现了钢、铝、镁、碳纤维等材料复合式车身。

在车身结构方面，车身也经历了从非承载式车身向承载式车身转变，汽车不再是底盘和车身的简单叠加，而是成为整体。现在绝大部分的乘用车车身都是采用承载式车身，仅有少数的纯越野车仍然保留着非承载式车身。

1.2 车身的分类及特点

汽车发明一百多年来，车身无论是外观还是结构再到用材都经历了比较大的变化。车身在外观上已经趋于同质化，但是在车身结构和用材上仍然存在多种形式。从结构形式上，车身主要分为非承载式车身和承载式车身两类。从材料上，分钢制车身、钢铝混合车身、全铝车身，以及多种材料复合车身。

1. 按结构形式分类

非承载式车身的汽车有刚性车架，又称底盘大梁架。车身本体悬置于车架上，用弹性元件连接。车架的振动通过弹性元件传到车身上，大部分振动被减弱或消除。发生碰撞时，车架能吸收大部分冲击力，在坏路上行驶时可对车身起到保护作用，因此车身变形小，平稳性和安全性好，而且车厢内噪声低。但这种非承载式车身比较笨重，质量大，汽车质心高，高速行驶时稳定性较差。在乘用车领域，非承载式车身一般应用在部分越野车和多用途汽车（MPV）上。图1-4为非承载式车身结构。

承载式车身的汽车没有刚性车架，车身和底架共同组成了车身本体的刚性空间结构。这种承载式车身除了其固有的承载功能外，还要直接承受各种负荷和碰撞力。车身具有较大的抗弯和抗扭转刚度，车身质量小，高度低，高速行驶时稳定性较好。但由于道路负载会通过

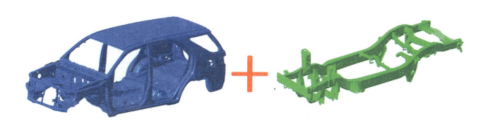

图 1-4 非承载式车身结构

悬架装置直接传给车身本体,因此噪声和振动较大,对车身的设计要求较高。承载式车身一般用在轿车和大多数的运动型实用汽车(SUV)上。图 1-5 为承载式车身结构。

图 1-5 承载式车身结构

2. 按材料分类

(1) 钢制车身 钢制车身是相对于铝车身和复合式车身来说的。钢制车身用材主要为钢板,分为低碳钢(DC 系列)、低合金高强钢、先进高强钢、超高强钢以及热成形钢。钢板通过冲压、热成形、辊压等成形方式制成零部件,再通过点焊、弧焊、螺栓连接等连接而制成车身。钢制车身相对来说,车身设计难度较低,制造精度更高,车身较重,碰撞性能及可靠性更好,同时其成本相对铝合金车身、钢铝混合车身和多材料复合式车身来说更低。图 1-6 为钢制车身及材料分布图。

图 1-6 钢制车身及材料分布

- 普通钢板/低碳钢(MS)
- 高强钢板(HSS)
- 先进高强钢(AHSS)
- 超高强钢(UHSS)
- 热成形钢(PHS)

(2) 钢铝混合车身 钢铝混合车身由钢制部件加部分铝合金部件组成,铝合金主要用在四门和发动机舱盖、行李舱盖或者尾门部位,以及发动机舱纵梁(简称发舱纵梁)和前、后减振器安装部位等。钢和铝合金之间通过点焊或者自冲铆、流钻焊等方式进行连接,中间辅以金属结构胶以增加连接强度。钢铝混合车身的典型特点为设计难度、成本、性能、重量的平衡性。相对钢制车身说,钢铝混合车身重量更轻,性能特别是扭转刚度更高,同时其成本增加幅度不是特别大。但是其连接难度相对较大,特别是钢铝之间的连接和电化学腐蚀防护等。图 1-7 和图 1-8 为钢铝混合车身示意图。

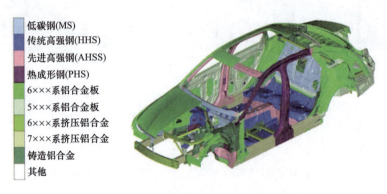

图 1-7　钢铝混合车身示意图

图 1-8　钢铝车身示意图

（3）全铝车身　全铝车身顾名思义是指整个车身全部是铝合金经过冲压、挤压、铸造成型后的零部件通过连接而成的车身，但是在实际应用中基本上很难100%采用铝合金。因为随着安全法规越来越严，对车身的碰撞性能要求越来越高，以及在部分重要部位为了满足可靠性及耐久性要求，全铝车身会在例如A柱、B柱等区域采用热成形部件或者强度等级较高的高强钢。全铝车身采用的连接方式有自冲铆（Self-Piercing Rivet，SPR）、流钻焊（Flow Drill Screw，FDS）、冷金属过渡焊（Cold Metal Transfer，CMT）、无铆连接（Clinch）、螺栓联接、激光焊接等辅以金属结构胶。经典的全铝车身有奥迪公司的铝合金空间框架（ASF）结构、捷豹汽车公司的冲压式铝合金车身，以及特斯拉及蔚来汽车的冲压加挤压复合式铝合金车身。图1-9为奥迪ASF车身结构，图1-10为冲压式铝合金车身，图1-11为挤压+冲压复合式铝合金车身。

（4）多种材料复合车身　多种材料复合车身是指车身由钢、铝合金、镁合金、碳纤维、工程塑料等多种材料经过点焊、铆接、螺栓联接、弧焊、金属结构胶等连接方式连接而成。图1-12为多种材料复合车身。

从设计难度、制造难度、性能、重量、成本等对以上车身特点进行全面总结，如表1-1所示。

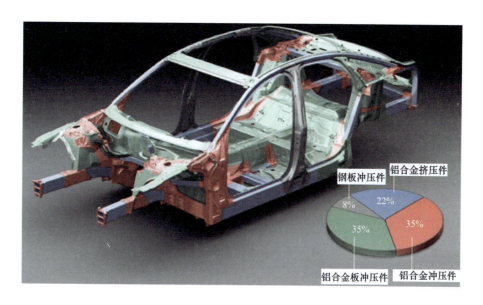

图 1-9　奥迪铝合金空间框架（ASF）

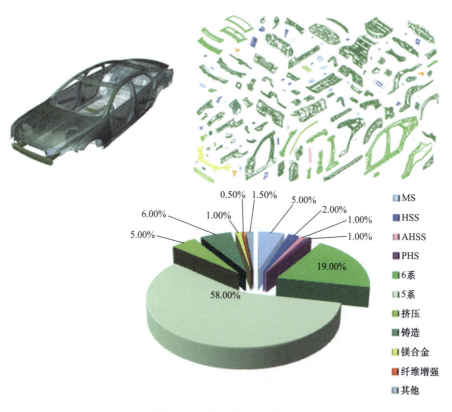

图 1-10　冲压式铝合金车身

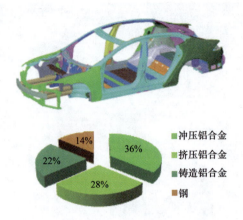

图1-11 挤压+冲压复合式铝合金车身

图1-12 多种材料复合车身

表1-1 各车身类型特点比较

车身类型	设计技术难度	制造难度	碰撞性能达成难度	NVH[①]性能	轻量化水平	成本
钢制车身	低	低	低	中	低	低
钢铝混合车身	中	中	中	中	中	中
全铝车身	高	高	高	高	高	高
多种材料复合车身	最高	最高	最高	最高	最高	最高

注：以上比较为相对来说，指的是在不采用特殊手段（即行业通用的一般的设计方式、方法）情况下的比较。

① NVH，即Noise、Vibration和Harshness，指噪声、振动和声振粗糙度。

1.3 车身结构简介

白车身（Body in White，BIW）指车身结构件及覆盖件的总成，包括翼子板、发动机舱盖、行李舱盖和车门，但不包括附件及装饰件的未涂漆的车身。

车体，通常行业所定义的车体是指白车身中去除发动机舱盖、行李舱盖、车门之后所剩余的部分。

注意：由于车体在整个车身中占主导部分，且是车身性能的关键部分，本书所述的车身主要是指白车身去除开闭件。

1.3.1 传统燃油车身的结构

车身部件根据其受力情况可以分为覆盖件和结构件。

（1）覆盖件 指包覆骨架的表面部件，其主要起外观装饰作用，在车辆使用过程中承力较小。主要部件有侧围外板、翼子板、顶盖等，如图1-13所示。

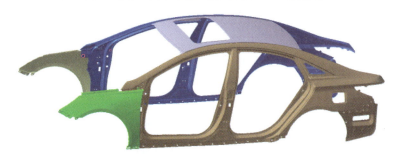

图 1-13 车身覆盖件示意图

（2）结构件 指车身去除覆盖件的剩余部分部件，其主要作用为承载其他部件，保证碰撞性能、NVH性能、耐久疲劳等性能达成的作用，承受各种载荷，如图1-14所示。

图 1-14 车身结构件示意图

车身按照物理空间可以分为发动机舱、前围、地板、侧围、顶盖、后围以及翼子板七大总成。

（1）发动机舱　发动机舱，行业通常简称发舱，主要由以下部件组成：左右前纵梁总成、扭矩盒总成、左右前边梁总成、左右前轮包总成、左右前减振器安装板以及各安装支架，一般呈左右对称状，如图1-15所示。发动机舱主要作用为发动机及其附件提供安装空间及保护，提供轮胎及悬架系统安装空间及保护，抵抗正面碰撞及吸收碰撞能量。

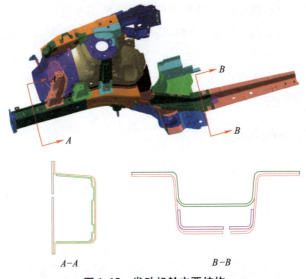

图1-15　发动机舱主要结构

（2）前围　前围总成主要由以下部件组成：通风盖板总成、前围板、前围侧板和转向柱支架等部件。前围总成的主要作用为：分隔发动机舱与驾驶室；提供仪表台、汽车三踏板等部件安装空间；阻断发动机舱噪声和热量，改善驾乘环境；辅助抵抗正面碰撞。前围总成主要结构如图1-16所示。

（3）地板　地板总成结构主要由以下部件组成：前地板、中地板、后地板、地板纵横梁、后纵梁、门槛内板、

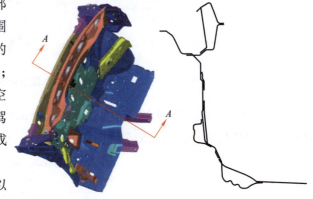

图1-16　前围总成主要结构

中央通道、中地板横梁、后地板横梁、备胎支架等。轿车与SUV一般在后地板存在较大的差异。地板总成主要作用：提供座椅、后悬架等底盘部件的安装空间；保证NVH性能、改善驾乘环境；抵抗正面、侧面碰撞。地板总成主要结构如图1-17所示。

> **提示**　在结构设计上，车身的地板应提供足够的强度和刚度，保证车身的承载能力和NVH性能及相关的碰撞性能。另外，地板主要位于车身底部，容易受到腐蚀，因此还需考虑其密封和防腐要求。

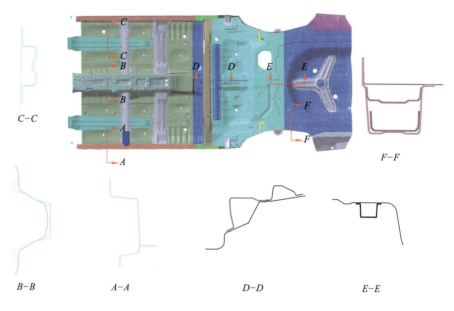

图 1-17 地板总成结构

（4）侧围　侧围总成位于车身两侧，主要由以下部件组成：侧围外板、A 柱、B 柱、C 柱、后轮包及加强板。侧围主要作用是支撑顶盖，连接车身前、后部分部件，固定前、后风窗玻璃，并是安装车门以及保证车身侧面碰撞安全性的承载框架，保证 NVH 性能、改善舒适环境，抵抗正面、侧面碰撞。侧围总成（以轿车为例）主要结构如图 1-18 所示。

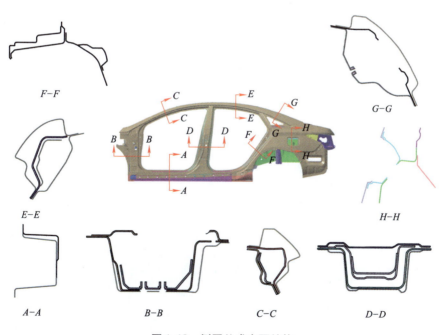

图 1-18 侧围总成主要结构

> **提示** 轿车与SUV车型差异主要体现在侧围后部,由于造型及结构原因,轿车侧围后部更为倾斜,SUV侧围后部因为尾门安装及强度需求,会进行D柱结构强化设计。

(5) 顶盖 顶盖总成位于车身顶部,由顶盖及横梁组成。顶盖作用:顶横梁与车身左、右侧围焊接,形成支承并固定前、后风窗玻璃的结构;同时提供天窗安装空间,增加车身扭转刚度。顶盖总成主要结构如图1-19所示。

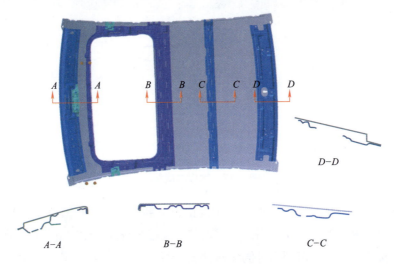

图1-19 顶盖总成主要结构

(6) 后围 后围总成位于车身后部,一般轿车与SUV的后围存在比较大的差异,轿车比SUV多搁物板总成。轿车后围主要由搁物板总成、后风窗上沿板、后围内板、后围外板、后围连接板组成;SUV后围主要由后围内板、后围外板、后围连接板组成。后围总成作用:形成行李舱,安装其他附件;后部碰撞时吸收碰撞能量;增加车身扭转刚度。后围总成主要结构如图1-20所示。

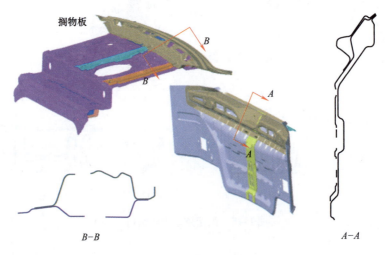

图1-20 后围总成主要结构

(7)翼子板 翼子板总成位于车体前部两侧,一般通过螺栓固定在车身上。主要由左右翼子板组成,部分车型根据刚度需要会增加前部增强支架。翼子板主要作用:车身前部两侧装饰功能。翼子板总成主要结构如图 1-21 所示。

图 1-21 翼子板总成主要结构

1.3.2 新能源(纯电)车的车身结构

新能源(纯电)汽车的车身和传统燃油车的车身类似,由动力舱、前围、地板、侧围、顶盖、后围以及翼子板七大部分组成,其与传统燃油车不同的部分主要在下车体动力舱和地板部分。除了一些安装支架(如悬置安装支架等)有所不同,发动机舱部分主体结构基本相同,传统车身发动机舱主要用来安装发动机,新能源车动力舱主要用来安装电机、减速器、电机控制器、充电器等。

新能源(纯电)车由于车身地板下部需要布置电池,其地板下部结构与传统燃油车结构存在较大的差异。目前主要有两种结构,一种为传统钢制平台地板,最大化地与燃油车通用平台,以日产聆风(Leaf)、江淮 iEV 系列为代表;另一种为纯电动车型专有平台,完全以电动为核心区进行布置,包括底盘系统,以特斯拉、蔚来 ES8 为代表。下面以传统钢制平台地板为例进行说明,图 1-22 展示了传统燃油车下车体框架与新能源车下车体框架的差别。

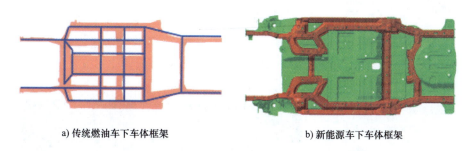

a)传统燃油车下车体框架　　　　b)新能源车下车体框架

图 1-22 传统燃油车与新能源车下车体框架的差异

传统燃油车下车体一般采用双纵梁结构布置,即发舱后纵梁、地板中纵梁。新能源车下车体由于电池结构限制，取消了地板中纵梁，发舱后纵梁向地板外侧移动，与门槛内板搭接形成双门槛形式。图1-23灰色部分为传统燃油车的地板及纵梁布置，红色部分为新能源车下车体结构，其在门槛部位形成"双门槛"结构。

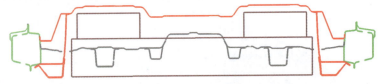

图1-23 传统燃油车与新能源车下车体断面

对于特斯拉式的纯电动车型专有平台，其下车体采用纯平式设计，以最大化地布置电池，地板下部仅有左、右门槛，没有设计纵横梁，在地板上部设计5根左、右横梁连接车身，起到抵抗碰撞作用。图1-24展示了此结构。

图1-24 特斯拉式纯电动车型专有平台下车体结构

1.4 车身设计的基本要求及轻量化技术

1.4.1 车身设计的基本要求及原则

车身是一个由四百个左右经冲压、辊压等成型的部件通过焊接、螺栓、胶结等方式连接在一起并经过涂装的复杂的零部件，其生产过程如图1-25所示。

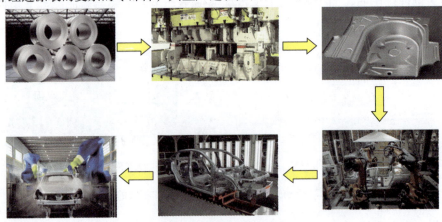

图1-25 汽车车身生产过程示意图

车身是汽车其他所有部件的承载体，同时更要为整车提供各种最基本的性能，以及满足整体美观性、成本、轻量化的要求。其设计一般需要遵循以下要求：

1. 车身自身结构合理性要求

车身设计时必须考虑自身结构设计的合理性和结构的完整性。如零部件及总成的分块合理性，零部件之间的搭接、匹配合理性，细节局部结构设计合理性和主流化，零部件的美观性、稳定性和刚性，整体结构的稳定性、美观性等。

2. 轻量化要求

轻量化作为汽车行业最重视也最重要的一项技术，对节能减排具有重要意义，越来越为整车厂所重视。车身重量占整车重量的四分之一左右，其轻量化水平高低直接决定了整车的轻量化水平，因此在车身设计的时候必须充分考虑轻量化要求，主要内容及指标包括：车身重量、面密度、轻量化系数、高强钢比例、热成形技术应用、结构最优化、板件厚度合理性、集成化模块化、轻质合金应用、先进轻量化工艺应用等。

3. 承载性要求

车身的主要作用之一是用来安装汽车上的其他部件，包括动力总成、底盘部件、内外饰部件、开闭件部件、电气部件等。因此，其设计必须考虑其他部件的安装需求，包括安装空间、安装点布置、安装强度、孔面匹配精度和美观性要求。

4. 工艺合理性要求

车身必须满足冲压、焊装、涂装、总装的相关工艺性要求。

（1）冲压　车身部件要满足冲压成型要求，包括成型性、冲压件精度（如回弹）、拉延充分性、模具定位、强度及成本、大件冲压序数限制、材料利用率等要求等。

（2）焊装　车身部件必须满足焊接过程相关要求，包括定位、生产线通过性、焊枪通过性、焊点空间、焊接总厚度、厚薄板顺序和总层数、焊接质量对部件要求。

（3）涂装　车身需要经过电泳、涂胶密封、喷涂面漆之后才能够满足使用要求，其必须满足涂装过程对车身的相关要求，包括：涂装滑橇定位、涂装线通过性、电泳充分性、涂胶PVC喷涂喷蜡方便性和可达性、面漆质量要求等。

（4）总装　涂装之后，车身进入总装生产线装配其他部件，其需要满足总装线通过性要求，如马墩支撑、总装吊具对车身的要求等。

5. 碰撞性能要求

碰撞性能作为汽车最重要的性能之一，在设计时必须予以重点考虑。而车身作为汽车最关键的碰撞部件之一，其必须满足碰撞相关性能要求，主要有车体结构稳定性、碰撞变形量、入侵速度和加速度等要求。

6. NVH 性能要求

汽车必须具有良好的 NVH 性能，保证在行驶过程中噪声最小、振动最小、乘坐最舒适、没有异响。车身要具有良好的 NVH 性能，包括扭转刚度、弯曲刚度、模态（基频、一阶扭转、一阶弯曲）、局部模态、关键点动刚度、大件动刚度、噪声传递函数（VTF）、部件静刚度、外板刚度等。

7. 强度及耐久疲劳

汽车设计必须考虑其可靠性，车身作为汽车主要承力部件，其设计必须考虑可靠性要求，包括车身多种工况下的静强度（垂直、转向、制动、起步、单轮起跳等）、道路耐久疲劳性能等。

8. 防腐性能

现在的车身材料主要是钢材，其在使用过程中不可避免会产生腐蚀，因此车身设计必须充分考虑防腐性能要求，主要包括：内腔电泳充分性要求、外观边角防腐要求、镀锌板应用部位及比例要求、焊缝密封胶/点焊密封胶/PVC 喷蜡等防腐工艺的应用等。

9. 成本要求

成本作为整车的一项重要指标，同样也是车身设计时要考虑的一项重要指标，在设计之初就要考虑车身重量、材料利用率、各种材料应用比例等。

1.4.2 车身轻量化技术

车身轻量化技术是目前最核心、最关键的车身设计技术之一，包括结构轻量化、材料轻量化和工艺轻量化三大类技术。其目的是通过轻量化设计使合适的材料、最优的结构形状和尺寸用在汽车结构的合适位置，使每部分材料都能发挥出其最大的承载作用、增加刚度和吸能作用，可提高材料利用率、降低整车质量、减少材料成本，实现节能、减排、降耗。

在结构轻量化方面，常用的技术有结构拓扑优化、形貌优化、尺寸优化，以及单目标和多目标优化设计等。结构轻量化贯穿整个车身结构设计过程，在车身结构设计的不同阶段应用的结构轻量化技术有一定差异，如：在车身结构概念设计阶段，主要应用结构拓扑优化技术获得车身结构框架或者车身某个部位最优的结构形式；在车身结构详细设计阶段，则主要应用形貌优化和尺寸优化两项技术进行具体车身零部件的结构优化；单目标和多目标优化设计技术则在整个车身设计过程中均有应用。

在车身材料轻量化方面，主要是通过在车身上应用高强度钢、铝合金、镁合金、纤维增强复合材料等轻质材料实现车身的轻量化。目前，在车身上应用低合金高强钢、无间隙原子钢、双相钢等高强度钢材料已成为各汽车企业实现车身轻量化普遍做法。随着铝合金材料技术发展，在车身上应用铝合金材料实现轻量化已成为当下热点技术之一。

在车身工艺轻量化方面，主要有超高强度钢热冲压成形（简称热成形）、液压成形、激光拼焊板（Tailor Welded Blank，TWB）、变厚板（Tailor Rolled Blank，TRB），以及铝、镁合金的高真空压铸成形等，其中 TWB、TRB、热成形三项技术是当下主流的工艺轻量化技术。

本章将选取 TWB、TRB、热成形、铝合金等行业内主流或热点的工艺和材料轻量化技术进行详细介绍，结构轻量化技术将在本书第 4 章进行介绍。

1. TWB 技术介绍

TWB 就是基于车身设计的强度和刚度要求，采用激光对焊技术把不同厚度、不同表面镀层甚至是不同材料的金属薄板焊接在一起，然后再进行冲压，获得不等厚度的冲压零部件。

(1) TWB 的加工工艺流程　首先，根据不同汽车结构件的要求，确定零件的分片以及各片板材的厚度、形状、具体材料等；其次，将各片板材焊接为一体；最后，经冲压成形为符合要求的零件，如图 1-26 所示。

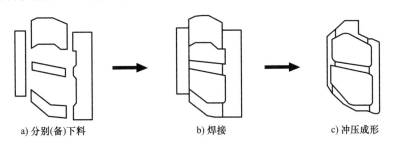

a) 分别(备)下料　　　b) 焊接　　　c) 冲压成形

图 1-26　激光拼焊板工艺流程

(2) TWB 的优缺点

1) TWB 具备以下优点：

① 由于激光拼焊板可以实现多种厚度板材的一体成形，可减少车身零部件数量，降低车身拼焊复杂度，提升车身精度等。

② 可根据车身不同部位刚度和强度的要求，设计具有不同厚度/强度组合的 TWB 板，然后经冲压成形，由于采用不同的厚度/强度组合，有效达成最优化的材料分布，即实现了轻量化（一般而言，相对等厚板可以实现 20% 的轻量化效果），又能满足车身不同部位的性能要求。

2) TWB 存在以下缺点：

① 应用成本较高：由于采用激光焊接工艺，不同厚度（或材料）板材需要经过精确落料预处理，达到激光焊接的精度要求后，方能进行激光拼焊。激光拼焊板的工艺带有一定的复杂性，同时激光焊接的成本较普通焊接高很多，因此，激光拼焊板的成本较高，限制了激光拼焊板技术在车身上的全面应用。

② 焊缝机械性能差异：由于激光拼焊板存在厚度突变和焊缝的影响，且焊接添加金属材料与被焊接基材在材料特性上必然有一定差异，致使拼接焊缝及其附近区域有较明显的加工硬化现象，并且在沿长度方向上的硬度也会发生跳跃式的变化，这将为后续的成型加工造成极为不利的影响。

(3) TWB 的应用情况　早在 1985 年，德国蒂森克虏伯钢铁公司建立了第一套激光拼焊板定制系统，用于生产奥迪汽车地板。我国于 2002 年 10 月 25 日建立国内第一条激光拼焊板生产线。经过近二十年的发展，TWB 技术在国内已经非常成熟。

目前，国内各大汽车企业均在使用激光拼焊板，主要在车身内板件和结构件上应用，典型的零部件有车门内板、发动机舱纵梁、地板纵梁等，其主要目的是实现汽车轻量化；也有汽车企业在某些 MPV 以及轻型客车等车型的外板上应用激光拼焊板，如侧围外护板、顶盖外板等，这类件的主要特征是超宽、超长，以至于超过了现有的汽车板最大宽度，为确保造型效果，需要采用激光拼焊板。

2. TRB 技术介绍

从 20 世纪 90 年代初开始，TRB 最早在德国亚琛工业大学金属成形研究所被开发出来。其核心是"柔性轧制技术"，即在钢板轧制过程中通过计算机实时控制轧辊间隙，获取沿轧制方向预先定制的变截面厚度板材。变厚板由于其厚度组合可控的特点，可以根据汽车结构的承载受力方式以及车身装配条件，灵活选择板料厚度组合，极大地提高了汽车零件的设计空间，通过零件合并等实现了汽车轻量化。

（1）TRB 的加工工艺流程　柔性轧制技术，实质上类似于传统轧制加工方法中的纵轧工艺。但其最大不同之处是：在轧制过程中，轧辊的间距可以实时地调整变化，从而使轧制出的薄板在沿着初始轧制方向上具有预先定制的变截面形状。其核心就是通过位置跟踪、厚度测量与控制以及张力、速度、位置周期性控制技术实现周期性变厚度柔性轧制，如图 1-27 所示。

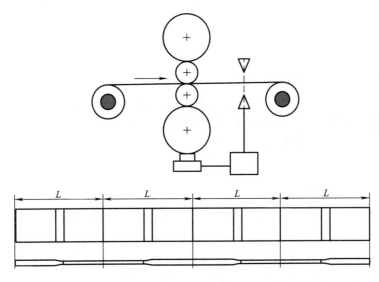

图 1-27　周期性变厚度柔性轧制示意图

（2）TRB 的优缺点

1）TRB 具有 TWB 的优点外，还具备以下优点：

① TRB 零部件的厚度变化是连续的，不像 TWB 存在厚度突变和焊缝的热影响区问题，这样就消除了厚度突变处的应力峰值和因焊缝引起的热影响区域，因此具有良好的成形性能，且 TRB 零部件的力学性能更优。

② TRB 不存在焊缝难以掩盖的缺陷，表面质量好，可以作为汽车车身外覆盖件使用。

③ TRB 的制造成本不受厚度过渡区数量的影响，而 TWB 的制造成本则随着激光焊缝数量的增加而增加。

2）TRB 的缺点有：

① TRB 的厚度变化只能发生在板料的初始轧制方向并且厚度变化也只能在一定范围。

② 现今还没有办法将不同材料的板子轧制在一块板中，在灵活性上远远不如 TWB。

（3）TRB 的典型应用　TRB 可为车身不同部位的不同刚度和强度提供多种柔性的解决方案，在保证车辆安全性的同时实现轻量化，已逐渐成为一项重要的汽车轻量化技术，受到国内外各大汽车制造厂商的关注。

国外关于 TRB 的应用技术已经从实验室的研究阶段发展到了工业生产。德国 Mubea 公司是目前行业内最大的 TRB 供应商。国外许多高档车型也开始采用 TRB，特别是德系车型，如宝马、奥迪、奔驰、大众和欧宝等。在国内，宝钢已经建立了一条冷轧变厚板生产线，已具备批量供货能力，在应用方面还处于对 TRB 的应用研究阶段。

如图 1-28 所示，德国 Mubea 公司认为，TRB 可以广泛应用到车身、底盘等承载部件，如副车架、B 柱、侧围上框、门槛加强件、下车体纵梁等关键部件。

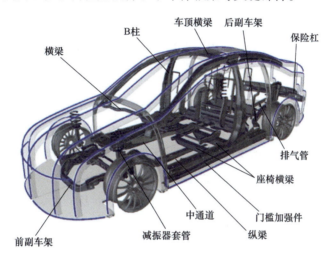

图 1-28　Mubea 公司发布的 TRB 典型应用

提示　对于车身而言，TRB 技术尤其适合应用到车身上两大类件：一类是车身上横梁，这些横梁与其两端纵梁连接，往往会设计接头件，考虑到轻量化的要求，接头的厚度会比横梁大，此类件可以采用 TRB 技术实现由 1 个件替换 3 个焊接总成件；另一类是 B 柱等安全性能件。如图 1-29 所示，某车型的座椅横梁通过应用 TRB 技术和材料强度等级提升，实现 36.4% 的轻量化效果。

3. 热成形技术及应用特点

热成形技术，是一种将硼钢钢板加热至奥氏体化状态，快速转移到冲压模具中冲压成形、保压，并在模具中进行冷却淬火处理，以便获得具有均匀马氏体组织的超高强度钢零部件的成形方式。通过热冲压成形获得的零部件的屈服强度一般在 950MPa 以上，抗拉强度一般在 1500MPa 以上，伸长率在 5% 以上。与此同时，行业内也在积极研发更高强度的热成形技术，如抗拉强度达到 1.8GPa、2.0GPa 级别的热成形技术。

（1）热成形的工艺流程　如图 1-30 所示，典型热成形工艺过程如下：

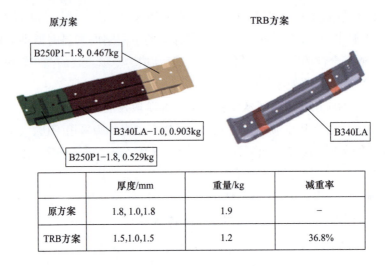

	厚度/mm	重量/kg	减重率
原方案	1.8, 1.0, 1.8	1.9	—
TRB方案	1.5, 1.0, 1.5	1.2	36.8%

图 1-29 座椅安装横梁 TRB 应用实例

1）下料/预成形。结构简单的热成形件：落料以及冲部分孔，获得热成形用的坯料；结构复杂的热成形件：落料后进行预成形，获得热成形用的预成形件。

2）加热。在加热炉中将坯料/预成形件加热到亚共析钢临界温度（AC3）左右，对钢材进行充分的奥氏体化。具体的奥氏体化保温温度根据材料的性能、板料的形状、相变机理和最终零件形状予以确定，加热温度一般在 900～950℃之间。

3）板料定位。在将板料置于模具中之前，需要进行合理的定位。

4）装载。用特殊的不导热夹具将板料装载到模具当中。

5）成形。压机合模，将板料加工成零件。

6）淬火。模具合模之后，与成形同步开始淬火处理，以对于 27℃/s 的速度将零件均匀冷却到 150～200℃。准确的冷却速度和最终的淬火温度可通过热力学有限元仿真计算得到。

7）取料。将加工好且已冷却的零件从压力机上取下来。

8）切边与冲孔。将零件进行激光切割或者冲孔处理。

9）喷丸。若采用裸板，则需进行喷丸处理去除零件表面氧化皮。

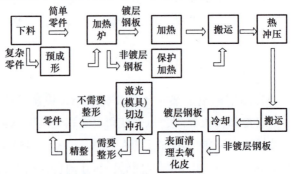

图 1-30 典型热成形工艺流程

（2）热成形技术的优缺点

1）热成形技术的优点：

① 随着钢板强度的增加，其伸长率急剧下降，越难采用冷冲压成形，而热成形技术是将板材加热到奥氏体化，此时的板材成形性更好，可生产形状复杂的零件。

② 热成形后，零件强度高可达到 1500MPa 以上，尤其适合作为车身上的碰撞安全件。

③ 材料经热成形后可有效提高零件表面硬度和耐磨性。

④ 板材经热冲压成形并淬火后，尺寸稳定性好，回弹小。

⑤ 热成形零部件（热成形件）是目前车身上应用零部件中强度最高的零部件，相对普通钢板可实现 40% 以上的轻量化。

2）热成形技术的缺点：

① 热成形技术相对冷冲压成形，其生产工艺复杂，生产节拍慢，工艺影响因素也相对复杂。

② 板材经热成形后，其强度和硬度急剧提升，需要应用激光进行后续的切割、切边及冲孔。

③ 对无镀层板会产生氧化铁皮，需要经过喷丸工艺去除。

④ 由于热成形技术的工艺复杂性，导致其成本远高于冷成形零部件。

⑤ 热成形零部件的伸长率仅为 5% 左右，其冲击韧性较低；且其组织为全马氏体组织，因此也具有以马氏体组织为主的零部件的问题，即：冷弯性能低和延迟断裂问题。

（3）热成形件在车身上的典型应用　由于采用热成形技术可以获得超高强度的形状复杂的车身零部件，热成形技术被广泛应用于汽车车身的碰撞安全件，如前/后防撞梁、A/B/C 柱、侧围上框、中央通道、门槛、前围下加强板，以及车门内板、车门防撞梁等关键安全构件。图 1-31 为大众帕萨特车型的热成形件应用图示。

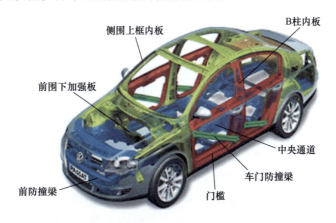

图 1-31　大众帕萨特车型热成形件应用

热成形技术在国外汽车上应用已较为成熟，尤其是欧美系汽车的热成形零部件应用相对较多，如大众、福特、通用、宝马、奔驰、沃尔沃等知名汽车厂商的代表车型上均较大比例应用热成形零件；日韩系汽车的热冲压零部件应用相对较少。随着汽车安全法规的日趋加严，热成形零件在车身上的应用呈上升趋势。沃尔沃汽车就是一个典型的代表，图 1-32 为沃尔沃 XC60 一代车型与二代车型热成形零部件应用对比图，由图可以看出 XC60 二代车型在发舱后纵梁、A/B/C 柱、侧围上框、中央通道、门槛、后地板纵梁等部位应用热成形零部件，而 XC60 一代车型仅在 B 柱、门槛以及侧围上框部位应用热成形零部件。从图 1-33 也可以看出，沃尔沃车型上热成形零部件的用量在逐年上升，2015 年发布的沃尔沃 XC90 车型的热成形零部件占白车身重量比例达到 38%。

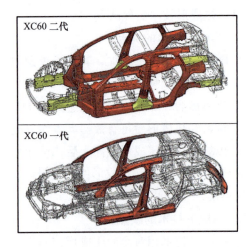

图 1-32 沃尔沃 XC60 一代与二代热成形件应用对比
（图片来源：Euro Car Body 2017）

国内最早从 2000 年左右开始研究热成形技术，在 2010 年左右国内自主品牌汽车企业开始热成形零部件的应用研究，目前也实现了热成形零部件的成熟应用，普遍应用于车身 A 柱、B 柱、门槛、A 柱加强板等关键的碰撞安全部位。

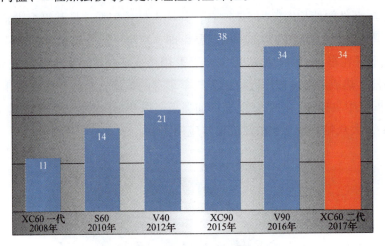

图 1-33 沃尔沃车型近年来热成形件应用图

通过对欧洲车身会议（Euro Car Body，ECB）、中国车身轻量化会议（China Lightweight Car Body Conference，CLCB）、AUTOSTEEL 等在 2013 年至 2018 年间发布的钢制车身车型的数据进行统计分析，统计分析结果如图 1-34 所示，可以得出以下结论：

1）2013 年至 2018 年发布的 58 款车型中，共有 30 个部位出现过热成形件的使用。

2）热成形件的主要使用部位有 11 个件：B 柱加强板（55 次）、A 柱上加强板（39 次）、中央通道（24 次）、前围下横梁（17 次）、发舱后纵梁上加强梁（16 次）、门槛内板（15 次）、中地板加强横梁（14 次）、门槛外加强板（13 次）、发舱后纵梁前段（13 次）、后地板纵梁（13 次）、前围下加强板（11 次），其中：B 柱加强板、A 柱上加强板以及中央

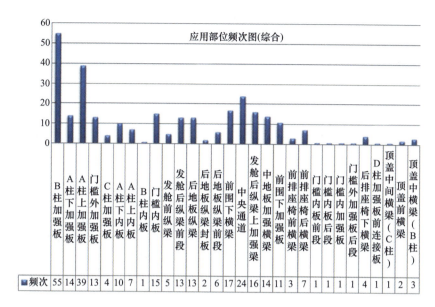

图 1-34 国内外车型热成形件应用统计

通道 3 个部位在半数以上的车型中应用。

其中，分别对国外、国内车型的热成形件应用进行分别统计，如图 1-35、图 1-36 所示。从图 1-35 和图 1-36 可以看出，国外车型与国内车型的热成形主要应用部位存在一定的差异，具体为：

1）国外车型热成形件应用部位较多，达到 30 个部位，其主要应用部位为 B 柱加强板、A 柱上加强板以及中央通道。

2）国内车型热成形件应用部位较少，仅 13 个部位，其主要应用部位为 B 柱加强板、A 柱上加强板、中央通道以及前围下横梁。

> **提示** 从以上统计分析可以看出，热成形件在汽车车身上的应用范围较为广泛，主要集中在车身骨架的载荷传递部件，应用频次最多的部位为：B 柱加强板、A 柱上加强板、中央通道、前围下横梁、发舱后纵梁上加强梁、门槛内板、中地板加强横梁、门槛外加强板、发舱后纵梁前段、后地板纵梁等；从国内外车型的热成形件应用差异来看，国外的热成形件应用较为成熟，而国内处于应用的推广阶段。

（4）新型热成形技术的发展　近年来，随着热成形技术大发展，出现了诸如 TWB 热成形、TRB 热成形、补丁板（Patchwork Blank，PB）热成形、软区（Soft Zone）热成形等新型热成形工艺技术。下面将对以上新型热成形技术进行介绍：

1）TWB 热成形。即以 TWB 板材为原材料进行热冲压成形，获得厚度可变的热成形零部件。目前，TWB 热成形技术较为成熟，其主要应用于 B 柱加强板、前围下加强板、发动机舱纵梁、后地板纵梁等零部件，目的是在获得更高安全性的同时，实现轻量化。如

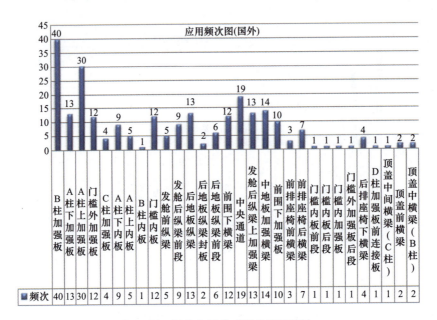

图 1-35 国外车型热成形件应用统计

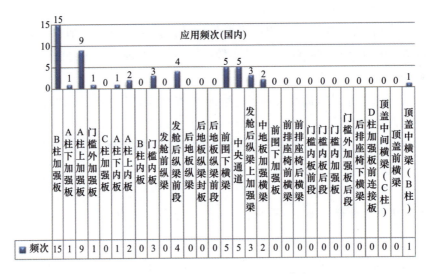

图 1-36 国内车型热成形件应用统计

图 1-37所示，2017款奥迪 A8 车型的前围下加强板采用 TWB 热成形技术，相对上一代车型的前围下加强板实现 20% 减重。

近年来，随着 25% 小偏置碰撞法规的逐渐推广实行应用，热成形"门环"技术逐渐受到汽车企业的青睐。本田汽车是热成形"门环"最忠实的用户，其在 2015 款阿库拉 TLX 车型中首次应用热成形"门环"（图 1-38），即：将 A 柱下加强板、A 柱上加强板、B 柱加强板、以及门槛外加强板四个件通过激光拼焊技术焊接成 1 个件，再进行热成形。本田阿库拉 TLX 车型通过应用热成形"门环"技术，使其车身结构更加牢固，能够抵抗更大的冲击变形，具体获得以下效果：

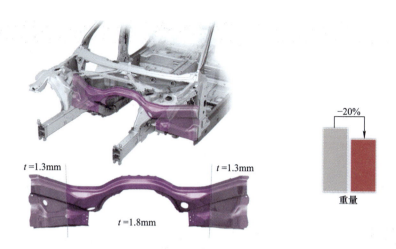

图 1-37 2017 款奥迪 A8 的 TWB 热成形前围下加强板示例

① 铰接点结构连续，使得碰撞载荷传递更为有效。

② 前、后车门铰链安装点集成到热成形"门环"上，从而保证了车门安装精度，提升车门品质。

③ 相对原 TL 四个冲压件焊接的方案，通过采用热成形"门环"技术，使得强度大大提升和焊接搭接边的消除，实现降重 4.9kg。

本田阿库拉 TLX 最终在 25% 的小偏置碰撞中获得 "GOOD" 评价，其碰撞试验结果如图 1-39 所示。

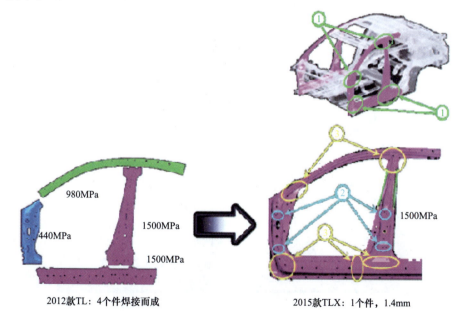

图 1-38 本田阿库拉 TLX 热成形"门环"

鉴于热成形"门环"技术对 25% 小偏置碰撞性能的提升，本田汽车在后续发布的阿库拉相关车型中持续使用热成形"门环"技术，并在 2018 年发布的本田阿库拉 RDX 车型上使

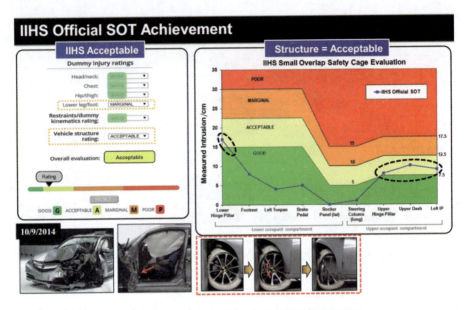

图 1-39　本田阿库拉 TLX 25% 小偏置碰撞结果

用内、外双热成形"门环"技术，如图 1-40 所示。此外，本田汽车在 2017 款奥德赛车型，克莱斯勒汽车在 2017 款 Pacifica 车型上也应用了热成形"门环"技术，主要为外门环。

a) 内门环　　　　　　b) 外门环

图 1-40　本田阿库拉 RDX 双热成形"门环"案例

2）变厚板热成形。TRB 热成形即选用变厚板进行热成形，其工艺过程与传统的等厚板热成形一致。变厚板因具有定制化的厚度分布而带来了性能差异化分布；热成形则具有高强高硬度的特点，因此，变厚板热成形零部件兼具高强度高硬度和性能定制化的优点，可实现较高的轻量化效果。其缺点是由于变厚板采用定制化的轧制生产工艺，其成本较等厚板以及激光拼焊板高昂；同时因为采用热成形工艺，其伸长率、冲击韧性等较低。目前，变厚板热成形技术主要在奥迪、宝马、大众、奔驰、福特等国外汽车企业应用，取得了很好的轻量化效果，如图1-41所示。福特汽车在2011款福克斯车型的B柱上应用变厚板热成形技术，实现由1个变厚板热成形零件成功替换2个等厚板热成形零件，并实现了10%的轻量化。如图1-42所示，在2018款福克斯车型上的侧围上框应用变厚管热成形技术。

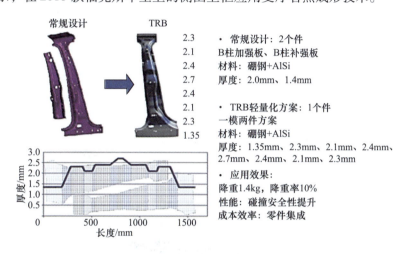

图1-41 2011款福克斯车型B柱变厚板热成形案例

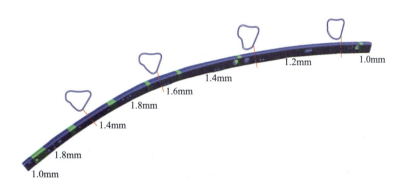

图1-42 2018款福克斯侧围上框变厚管热成形案例

如图1-43所示，大众汽车旗下的斯柯达科迪亚克车型的中地板采用变厚板热成形技术，相比原方案实现了1.1kg的轻量化效果。

目前，行业内TRB热成形主要应用在B柱加强板、前围下加强板、中地板下横梁、A柱上加强板等，具体如图1-44所示。

3）PB热成形。指采用PB板为坯料进行热成形获得局部厚度可变的热成形零部件。PB板是一种通过在主体基板上额外焊接一块"补丁"（板）而获得的变厚度板材，而"补丁"

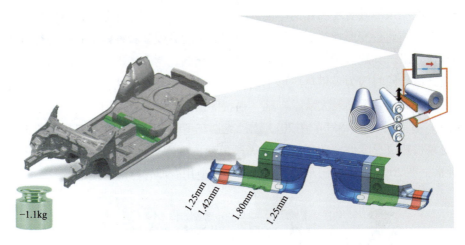

图1-43 斯柯达科迪亚克车型中地板变厚板热成形案例

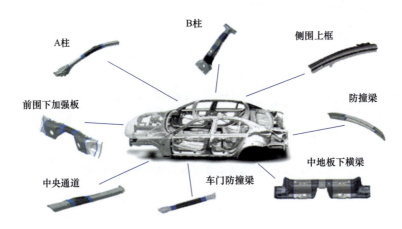

图1-44 常用的TRB热成形件应用示意图

的尺寸、厚度以及位置则是根据热成形件的承载需求而定,起到局部加强的作用。常用的连接方法有点焊、激光焊接等。

PB热成形的优点:①补丁板热成形可以减少模具、检具和夹具的数量;②能提高零件间的连接精度,从而加快生产节拍,降低生产成本。PB热成形的缺点:①由于需要提前焊接,可能出现脱焊、虚焊、焊点拉脱等;②补丁板其实是一种料厚突变的工艺,对于冲压工艺的要求极高,非常容易产生废品。

PB热成形主要用于汽车B柱加强板、发舱后纵梁后段等,还可用于其他需要局部加强的零件上,如A柱加强板等。图1-45为某车型B柱加强板PB热成形示例。

4)软区热成形技术。目前,热成形零部件的抗拉强度一般能达到1500MPa甚至更高,延伸率(A80)一般能达到4.5%以上。对于某些部位的热成形零部件而言,其不同部位的强度和韧性要求不一。以B柱加强板为例,其下部需要较大的变形来吸收侧面碰撞的能量,而上部则需要较小的变形来确保乘员的安全,即热成形B柱加强板的上部需要高强度来传递侧面碰撞载荷,下部则需要较大可变形能力(高伸长率)来吸收侧面碰撞能量。因此,需要对热成形 B 柱加强板的下部进行软化处理，提升其可变形能力，这个软化处理的下部区域在行业内通常称为"软区"。图 1-46 为 2015 款奥迪 Q7 的软区热成形 B 柱加强板案例。

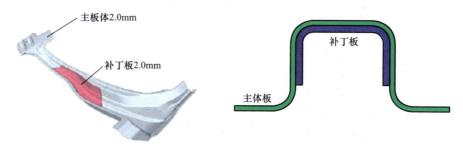

图 1-45　某车型 B 柱加强板 PB 热成形示例

图 1-46　2015 款奥迪 Q7 的软区热成形 B 柱加强板案例

软区热成形即是对热成形零件硬度（强度）大小进行按需配置的技术，其可通过炉内、模内和激光处理的方式来实现热成形零部件的软硬区配置。

软区热成形技术的优点是可以实现对零件强度、硬度及性能的按需配置。其缺点是软硬区都存在一个过渡区域（一般为 30mm），过渡区域的机械性能介于软区和硬区之间，应用需要经过详细的仿真分析确认；另外，不论采用何种方式获得的软区，都会带来热成形零部件成本的增加。

目前，软区热成形技术逐渐被大多数汽车企业所认可，广泛地应用于车身主要碰撞载荷传递部件，主要目的是通过有效控制碰撞过程中碰撞载荷传递部件的变形模式，在达成更高的碰撞安全水平的前提下实现轻量化。现阶段软区热成形技术往往与 TWB 热成形技术或者 TRB 热成形技术相结合应用，常用的部件有：B 柱加强板、后地板纵梁等件。如图 1-47、图 1-48 所示，本田汽车在 2016 款本田思域和 2017 款本田雅阁车型的左、右后地板纵梁上均应用软区热成形技术，在实现轻量化的同时获得更高的尾碰性能。

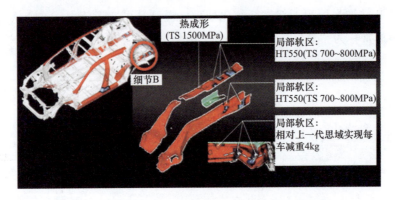

图1-47 2016款本田思域后地板纵梁软区热成形实例

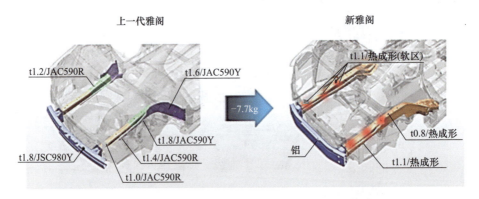

图1-48 2017款本田雅阁后地板纵梁软区热成形实例

现阶段,等厚板热成形、TWB热成形、TRB热成形、PB热成形以及软区热成形等技术在汽车车身上均有应用。目前,由于新型热成形技术的轻量化效果以及更适合达成车身性能要求,新型热成形技术应用处于上升趋势。图1-49所示为各种热成形技术的轻量化效果对比。

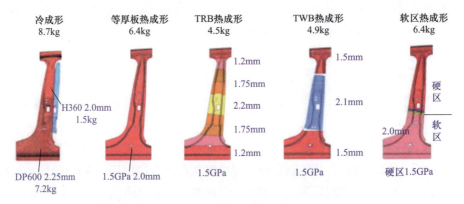

图1-49 各种热成形技术轻量化效果对比图

4. 铝合金技术及应用特点

应用轻质合金替换原钢制车身的部分或全部零部件实现轻量化,是现阶段车身轻量化研究的热点。在汽车车身上应用的常用轻质合金有：铝合金和镁合金两大类，其中，由于铝合金材料机械性能较好且容易制造，其在车身上应用更为广泛；镁合金材料受限于机械性能不高且耐腐蚀较差等问题，其在汽车车身上应用较少，在此不做介绍。

（1）铝合金的特点　铝的密度为 2.7g/cm³，约为钢（7.8g/cm³）的 1/3，是汽车车身上替代钢的关键轻量化材料之一。由于铝或者铝合金的表面易氧化形成致密而稳定的氧化膜（钝化），所以耐蚀性好。铝或铝合金材料具有较好的铸造性，铝的融化温度低，流动性好，易于制造各种复杂形状的零件。在铝中加入一种或几种合金元素后即可构成铝合金，铝合金相对于纯铝，其机械强度、硬度、伸长率等大幅提升；除固溶强化外，有些铝合金还可以热处理强化，部分牌号的铝合金的抗拉强度可达到 600MPa 以上。单位重量的铝在碰撞中的吸能量是钢的两倍，可明显提高汽车的被动安全性。此外，铝合金的导热率和导电率是钢的 3 倍。

如图 1-50 所示，根据路洪洲等在《基于轻量化的车身用钢及铝合金的竞争分析》一文中的研究结论可知，在保证结构相同的前提下，按照等弯曲刚度计算，铝板的厚度须达到钢板的 1.4 倍以上，此时铝制件相对钢制件减重 50%；按照等扭转刚度计算，铝板的厚度须达到钢板的 1.44 倍以上，此时的铝制件相对钢制件减重 45%；按照等结构强度计算，铝板的厚度须达到钢板的 1.2 倍以上，此时的铝制件相对钢制件减重 60%，因此，在汽车车身上应用铝合金替代钢材，理论上可实现最低 40% 的轻量化效果，但在实际应用过程中，考虑到实际刚度、强度的补偿等因素，铝合金替代钢铁一般可以达到 30% 以上的轻量化效果。

典型板材构件受力图

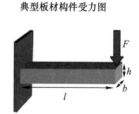

等弯曲刚度：

$$\frac{h_{Al}}{h_{Steel}} = \frac{\sqrt[3]{E_{Steel}}}{\sqrt[3]{E_{Al}}} = 1.4$$

$$\frac{m_{Al}}{m_{Steel}} = \frac{P_{Al}}{P_{Steel}} \frac{\sqrt[3]{E_{Al}}}{\sqrt[3]{E_{Steel}}} = 0.5$$

等扭转刚度：

$$\frac{h_{Al}}{h_{Steel}} = \frac{\sqrt[3]{G_{Steel}}}{\sqrt[3]{G_{Al}}} = 1.44$$

$$\frac{m_{Al}}{m_{Steel}} = \frac{P_{Al}}{P_{Steel}} \frac{\sqrt[3]{G_{Al}}}{\sqrt[3]{G_{Steel}}} = 0.55$$

等结构强度：

$$\frac{h_{Al}}{h_{Steel}} = \sqrt{\frac{E_{mSteel}}{E_{mAl}}} = 1.2$$

$$\frac{m_{Al}}{m_{Steel}} = \frac{P_{Al}/E_{mAl}}{P_{Steel}/E_{mSteel}} = 0.4$$

汽车钢板及铝合金板的关键力学性能参数对照表

典型性能	钢板	铝合金板
弹性模量/GPa	210	72.2
抗拉强度/MPa	270	230
密度/(g·cm⁻³)	7.8	2.7
泊松比	0.3	0.34
剪切模量/GPa	81	26.9

图 1-50　典型铝合金板替换钢板的理论计算

（2）车身用铝合金分类　根据零部件的成形方式不同，车身用铝合金可以分为形变铝合金和铸造铝合金两大类，而形变铝合金又可以分为挤压铝合金和冲压铝合金两大类。从热处理角度来讲，车身用铝合金也可分热处理铝合金和非热处理铝合金两大类。行业内对车身用铝合金的分类普遍按成形方式进行区分,即:挤压铝合金、冲压铝合金和铸造铝合金。

1)挤压铝合金。铝合金挤压成型是对放在模具型腔(或挤压筒)内的金属坯料施加强大的压力,迫使金属坯料产生定向塑性变形,从挤压模具的模孔中挤出,从而获得所需断面形状、尺寸并具有一定力学性能的零件或半成品的塑性加工方法。挤压成型原理如图1-51所示。

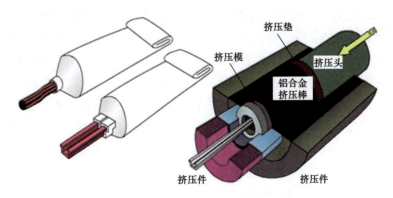

图1-51 铝合金挤压成型原理示意图

挤压铝合金型材为等截面形式,且截面形式多变,可根据实际需求设计;由于挤压铝合金的合金含量很低,且采用挤压成形工艺,质量缺陷少,可以通过热处理进行强化处理,焊接性能良好,材料性能一致性高,抗疲劳性好,韧性高。

① 挤压铝合金的制造工艺。挤压铝合金工艺过程一般可分为两步:第一步为铝棒的熔铸,第二步为型材的挤压,如图1-52所示。

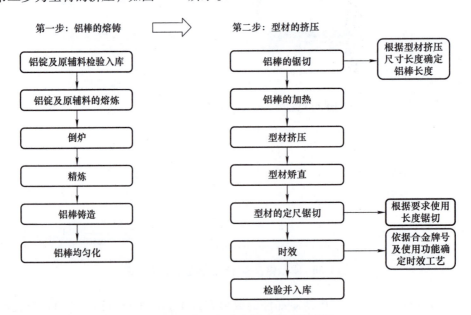

图1-52 挤压铝合金的一般工艺过程

铝合金挤压成型工艺具备以下优点:

a. 在挤压过程中，被挤压金属在变形区能获得比轧制锻造更为强烈和均匀的三向压缩应力状态，这就可以充分发挥被加工金属本身的塑性。

b. 挤压成型不但可以生产截面形状简单的棒、管、线产品，还可以生产截面形状复杂的型材和管材。

c. 挤压成型灵活性大，只需要更换模具等挤压工具，即可在一台设备上生产形状规格和品种不同的制品，更换挤压模具的操作简便快捷、省时、高效。

d. 挤压制品的精度高，制品表面质量好，还提高了金属材料的利用率和成品率。

e. 挤压过程对金属的力学性能起着良好的影响。

f. 工艺流程短，生产方便，一次挤压即可获得比热模锻或轧制成型等方法面积更大的整体结构件，设备投资少、模具费用低、经济效益高。

g. 铝合金具有良好的挤压特性，特别适合于挤压加工，可以通过多种挤压工艺和多种模具结构进行加工。

铝合金挤压成型工艺的缺点：

a. 制品组织性能不均匀。由于挤压时金属的流动不均匀（在无润滑正向挤压时尤为严重），致使挤压制品存在表层与中心、头部与尾部的组织性能不均匀现象。

b. 挤压工模具的工作条件恶劣，工模具耗损大。挤压时坯料处于近似密闭状态，三向压力高，因而工模具需要承受很高的压力作用。同时，热挤压时工模具通常还要受到高温、高摩擦作用，从而大大影响工模具的强度和使用寿命。

c. 生产效率较低。除近年来发展的连续挤压法外，常规的各种挤压方法均不能实现连续生产。一般情况下，挤压速度远远低于轧制速度。

② 常用的挤压铝合金牌号。常用的挤压铝合金分为低强度、中强度以及高强度三大类，其中：常用的低强度挤压铝合金有6063、6060；常用的中强度挤压铝合金有6061、6082、6005、6005A；高强度挤压铝合金有6262、6020以及7005等。图1-53给出了常用的挤压铝合金的主要合金元素和机械性能对应关系。

③ 挤压铝合金的典型应用。通常，挤压铝合金在车身主要用作载荷传递路径上的梁类件和用作碰撞过程

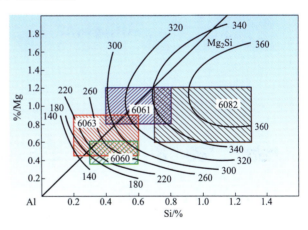

图1-53 常用挤压铝合金主要合金元素和机械性能对应关系

中的吸能部件，如车体纵梁、横梁、门槛、防撞梁等。现阶段，挤压铝合金最典型的应用是铝合金防撞梁，图1-54为某车型铝合金防撞梁示例。

2）冲压铝合金。车身用冲压铝合金也称为铝合金车身板，与车身用钢板一致，都是采用轧制工艺获得厚度范围为0.8～3.0mm的薄板，薄板再经过冲压成形获得车身零部件。目

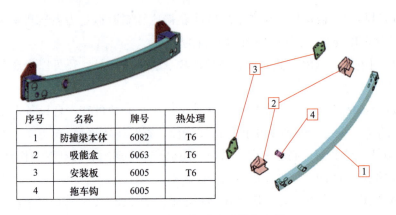

序号	名称	牌号	热处理
1	防撞梁本体	6082	T6
2	吸能盒	6063	T6
3	安装板	6005	T6
4	拖车钩	6005	

图 1-54 某车型铝合金防撞梁示例

前，铝合金车身板在汽车车身上通常用作覆盖件、内板件等薄板件，也可以用在车身上的骨架件。

① 铝合金车身板的制造工艺流程。图 1-55 是典型的铝合金车身板的制造工艺流程图，相对于钢板的制造，铝合金车身板多了预时效环节。

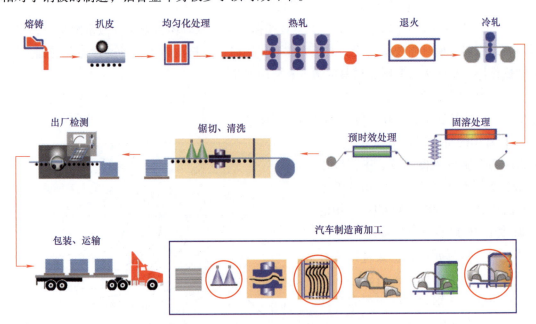

图 1-55 典型的铝合金车身板制造工艺流程图

② 常用的铝合金车身板及应用。铝合金车身板一般有 2000 系铝合金、5000 系铝合金、6000 系铝合金以及 7000 系铝合金四大类，常用的为 5000 系铝合金和 6000 系铝合金，未来随着技术的发展，7000 系铝合金也将会大量地应用于汽车车身上。

2000 系铝合金是可热处理强化合金，具有良好的成形性和较高的强度，但抗蚀性差，烘烤硬化能力低，可用于车身内板。

5000 系铝合金（Al-Mg），是不可热处理强化合金，具有中等强度、耐蚀性好、较好的加工性能及良好的焊接性能等特点。但 Al-Mg 系合金板材在室温放置后,在拉伸时容易出现吕德斯线(Luders bands)伸长,冲压成形后表面起皱,影响外观质量;延展性和弯曲能力也会由于 Fe 含量的增加而恶化,烤漆容易出现软化现象。Al-Mg 系合金用作汽车车身板的缺点:延迟屈服和吕德斯线。当晶粒尺寸 >100μm 时,板材易出现"桔皮效应"。因此,5000 系铝合金不适合用在车身外覆盖件,只能用于车身内板。

6000 系铝合金(Al-Mg-Si、Al-Mg-Cu),是可热处理强化合金,具有较高的烤漆硬化性能、成形性好、耐蚀性强、强度高和较好的耐高温等特点。6000 系铝合金 T4 态板材的屈服强度和抗拉强度与钢板相近,硬化指数 n 值超过钢板。因此,6000 系铝合金既可以用作车身外覆盖件,也可以用于车身内板。

7000 系合金是可热处理强化合金,是目前室温下强度最高的铝合金,经固溶和时效处理后,其强度达到 700MPa 以上,但在室温下成形困难,在车身上应用极少。

常用的铝合金车身板有 6016、6111、6022、5182、5754 等,其力学性能对比如下表 1-2 所示。

表 1-2 常用铝合金车身板性能列表

材质	抗拉强度 σ_b/MPa	屈服强度 $\sigma_{0.2}$/MPa	伸长率 δ(%)	均匀伸长率(%)	硬化指数 n 值	塑性应变比 r 值
5754	247	129	25	21	0.29	0.67
5182-O	275	130	26	19	0.33	0.80
6111-T4	290	160	27	23	0.26	0.60
6016-T4	235	125	28	24	0.23	0.70
6022-T43	257	137	26	/	/	/
深冲钢	323	216	44	/	0.21	1.2

3)铸造铝合金。目前,汽车车身上承力结构件的力学性能一般要求如下:抗拉强度 >240MPa,屈服强度 >180MPa,伸长率 ≥10%,铝合金压铸件铸态的力学性能指标很难达到,需通过热处理工艺来进一步提高优化合金的力学性能。普通压铸铝合金运用高真空压铸技术可以明显提高力学性能,如 ADC12 合金高真空压铸件抗拉强度和伸长率分别比普通压铸件提高 6.67% 和 25%;ZL201 合金真空压铸件的抗拉强度和伸长率分别由普通压铸件的 231MPa 和 6.6% 提高至 245MPa 和 7.1%。即便如此,普通压铸铝合金通过高真空压铸技术也很难达到汽车受力结构件的性能尤其是伸长率的要求。为此,国外开发出适合应用于汽车车身结构用的高强韧压铸铝合金,并结合高真空压铸成型技术,应用于车身结构件。

① 常用的高强韧压铸铝合金。目前,德国、美国和日本均已开发出一系列高强韧压铸铝合金,尤其是德国开发的 Silafont-36 合金广泛用于汽车结构件。目前主要集中在 Al-Si-Mg 系和 Al-Mg 系合金,如表 1-3 所示。由于 Al-Mg 系合金的凝固区间较大,铸造性能较差,且 Mg 含量高,熔炼保护及熔体处理难度大,主要用于形状比较简单、没有薄

壁的零部件；Al-Mg 系合金的力学性能主要与晶粒及合金相尺寸有关，其力学性能的优劣主要取决于铸件的壁厚，Al-Mg 系合金在车身上的应用处于研究阶段。

表 1-3　常用 Al-Si 系高强韧真空压铸铝合金成分

牌号	化学成分（%）								
	Si	Cu	Mg	Fe	Mn	Ti	Sr	其他	Al
Silafont-36	9.5~11.5	0.03	0.10~0.50	0.15	0.5~0.8	0.04~0.15	0.01~0.015	0.1	余量
Castasil-37	8.5~10.5	0.05	0.06	0.15	0.35~0.60	0.15	0.006~0.025	0.2	余量
Aural-2	9.5~11.5	0.03	0.27~0.33	0.22	0.45~0.55	0.08	0.01~0.16	0.03	余量
Aural-3	9.5~11.5	0.03	0.4~0.6	0.22	0.45~0.55	0.08	0.01~0.16	0.03	余量
367.0	8.5~9.5	0.25	0.3~0.5	0.25	0.25~0.35	0.2	0.05~0.07	0.15	余量
368.0	8.5~9.5	0.25	0.1~0.3	0.25	0.25~0.35	0.2	0.05~0.07	0.15	余量

从表 1-3 可以看出，这些高真空压铸铝合金都属于亚共晶 Al-Si 系合金，与普通压铸铝合金相比，其主要区别在于：

a. 高 Si。Si 含量一般为 9%~11%，保证合金具有良好的铸造性能，SF-36 合金通过高真空压铸可以制作壁厚仅有 1.1mm 的零件。

b. 避免 Cu。避免 Cu 可保证汽车受力结构件要有较好的耐蚀性。

c. 尽量降低 Fe 含量。研究表明，随着 Fe 含量降低，合金的断裂韧性大幅度提高，而相应增加 Mn 含量来确保合金具有较好的抗粘模性能，当 W(Mn)/W(Si) 合适时，可避免产生针状的 β-AlFeSi 化合物，而形成细小弥散的 α-Al(MnFe)Si 合金相，从而确保了材料良好的韧性。

d. 添加 Sr 和 Ti。添加 Sr 不但可通过其变质作用来改变共晶硅相的形态来提高合金的伸长率，而且可以减少压铸过程中的粘模倾向；Ti 添加后可以细化 α-Al 枝晶和第二相的尺寸，从而提高铸件的力学性能。

② 高强韧压铸铝合金件的典型应用。强韧压铸铝合金件相对钢制结构具备轻量化、模块化、高刚性、高精度、结构自由等优势，是铝合金铸件在车身上应用的典型代表。图 1-56 是奥迪 A6 减振器塔（简称减振塔）应用铝合金压铸件的案例。奥迪 A6 前减振器塔采用铝合金高真空压铸技术，实现将 10 个冲压件替换为 1 个铝合金高真空压铸件，实现减重 10.9kg。由于采用高真空压铸工艺，铸件精度相对冲压件高，大大提升底盘安装点的精度。图 1-57 为凯迪拉克 CT6 车型的 A 柱应用铝合金压铸件的案例，其通过不断优化成功实现了由 1 个铝合金压铸件替代原来 25 个钢制件。

通过对欧洲车身会议（ECB）2009 年至 2015 年发布的资料进行分析，统计铝合金用量在 10% 以上的车型，统计如表 1-4 所示。由统计数据可以看出铝合金压铸件主要应用于下车体的前后减振器塔以及后纵梁等件。

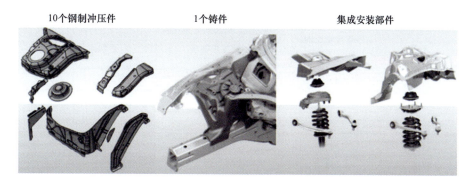

图 1-56 奥迪 A6 车型铝合金压铸前减振器塔实例

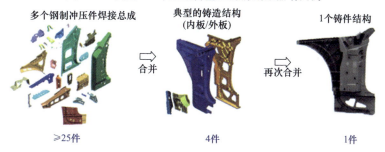

图 1-57 凯迪拉克 CT6 的铝合金压铸 A 柱实例

表 1-4 ECB2009—2015 铝合金压铸件应用统计

年份	车型	铝合金比例(%)	前减振器塔	后减振器塔	前纵梁	后纵梁	中通道	A柱
2013	宝马 3	19.2	√	√				
	阿尔法 罗密欧 4C	36				√		
2014	雪佛兰 Corvette Z06	55			√	√	√	√
	宝马 i8	19	√					
2009	奥迪 R8 世爵	100	√	√			√	
	捷豹 XJ	88	√			√		
2010	奥迪 A8	93.1	√	√	√	√	√	√
2012	奔驰 SL class	86.1	√	√	√	√		
2013	新路虎	95	√			√	√	
2014	捷豹 F – Type	78	√	√				√
2015	福特 F150	94.6						
	奔驰 AMG GT	88.8	√	√				√
	凯迪拉克 CT6	62.1	√	√	√	√	√	√
2009	路特斯 Evora	41.3						
2013	奔驰 S 级	32.5	√	√	√			
2014	奥迪 TT	35.8					√	√
	奔驰 C 级	24.8	√	√		√		

(续)

年份	车型	铝合金比例（%）	前减振器塔	后减振器塔	前纵梁	后纵梁	中通道	A柱
2015	奥迪 Q7	49.9	√		√	√		
	捷豹 XF	48	√				√	
	宝马 7 系	26	√	√		√		
2009	宝马 5 系 GT	14.2	√					
2011	奥迪 A6	18	√					
2011	日产 Leaf	10.4						
2014	沃尔沃 XC90	8	√					
2015	雷诺 Espace	12						
	马自达 MX5	9.5						
合计		—	18	10	6	10	8	7

> **提示** 由以上可以看出，三种形式的铝合金各具特点，在车身上的应用也不相同。铝合金材料是现阶段可以在汽车车身上替换钢的最佳轻量化材料之一。鉴于铝合金相对于钢的轻量化优势，铝合金材料被各车企青睐，纷纷在其高端车型或新能源车型上大量应用，以实现轻量化。

5. 铝合金车身技术及其特点

早在 20 世纪 80 年代，德国保时捷汽车在其 928 sports 车型的概念车身上采用了全铝车身方案，车身采用 6016 铝合金板制造而成，车身重量为 161kg，相对其钢制车身实现减重 106kg。1985 年，奥迪汽车推出了其首款全铝车身概念车型奥迪 100，该车型同样采用铝合金板制造而成，实现了极大的车身轻量化，其车身甚至可以

图 1-58 奥迪 100 全铝概念车型车身

由两名女性正常搬动。图 1-58 为奥迪公布的由两名女性抬起奥迪 100 全铝概念车车身的图片。

鉴于全铝车身相对钢制车身极大的轻量化效果，全球各大汽车企业纷纷关注全铝车身，研发其全铝车身车型并量产。本田汽车于 1989 年推出了其量产全铝车身车型——阿库拉 NSX，相对钢制车身减重近 200kg，减重率达到 40%。随后全球各大汽车企业纷纷推出其全铝车身车型，如福特 P2000、捷豹 Sport XJ220、通用汽车 EV1、奥迪 A8 等。

目前，国外汽车行业的全铝车身技术成熟，代表车型有：捷豹 XJ、特斯拉 Model S、奥迪 R8 等；在国内，已有汽车企业推出其全铝车身车型，如蔚来汽车 ES8 等。随着对汽车车

身材料研究的不断深入,"合适的材料应用到合适的部位"的理念已深入人心,汽车车身用材已经发展到混合材料阶段,钢铝混合车身、铝塑混合车身、钢铝塑混合车身等形式车身纷纷出现。图1-59为行业内公认的汽车车身发展趋势图。

奥迪汽车推出铝合金空间框架(Audi Space Frame,ASF)是目前行业内认可度较高的铝合金车身结构形式,其ASF车身也从之前的全铝车身发到钢铝混合车身,再到钢铝塑混合车身。以奥迪汽车的A8车型为例,奥迪A8经过5代车身技术的演化,于2017年推出了钢铝塑混合版的车身,如图1-60所示。

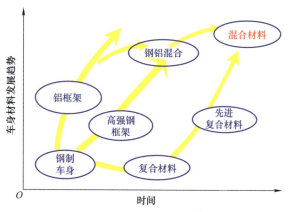

图 1-59 汽车车身发展趋势图

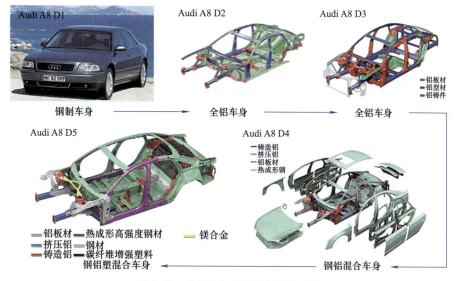

图 1-60 奥迪 A8 车型车身演变过程

> **提示** 从狭义上讲,全铝车身是全部用铝合金材料制造的车身(即:铝合金占比为100%),但现阶段由于汽车安全法规的不断加严以及轻量化的现实需求,汽车企业已经趋向于采用多种材料制造汽车车身,除全钢车身外,汽车企业很少在其量产车型上采用100%的铝合金车身、镁合金车身或者塑料(复合材料)车身方案。

基于铝合金在车身的应用比例,对应用铝合金的车身做以下定义:

① 全铝车身:铝合金占比大于60%。

② 钢铝混合车身:铝合金占比为20%~60%,其中,轻度钢铝混合车身中铝合金占比为20%~40%,重度钢铝混合车身中铝合金占比为40%~60%。

③ 钢制车身:铝合金占比为6%~20%。下文所述的全铝车身、钢铝混合车身、钢制车身等均依照此定义。

表 1-5　全铝车身的特点

类别	技术路线	车身特点	仪表车型	车身图示	轻量化水平	车身性能	技术难度	成本评估	市场认可度
冲压式全铝车身	冲压铝 + 少量铸造铝 + 少量冲压铝	1. 车身结构与钢制冲压焊接式车身结构形式一致 2. 以冲压铝合金为主（重量占比一般在 60% 以上），辅以极少量的挤压铝合金、铸造铝合金	捷豹 XJ	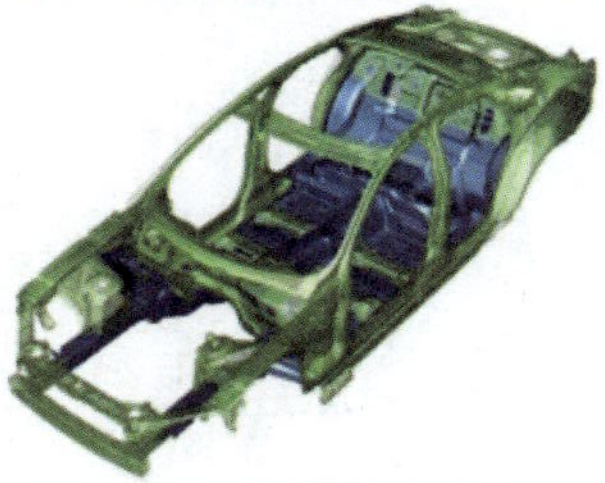	最高	MCAP 5 星	最高	最高	高
复合式全铝车身	挤压铝 + 铸造铝 + 冲压铝	1. 上车身结构与钢制冲压焊接式车身的上车身结构形式基本一致 2. 下车身结构则采用挤压铝合金 + 铸造铝合金构成下车体框架的形式	特斯拉 Model S 奥迪 A8 蔚来 ES8	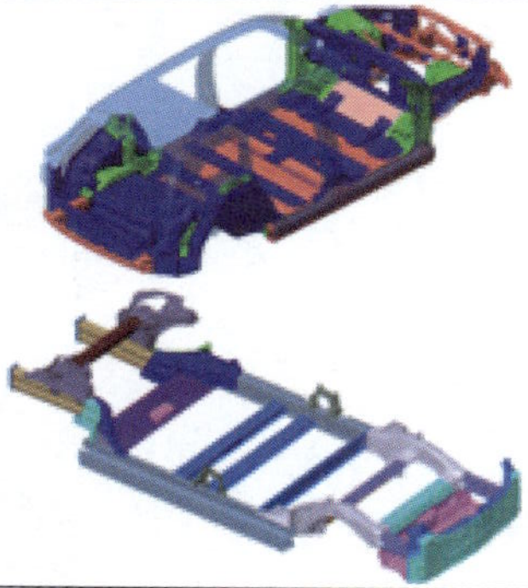	最高	NCAP 5 星	高	较高	高
挤压框架式全铝车身	挤压铝 + 冲压铝 + 塑料外覆盖件	车身结构与钢制冲压焊接式车身结构完全不同，整个车身框架采用挤压铝合金焊接而成，蒙皮件一般采用铝合金冲压件或者塑料件	奇瑞 EQ－1 东风 E30	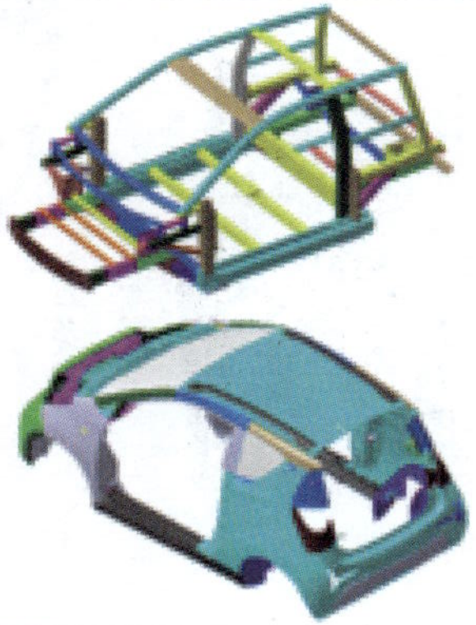	高	国标	低	低	一般

下面将以行业内典型的铝合金车身为对象进行分析,阐述各类铝合金车身的特点以及代表车型等。

(1) 全铝车身技术及特点 目前,市场上典型的全铝车身车型有:奥迪 A8、特斯拉 Model S、蔚来汽车 ES8、捷豹 XJ、奇瑞 EQ-1、东风 E30 等。这些车型的车身根据应用铝合金材料形式的不同,大致可以分为冲压式全铝车身、挤压框架式全铝车身以及复合式全铝车身三类。冲压式全铝车身是指以铝合金冲压件为主,辅以少量的铝合金铸件以及铝合金挤压件的车身,冲压式全铝车身的铝合金铸件和铝合金挤压件的合计占比一般在10%左右;挤压框架式全铝车身指的是以铝合金挤压件为主,应用极少量(或不用)铝合金铸件,内板蒙皮件采用铝合金冲压件,外覆盖件通常会采用塑料件(或铝合金冲压件)的车身;复合式全铝车身指的是采用铝合金挤压件+铝合金铸造件构成的下车体框架,其余部件采用冲压铝合金件的车身,通常复合式全铝车身的铝合金铸造件占比达到15%左右。表1-5是三类全铝车身的特点。

(2) 钢铝混合车身技术及特点 目前,随着汽车安全法规的日趋加严、汽车用高强铝合金暂不具备批量应用等因素,越来越多的汽车企业选择在汽车车身上的碰撞安全区域应用超高强度钢、热成形钢等零部件,在其他部位仍然采用全铝车身的铝合金方案,实现高安全性和高轻量化兼具。如前所述,根据铝合金材料在车身用材比例不同,钢铝混合车身分为轻度钢铝混合车身和重度钢铝混合车身两大类。通过对行业典型的钢铝混合车身进行分析,不难看出:轻度钢铝混合车身的铝合金主要应用于闭合件、防撞梁、翼子板、发舱纵梁、减振器塔及顶盖等;而重度钢铝混合车身则在轻度混合的基础上,增加地板、门槛、侧围等处的应用。表1-6为行业内典型钢铝混合车身的铝合金应用统计。

表1-6 典型钢铝混合车身铝合金应用统计

类别	年份	车型	铝合金比例(%)	闭合件			车体									
				发动机舱盖	尾门	车门	翼子板	防撞梁	发舱纵梁	减振器塔	A柱	地板	门槛	后围	侧围外板	顶盖
轻度钢铝混合	2013	奔驰S级	32.5	√	√	√	√	√	√	√	—	—	—	√	—	√
	2014	奥迪TT	35.8	√	√	√	√	—	—	—	√	—	—	—	√	√
	2014	奔驰C级	24.8	√	√	√	√	—	—	—	—	—	—	—	—	√
	2015	宝马7系	26	√	√	√	√	√	√	√	—	—	—	√	—	—
应用频次				4	4	4	4	2	2	2	1	0	0	1	1	3
重度钢铝混合	2015	奥迪Q7	49.9	√	√	√	√	√	√	√	—	√	√	√	√	√
	2015	捷豹XF	48	√	√	—	√	√	√	—	—	√	—	—	—	√
	2016	宾利Bentayga	50.8	√	√	√	√	√	√	—	√	√	—	√	√	√
应用频次				3	3	2	3	3	3	1	1	3	1	2	2	3

其中,2013款的奔驰S级是目前行业内轻度钢铝混合车身的代表车型,2015款的奥迪Q7车型则是目前行业内重度钢铝混合车身的代表车型。2013款奔驰S级的车身如图1-61a,

2015 款奥迪 Q7 的车身如图 1-61b 所示。

a) 2013款奔驰S级

类型		重量百分比	图例
铝合金	挤压铝合金	5.5%	
	铸造铝合金	6.5%	
	冲压铝合金	20.5%	
钢		64.5%	剩余
塑料		3%	
合计		100%	

b) 2015款奥迪Q7

类型		重量百分比	图例
铝合金	挤压铝合金	2.6%	
	铸造铝合金	12.3%	
	冲压铝合金	35%	
钢		47.8%	剩余
塑料		2%	
合计		100%	

图 1-61　2013 款奔驰 S 级和 2015 款奥迪 Q7 车身对比图

2013 款奔驰 S 级在车身的四门两盖（即：发动机舱盖、前车门、后车门、后行李舱盖）、顶盖、翼子板，以及发舱纵梁及前减振器塔等部位应用铝合金，车身的乘员舱部位应用钢制方案。而 2015 款奥迪 Q7 在车身的四门两盖、顶盖、翼子板、发舱纵梁、前减振器塔、中央通道、后地板、后轮包、后侧围以及顶盖横梁等部位应用铝合金，车身的乘员舱骨架应用钢制方案。

（3）钢制车身（铝合金占比 < 20%）技术及特点　现阶段，汽车企业在钢制车身上应用少量的铝合金主要目的是实现一定轻量化，或者提升车身的性能。从轻量化的角度来看，采用铝合金冲压件来替换原钢制车身的大型外覆盖件或者内蒙皮件，整个车身制造还是沿用原钢制车身的生产工艺。目前，汽车企业通常会在翼子板以及四门两盖上采用铝合金方案，尽量减少对原钢制车身生产工艺的变动，这种钢制车身设计思路也称为替换式设计。从提升车身的性能角度来看，采用铝合金挤压件或者铝合金铸件来替换车身上的梁或者减振器塔等部件，以此提升车身的碰撞吸能能力、局部刚度等性能。目前，汽车企业通常会在发舱纵梁前部吸能段以及减振器塔部位分别应用铝合金挤压件和铝合金铸件，这种钢制车身设计思路称为重新设计。

图 1-62 为 2011 款日产 Leaf 的车身示意图，日产 Leaf 在其前车门、后车门以及发动机舱盖上应用铝合金冲压件设计方案，实现替换式设计，实现减重 23kg。

应用位置	类型	铝合金占比	图示
铝合金	冲压铝合金	8.4%	
	挤压铝合金	1.6%	
钢		90%	剩余

图 1-62　2011 款日产 Leaf 车身用材图

图1-63a) 为2010款宝马5系的车身示意图，图1-64b) 为2014款沃尔沃XC90的车身示意图，其中，2010款宝马5系和2014款沃尔沃XC90的前减振器塔均采用铝合金铸件，均在发动机舱盖和翼子板上应用冲压铝合金，2010款宝马5系还在前、后车门外板上应用铝合金冲压件。由于在车身的前减振器塔上应用铝合金铸件，车身结构变化需要重新设计周边钢制件结构，同时连接用的工装（需要铆接设备）夹具等均需要重新设计开发。

a) 2010款宝马5系　　　　　　　　　　　　b) 2014款沃尔沃XC90

类型		重量百分比	图例
铝合金	挤压铝合金	0	
	铸造铝合金	4%	
	冲压铝合金	11%	
钢		85%	剩余
合计		100%	

类型		重量百分比	图例
铝合金	挤压铝合金	3%	
	铸造铝合金	2%	
	冲压铝合金	3%	
钢		92%	剩余
合计		100%	

图1-63　重新设计钢制车身示意图

参 考 文 献

[1] 中国汽车工程学会，中国汽车轻量化技术创新战略联盟，中国第一汽车股份有限公司技术中心. 中国汽车轻量化发展：战略与路径 [M]. 北京：北京理工大学出版社，2015：134-135.

[2] 王宏雁，陈君毅. 汽车车身轻量化结构与轻质材料 [M]. 北京：北京大学出版社，2009：29.

[3] 杨兵，高永生，张文，等. 基于变厚板（VRB）的汽车前纵梁内板开发 [J]. 塑性工程学报，2014，21（2）：76-80.

[4] 姜银方，王勇良，袁国定，等. 连续变截面横梁回弹特性及控制 [J]. 机械设计，2010，27（1）：10-13.

[5] 吴昊，杨兵，高永生，等. 变厚板材料模型表征方法的比较研究 [J]. 锻压技术，2014，39（6）：37-44.

[6] 董帝，韩静涛，刘靖. 超轻量汽车用TRB板及柔性轧制技术研究 [R]. 中国金属学会，2017，5：75-80.

[7] 路洪洲，王文军，王智文. 基于轻量化的车身用钢及铝合金的竞争分析 [C] //佚名. 2013年中国汽车工程学会年会论文集. 北京：北京理工大学出版社，2013：960-961.

第 2 章 车身结构开发流程及设计内容

2.1 车身结构的开发流程

2.1.1 汽车的开发流程简介

汽车开发流程是对一辆汽车从概念设计经过产品设计、工程设计到制造,最后转化为商品的整个过程中各业务部门职责和活动的描述。汽车的整个开发过程一般耗时 3~4 年时间,期间需要投入几百人。不同的企业有着不同的汽车开发流程,最常见的为 V 字形开发流程,如图 2-1 所示。

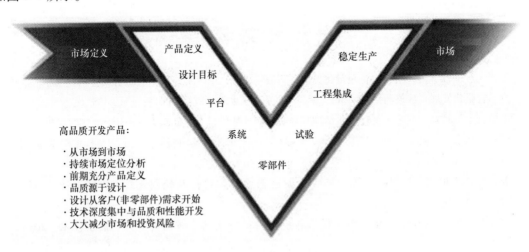

图 2-1 V 字形开发流程

虽然各个主机厂开发流程有所不同,但是总体上遵循产品规划、概念开发、工程(设计)开发、试制试验与认证、生产准备、量试与投产六大阶段,如图 2-2 所示。

(1) 产品规划阶段 产品规划阶段主要做产品立项可行性研究及市场分析,从市场、政

图 2-2　汽车开发六大阶段

策法规、客户需求的角度对产品进行分析，进而确定开发什么样的产品。同时，从投资、收益、技术、进度等方面对产品进行可行性分析，确认开发可行性，并确定项目开发总体目标。

（2）概念阶段　概念阶段是在产品战略明确并且可行性得到批准的基础上，制定详细研发计划及详细的项目成本及预算，确定项目详细开发目标，完成产品项目总体方案设计。包括整车的整车技术规范（Vehicle Technical Specification，VTS）、总体布置、造型设计、各模块概念设计方案。

（3）工程（设计）开发阶段　工程（设计）开发阶段是产品概念的实现阶段，通过产品工程、制造工程、质量保证和采购的同步工作完成产品概念的实现，最终完成产品图样的设计工作。工程开发是一个对整车进行细化设计的过程，主要包括细化总布置设计、造型数据 A 面设计、发动机工程设计、白车身工程设计、内外饰工程设计、底盘工程设计、电气工程设计等。

（4）试制试验阶段　试制试验阶段是对产品工程设计及概念的验证过程，通过样车试制试验验证设计的结构合理性和工艺合理性。主要包括试制车间的车辆试制和问题反馈改进，以及性能试验、道路可靠性试验、环境试验、碰撞试验等。

（5）生产准备阶段及小批量试生产阶段　此阶段主要通过对车辆进行生产线验证，全面验证其过线可行性，反复完善冲压、焊装、涂装以及总装生产过程和质量，在确保生产流程和样车性能的条件下，开始小批量生产，进一步验证产品的质量。

（6）量产阶段　量产阶段，顾名思义就是正式开始大批量生产。

2.1.2　传统的车身开发流程

车身开发流程是整车开发流程的主要子流程之一，其遵循整车开发的顺序和主要节点。其在整车开发的六个阶段中每个阶段的工作内容各有不同。按照车身的开发特点，车身的开发过程包括标杆竞品研究阶段、概念设计阶段、详细设计阶段、试制试验阶段和生产线验证阶段。虽然，车身从工作内容上主要分为五个阶段，但总体上各个阶段会存在一定的重叠部分。

（1）标杆竞品研究阶段　主要对整车开发确定的标杆竞品车辆的车身进行分析研究，提取其主要性能，并结合已有数据库的相关数据，为详细车身 VTS 指标设计、结构设计提供参考。主要包括重量、材料、刚度性能、模态、碰撞性能、关键细节结构、整体框架及传力路径、新技术、新材料等。

（2）概念设计阶段　主要依据标杆竞品的分析结果和已有数据库及相关规范结合整车目标确定车身开发性能目标，并完成造型可行性分析，以及车身主断面、概念数据设计等。

（3）详细设计阶段　主要依据概念设计阶段的车身主断面完成车身典型断面详细设计，依据概念数据完成详细数据设计，并对车身各项性能（包括NVH、碰撞、耐久疲劳、强度、防腐等）进行达标设计，同时完成同步工程（SE）设计，保证车身良好的工艺性。这一阶段为传统车身设计中耗时最长、工作量最大的过程。

> **提示**　详细数据设计一般分为三到四版数据设计，其中穿插着CAE分析达标的过程，根据阶段的不同，这些数据包含的内容和用途有所不同，一般主要分为招标数据、SE同步工程分析数据、模具浇铸数据、NC数据。

（4）试制试验阶段　试制试验阶段是指在车身模夹检具制作完成之后开始拼焊白车身到生产验证这一阶段，主要包含车身焊接验证、车身设计状态符合性验证及评审、车身性能试验、可靠性试验、环境试验、碰撞试验等。

（5）生产线验证阶段　生产线验证阶段是指车身在生产线上进行过线验证，焊装生产线验证生产线焊接可行性、车身通过性，以及焊接稳定性和焊接质量及车身精度等。涂装生产线验证车身涂装线通过性、电泳质量、涂胶密封等防腐工艺的可操作性等。总装生产线验证车身总装生产线的通过性和装配方便性。

2.1.3　性能驱动的车身开发流程

与传统的车身开发流程相比，性能驱动的车身总体开发过程仍然包括标杆竞品研究阶段、概念设计阶段、详细设计阶段、试制试验阶段和生产线验证阶段。其与传统的车身开发流程不同点主要是在概念设计阶段和详细设计阶段中的具体工作方式。传统的车身开发流程在概念设计阶段更多的是考虑物理结构方案，对性能考虑不足，一般在第一版详细数据制作完成之后再进行详细的CAE分析优化。这样的设计流程在前期概念设计时没有充分考虑性能设计和性能优化，导致第一版详细数据性能达标率较低，最终导致详细设计阶段时间过长、工作量增大。图2-3为传统车身开发概念设计、详细设计阶段流程。

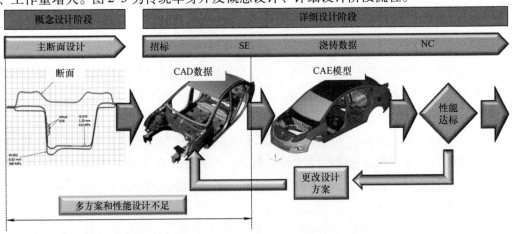

图2-3　传统车身开发概念设计、详细设计阶段流程

性能驱动的车身开发流程主要是在概念设计阶段对车身性能进行设计,包括主断面性能分析和优化、概念数据及概念模型建立和性能优化,力争使概念方案就有较高的性能达成率,使得第一版详细数据就具有较高的性能。其流程如图2-4所示。

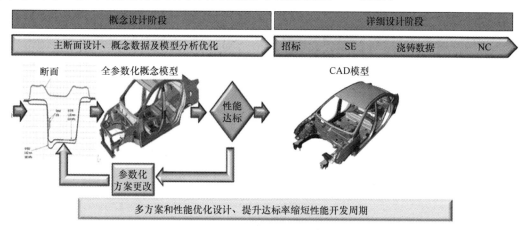

图2-4 性能驱动的车身开发流程

2.2 车身结构的设计内容

车身设计包含五大阶段,概念设计阶段和详细设计阶段在五大阶段的设计任务中尤为重要。这两个阶段承担着车身设计的主要工作内容,本章对车身设计的概念设计与详细设计阶段的设计内容进行概述。

2.2.1 概念设计阶段的设计内容

车身的概念设计阶段主要的工作任务是基于CAS面、底盘平台总成及相关的布置数据进行车身的主体结构方案设计及主体性能设计,包括主体框架结构、铰接点、关键部件、关键的传力路径及刚度性能设计,焊点的布置及设计,主体的成本及重量设计。

1. 框架结构概念设计

车身框架结构设计主要是完成上、下车身框架设计。上车身框架结构设计包含侧围的A、B、C、D柱的布置及各空腔的结构尺寸设计,顶盖横梁的布置及截面尺寸设计。图2-5所示为A柱空腔的结构尺寸。下车身框架结构设计主要包括下车身纵梁、横梁的布置及其截面尺寸设计。图2-6所示为一种下车身框架的典型结构形式。

车身框架结构设计还需完成车身的结构环设计,即从车身整体结构角度将车身的相关结构设计成相互连续、相互作用的整体,从而提升车身性能。图2-7所示为车身的C环结构图,车身的C环对车身扭转刚度提升起着至关重要的作用。

2. 车身分块及铰接点结构概念设计

车身分块设计主要是依据焊接顺序、搭接要求等对部件完成分块设计,如轮包、流水槽、地板、侧围上A柱内板、D柱内板及加强板等的分块设计。分块设计要综合考虑部件的成形性、材料利用率、焊接的可行性及对车身性能的影响性等相关约束及要求。车身的铰接点为车身结构的关键连接部位，对车身的性能起着至关重要的作用。车身铰接点包含A柱上、下铰接点，主要为发舱纵梁与前围及前纵梁的铰接部位；B柱上、下铰接点，主要为B柱与门槛及顶横梁铰接部位；C柱上、下铰接点，主要为后地板纵梁与门槛及前地板的铰接部位；D柱上、下铰接点，主要为后地板、后围与侧围的铰接部位，顶尾横梁与侧围铰接部位。车身的主要铰接点如图2-8所示。

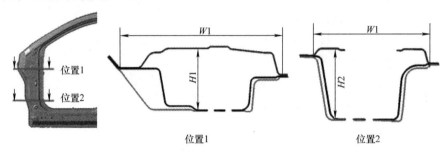

图2-5　A柱空腔的结构尺寸

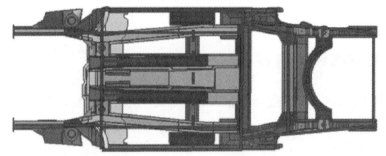

图2-6　下车身框架的典型结构形式

图2-7　车身的C环结构图

图2-8　车身部分铰接点图示

1—A柱上铰接点　2—A柱下铰接点　3—顶盖横梁铰接点
4—B柱上铰接点　5—B柱下铰接点　6—C柱下铰接点
7—D柱上铰接点　8—D柱下铰接点

3. 关键部件设计

车身关键部件设计是概念设计阶段的重要内容之一。关键零部件主要包含尺寸较大的零部件,如翼子板、顶盖、侧围外板、地板、前围板等。性能的关键零部件如车身纵梁、横梁、侧围各立柱的加强板及内板,深拉延部件如前、后轮包等。关键零部件设计主要是完成关键件的主体形状特征设计、材质设计、厚度设计等。图2-9所示为保证后地板备胎槽的局部模态及刚度在概念设计阶段进行的后地板加强筋设计。

图2-9 后地板的加强筋设计示例

4. 传力路径概念设计

传力路径的概念设计是车身概念设计阶段车身性能设计的基础,通过合理的传力路径设计可为后续的车身性能设计提供良好的基础。传力路径设计主要是完成碰撞、刚度性能关键传力路径结构及连接设计,如发舱前/后纵梁结构及其连接结构设计,A柱、B柱、门槛的内板及其加强板的结构及连接设计。在概念设计阶段,刚度性能的设计还需针对较敏感的接头部位进行加强设计,如尾门框四个拐角设计。

5. 焊点的布置设计

传统钢制车身部件与部件之间绝大多数采用点焊的方式连接,局部存在二氧化碳保护焊(二保焊)、塞焊、铜铅焊、激光焊等连接方式,除上述连接方式外,个别部位还采用螺栓联接及结构胶连接代替焊点的方式。

焊点的布置设计主要考虑焊点的间距设计。焊点间距的设计往往要"因地制宜",如碰撞传力的关键路径上、法规项部位,座椅安全带的安装点部位与底盘重要部件的安装部位,焊点布置要密集一点;其他非关键区域焊点间距要相对稀疏一点。如途观L发舱纵梁的焊点间距平均在30mm左右,图2-10所示为车身正面碰撞的关键路径,其上的焊点布置相对较密。

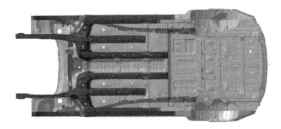

图2-10 车身正面碰撞的关键路径

6. 主体的成本及重量设计

在概念设计阶段,车身的成本及重量设计主要体现在车身的概念结构方案合理化设计,以及车身部件的材质、料厚设计上。概念设计阶段要将典型的轻量化方案体现在概念结构中,如发舱后纵梁根据其承力特点从前到后采用变截面设计,或采用其他典型的轻量化技术,如激光拼焊板的应用等。

在概念设计阶段,车身的主体成本设计还需要对车身部件的材质料厚进行重点设计。依据部件对车身性能的影响及其自身的成形性进行材质料厚的设计定义。如碰撞路径的车身关键零部件应采用高抗拉强度的材质，可靠性的关键部位应采用高强度的材质，形状复杂、拉延深度较深的部件需要采用延展性较好的材质，非性能关键部件要尽可能地采用成本较低的材质，以此进行成本的设计控制。

综上，车身的概念设计阶段主要包含框架结构设计，车身分块及铰接点结构、关键部件设计、传力路径设计、焊点的全面布置设计，及主体的成本重量设计，各部分的详细设计内容可参见表2-1。

表 2-1 车身概念设计阶段的设计内容

类别	设计内容
框架结构设计	1. 上车体框架：A柱、B柱、C柱、D柱及顶横梁的布置，及空腔截面尺寸设计
	2. 下车体框架：下车体框架及纵横梁截面、尺寸，连接设计
	3. 重点的结构环设计，如C环、D环设计
车身分块及铰接点结构设计	1. 车体总成分块设计（轮包、流水槽、地板、侧围上A柱、D柱等分块）
	2. A柱上、下铰接点（包含发舱纵梁与前地板、前围板的搭接）
	3. B柱上、下铰接点
	4. C柱上、下铰接点（包含检查前地板与后地板、后地板纵梁搭接）
	5. D柱上、下铰接点（包含后地板与后围搭接、侧围与后地板、后围搭接）
关键部件设计	1. 外覆盖件及较大的内板部件，如侧围外板、地板等材质、厚度，主体形状特征设计
	2. 性能的关键部件，如车身纵、横梁的主体形状特征、材质、厚度设计
	3. 深拉延部件，如前、后轮包的形状特征、材质、厚度设计
传力路径设计	1. 传力路径设计
	2. 传力路径上的关键件结构及连接设计，如前、后纵梁结构及连接设计，A柱、B柱、门槛内板与加强板及其结构等
	3. 传力路径上的关键件材质、厚度设计
焊点的布置及设计	1. 焊点布置合理性设计
	2. 关键部位焊点间距设计
主体的成本及重量设计	1. 关键件的材质、厚度设计
	2. 非关键件的材质、厚度设计
	3. 典型的轻量化方案应用设计

2.2.2 详细结构设计阶段的设计内容

车身详细结构设计阶段的设计主要以车身的概念数据为基础，结合造型面、相关分组的细化数据及概念阶段的性能分析结果完成车身主体结构、细节结构及性能的细化设计。车身详细结构设计阶段的目标是设计的车身数据满足制造要求，与相关分组的匹配满足设计规范要求，车身性能达成既定的目标要求。

1. 结构细化设计

结构细化设计即完成车身结构的合理性细化设计，包含单件、搭接匹配结构的细化设计，材质厚度的精益设计和焊点布置的细化设计。单件的细化设计内容主要包括单件的形状特征、圆角、定位孔、安装孔等细化设计；搭接匹配结构的细化设计内容主要包含车身部件与部件的搭接结构（如焊接面、搭接结构及尺寸、孔位匹配，部件的配合间隙等方面）的合理化细化设计，车身与相关分组的安装面、配合间隙、匹配的标准件等细化设计；材质厚度的精益设计即以成本目标为要求、性能目标为约束、标杆对比为依据对车身的材质厚度进行最优化设计；焊点布置的细化设计内容主要是确认焊点的可实施性，如焊枪的通过性、焊接部位厚度的合理性、焊点布置的间距细化设计等。

车身结构细化设计的依据主要是设计过程中数据的反复检查、评审，相关分组的精细化设计要求。通过多轮次的评审更新，车身数据经过结构细化设计阶段达到最精益、最精准的状态。

2. 性能细化设计

车身的性能细化设计阶段主要是利用 CAE 分析、标杆对比、设计规范符合性检查及数据评审等手段，识别车身性能不达标项、不利于性能提升的结构问题，基于概念设计阶段的设计数据进行细化优化设计。

（1）碰撞、NVH 性能细化设计　经过概念设计阶段的主体性能设计后，碰撞及刚度性能在细化设计阶段主要是结合 CAE 分析的方法优化局部结构、传力路径，以及关键件的材质、厚度、形状特征，关键路径和部位的焊点，但主体结构与传力路径一般不会出现较概念设计阶段颠覆性的修改，只进行局部的优化和调整。

车身模态、关键安装点、部件动刚度的细化设计主要是针对部件的形状特征、局部结构，材质、厚度进行细化设计，最终通过 CAE 分析，达成既定的设计目标。一般来说，车身的关键安装点主要是指底盘、动力总成等部件在车身上的安装点，如表 2-2 所示。

表 2-2　车身关键安装点

序号	结构部位	序号	结构部位
1	前悬架及副车架安装点	8	CCB 安装点
2	后悬架及副车架安装点	9	座椅安全带各安装点
3	排气管各安装点	10	四门铰链限位器安装点
4	油箱各安装点	11	尾门铰链、限位器、锁扣安装点
5	—	12	—
6	—	13	—
7	—	14	—

（2）强度可靠性细化设计　车身的强度及可靠性主要包含静强度性能和疲劳性能两方面，通过 CAE 模拟汽车使用工况，确认车身各零部件的安全系数、疲劳损伤、外板的抗凹性等是否满足设计要求。结合分析的问题项进行结构细化设计，以使车身性能满足设计目标。如图 2-11 所示，以侧围外板的抗凹性优化为例，通过增加支撑支架的结构优化，使得侧围外板的抗凹性满足性能目标要求。

（3）防腐性能细化设计　车身的防腐性能设计在概念设计阶段完成电泳的空间及间隙

设计，细节部分在详细结构细化设计阶段进行设计。车身的防腐性能设计主要包含空腔间隙优化，电泳通电孔的布置及尺寸、漏液孔、排气孔的合理性设计，涂胶面结构及焊缝密封胶设计，点焊密封胶设计，PVC喷涂区域及厚度设计，注蜡/喷蜡设计，镀锌板设计等。

3. 成本及重量细化设计

成本与重量的细化设计贯穿细化设计阶段的全过程。任何性能方案、结构方案的设计均要在成本与重量的双重约束下进行。相

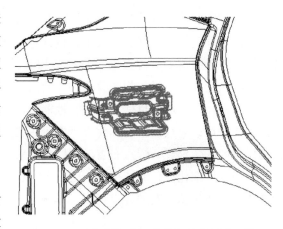

图 2-11 局部增加支架改善侧围外板抗凹性

对于概念设计阶段的主体成本与重量设计，细化设计阶段要针对每个部件逐个对细节结构进行成本与重量的细化设计，采用多方案的成本重量对比分析，选择并采用成本与重量最佳的方案。如通过精细化设计完成各材质的占比设计，降低采购价格较高的高强钢与深拉延材料的应用占比；增加沿用件的占比；完成细化的轻量化方案落实；材料利用率提升设计；针对概念设计数据进行降成本与减重设计等。表 2-3 所示为降成本减重方案示例。

表 2-3 降成本减重方案

类别	方案	单台数量	图示	工艺分析	降成本/元	重量差/kg
消除性能过剩	材质优先	1		可行	-0.16	0.00
方案变更取消部件	取消部件	2		可行	-1.79	-0.7
结构形状优化	截面优化	2		可行	-1.71	-0.6
材料利用率提升	提升材料利用率，R角切边修改	2		可行	-22.5	-0.3

4. 工艺性设计

工艺性设计是细节设计阶段的重要内容之一。在细节设计阶段，四大工艺设计要全面介

入车身的设计过程，以产品可由设计状态转化为实物的可制造性为目的进行全面的工艺性设计，包括从每个部件成形性，各个总成的焊接，到车身满足涂装、总装的可行性进行车身结构的细化设计。图 2-12 所示为部件成形性工艺细化设计的实例。

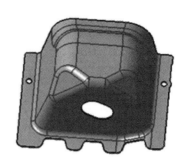

a) 优化前(成形分析开裂)　　　　b) 优化后

图 2-12　部件成形性工艺细化设计实例

5. 车身的尺寸工程设计及美观性设计

现阶段的汽车行业对汽车的外观品质及细节要求越来越高，故此处将车身的尺寸工程设计及美观性设计单独进行强调说明。

车身的尺寸工程设计主要是对车身从单个部件的定位到总成级部件的定位进行细化设计，结合整车造型及相关分组匹配方案对车身精度的要求，在细节设计阶段，车身设计过程中要落实典型尺寸控制方案。如图 2-13 所示，为了保证翼子板安装的 Y 向可调，便于控制侧面的面差，要求翼子板下安装点 Y 向可调。

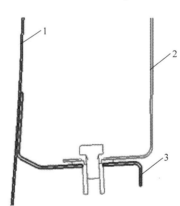

图 2-13　翼子板下安装点 Y 向可调结构

1—侧围外板　2—翼子板　3—翼子板安装支架

车身的美观性设计针对的是车身外露的或门、盖开启后易被客户感知的部位，这些部位的结构设计要增加美观性的要求，主要包含四门门洞区域 A 柱、B 柱、C 柱、尾门框等部位的美观性设计。

综上所述，车身详细结构设计阶段的设计内容包含结构细化设计、性能细化设计、成本及重量细化设计、工艺性设计，以及车身的尺寸工程设计及美观性设计等方面，详细结构设计的内容见表2-4。

表2-4 车身详细结构设计阶段设计内容

类别	设计内容
结构细化设计	1. 单件的形状特征、圆角、定位孔、安装孔等细化设计
	2. 车身自身部件搭接匹配结构的细化设计，如焊接面、搭接结构尺寸、过孔的配合，部件的配合间隙等方面的合理化细化设计
	3. 车身与相关分组的安装面、配合间隙、匹配的标准件等细化设计
	4. 材质、料厚的精益化设计
	5. 焊点布置细化设计，包括焊点的可行性、焊接板厚、焊接空间及焊点间距
性能细化设计	1. 碰撞性能细化设计，主要包括局部结构细化、关键部件材质及厚度优化设计
	2. NVH性能细化设计，包含刚度、动刚度、模态、气密性等优化设计
	3. 车身的强度、疲劳性能优化设计，局部搭接结构优化、关键部件形状、材质、厚度优化设计
	4. 防腐性能设计，包含空腔间隙优化、电泳孔、漏液孔、排气孔及各类涂胶及镀锌板的全面细节设计
成本及重量细化设计	1. 选材的优化设计
	2. 以成本及重量为约束的方案优化设计
	3. 轻量化方案设计及方案的全面落实
工艺性设计	冲压、焊接、涂装、总装相关的工艺符合性设计
尺寸工程设计及美观性设计	1. 典型的尺寸控制方案及方案落实
	2. 四门门洞区域A柱、B柱、C柱、尾门框等部位的美观性设计

第 3 章
车身结构概念设计

车身结构概念设计阶段是车身设计最重要的阶段。在这一阶段，主要确定车身所需要满足的相关性能目标，为后期详细阶段提供设计目标。同时，在此阶段需要结合造型 CAS 面对车身的工程可行性、性能可行性进行分析，确保后期详细阶段的工程可行性和性能达标。在这一阶段，会基于造型面和性能目标要求制作概念数据，并通过概念数据进行概念模型制作。对概念数据进行分析、优化、提升，在结构设计前期对车身性能进行优化，以期达到车身设计性能达标前移。通过这一阶段的创新设计，相对传统的车身结构设计方式，整个车身性能的达标时间可以提前 2~3 个月。

3.1 车身结构设计的目标设定及方法

3.1.1 车身安全性能目标设定及方法

目前，中国主流的车身安全性能试验主要有国标、C-NCAP 和保险指数三大类。其中，国标主要对车身在正碰、侧碰、柱碰、尾碰及顶压中的性能进行考核；C-NCAP 主要对车身在正碰、偏置碰、侧碰的性能进行考核；保险指数主要对车身在小重叠率、侧碰、顶压中对乘员保护性能进行考核。

车身安全性能目标主要由整车碰撞安全性能目标分解而来，根据整车具体的碰撞性能目标要求不同而不同。对于国标及 C-NCAP，一般车体设为四星/五星指标、三星指标及国标指标，主要对车体的前围、侧围变形量和入侵加速度进行设定。对于中国保险汽车安全指数（C-IASI），车体主要根据乘员保护等级要求的不同而设定不同的入侵量，如 G、A、M、P 对应不同的车身入侵量，主要考察正面 25% 偏置碰撞试验〔车辆以 64.4km/h ± 1km/h 的速度、25% ± 1% 的重叠率（驾驶员侧）正面撞击特殊的固定刚性壁障〕、侧面碰撞、顶压。表 3-1 为 C-NCAP 星级评价项目对车身结构强度和变形量、加速度以及入侵量的要求。C-IASI 25% 偏置碰撞得分等级对应主要入侵量如图 3-1 所示，C-IASI 考察项目设定如表 3-2 所示。对于 C-NCAP 各等级性能对应的车体变形量、加速度及入侵速度，一般来说，各个公司会根据公司策略不同而有所差异,主要体现为入侵量的大小有所差异。在加速度的控制策略上,有的公司通过约束系统的精准设计而来降低对入侵速度的要求,有的通过入侵速度的控制来降低约束系统的匹配难度,但是总体上来说不会有特别大的差异。本书所举之例主要是控制入侵加速度。对于C-IASI来说,一般,车身的入侵量相对固定和统一。

表3-1 C-NCAP星级车身控制项目

分析项目	性能要求		单位	五星指标
正面碰撞 (C-NCAP)	防火墙侵入量	A区	mm	—
		B区	mm	—
		C区	mm	—
		D区	mm	—
	A柱侵入量		mm	—
	车身加速度峰值		g	—
偏置碰撞 (C-NCAP)	防火墙侵入量	A区	mm	—
		B区	mm	—
		C区	mm	—
		D区	mm	—
	A柱侵入量		mm	—
	车身加速度峰值		g	—
C-NCAP侧面碰撞 (AE-MDB)	B柱最大入侵量	上测点	mm	—
		中测点	mm	—
		下测点	mm	—
	B柱最大入侵速度	上测点	m/s	—
		中测点	m/s	—
		下测点	m/s	—

注:表中具体的数值,不同公司根据自身的经验和水平有所不同,具体值不在此列出。

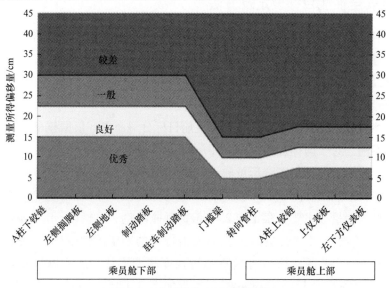

图3-1 乘员保护25%偏置碰撞

表 3-2 C–IASI 乘员保护车身控制项目

安全项	序号	小项	分析项目	考察内容	单位	目标值
保险指数 C–IASI	1	重叠率	乘员舱上部	转向管柱	X mm	—
				仪表管梁	R mm	—
				上铰链	R mm	—
			乘员舱下部	制动踏板	R mm	—
				左侧地板	R mm	—
				搁脚板	R mm	—
				下铰链	R mm	—
				门槛梁	Y mm	—
	2	保险指数侧面	生存空间	B柱与驾驶员座椅中线之间距离（动态最大值）	mm	—
	3	顶压		顶压阻力	N	—

3.1.2 NVH 性能目标设定及方法

车身作为整车的主要载体，其自身的 NVH 性能直接决定了整车 NVH 性能的好坏，如车身扭转刚度的高低会影响车辆行驶时的噪声、振动和平顺性以及驾驶响应性；车身的响应频率会对车辆的噪声、振动和平顺性以及高速稳定性产生影响；安装点动刚度会影响车身振动和噪声的传递率。

通用的车身主要 NVH 指标项目如表 3-3 所示，表中的指标各个主机厂根据自身的情况稍有不同。

表 3-3 车身主要 NVH 指标项目

目标项		性能要求	单位	指标
气密性	白车身（带玻璃，125Pa）	气密性	SCFM	—
模态	白车身	基频	Hz	—
		一阶扭转	Hz	—
		一阶弯曲	Hz	—
		前围板	Hz	—
		前地板	Hz	—
		后地板	Hz	—
		侧围内板	Hz	—
		备胎池	Hz	—
		……	Hz	—
	局部安装点	蓄电池支架	Hz	—
		后空调安装支架	Hz	—
		……	Hz	—

（续）

目标项	性能要求			单位	指标
静刚度	白车身静刚度	扭转工况	全局刚度	N·m/(°)	—
			门洞对角线变形（A）	mm	—
			……	mm	
		扭转工况（带前风窗玻璃、副车架、前端模块、IP管梁、防撞梁）	全局刚度	N·m/(°)	—
			门洞对角线变形（A）	mm	
			……	mm	
		弯曲工况	全局刚度	N/mm	—
			门洞对角线变形（A）	mm	
			门洞对角线变形（B）	mm	
			……	N/mm	—
	车身局部板件	翼子板	轮包卡扣安装孔法向刚度	N/mm	
			前支架法向刚度	N/mm	—
			翼子板安装支架孔位置（$X/Y/Z$）	N/mm	
			尖点刚度	N/mm	
			一阶整体模态	Hz	
			局部模态	Hz	
			非常用区域初始刚度	N/mm	
			常用区域初始刚度	N/mm	
			……	mm	
		侧围外板	后保安装支架撑脚接触点	N/mm	
			非常用区域初始刚度	N/mm	
			常用区域初始刚度	N/mm	
			……	mm	
		顶盖	初始刚度	N/mm	
			油罐效应载荷	N	
		地板	刚度	N/mm	
	内饰安装点	安全带卷收器安装点	法向	N/mm	
		座椅安装点	Z	N/mm	
	底盘安装点	前减振器安装点	X	N/mm	
			Y	N/mm	
			Z	N/mm	
		后减振器安装点	X	N/mm	
			Y	N/mm	
			Z	N/mm	
		后弹簧座安装点	X	N/mm	
			Y	N/mm	
			Z	N/mm	

(续)

目标项	性能要求			单位	指标
动刚度	钣金件	顶盖		N/mm	
		前围板		N/mm	
		地板		N/mm	
		备胎池		N/mm	
		后轮包		N/mm	
		……		N/mm	
	动力总成安装点	发动机悬置安装点	X	N/mm	
			Y	N/mm	
			Z	N/mm	
	底盘件安装点	前减振器安装点	X	N/mm	
			Y	N/mm	
			Z	N/mm	
		后弹簧支座安装点	X	N/mm	
			Y	N/mm	
			Z	N/mm	
		后减振器安装点	X	N/mm	
			Y	N/mm	
			Z	N/mm	
		推力杆安装点	X	N/mm	
			Y	N/mm	
			Z	N/mm	
		前副车架安装点	X	N/mm	
			Y	N/mm	
			Z	N/mm	
		油箱支架	法向	N/mm	
		……	X	N/mm	
			Y	N/mm	
			Z	N/mm	
	开闭件安装点	前车门锁扣安装点	X	N/mm	
			Y	N/mm	
			Z	N/mm	
		后车门锁扣安装点	X	N/mm	
			Y	N/mm	
			Z	N/mm	
	内饰安装点	座椅安装点	Z	N/mm	
		IP安装点	法向	N/mm	
	电子元件安装点	刮水器和电机支架安装点	X	N/mm	
			Y	N/mm	
			Z	N/mm	

车身NVH性能目标值主要是通过整车的NVH性能分解，同时结合标杆车型的Benchmark 结果以及理论分析综合设定。由于 NVH 性能目标过多，本书不一一作设定说明，仅以扭转刚度为例进行设定说明。

扭转刚度性能目标的设定主要取决于整车的操控性能和 NVH 性能要求。

（1）操控性能　为确保整车具有较好的操控性能，车身刚度要远远大于底盘悬架刚度。

（2）NVH 性能　为确保驾乘人员有良好的车感，使车身相对变形最小化，避免异响。

从操控性能角度来说，汽车在转弯工况下，车身相对悬架转动产生扭转变形，内外车轮承载的重量发生变化，从而影响整车的驾驶特性。在前期悬架设计过程中，车身被假设为一个刚体，因此为了确保后期实际的悬架性能，车身扭转刚度必须要设计得足够大，要远远大于整车侧倾角刚度。

整车的侧倾角刚度 K_{ROLL} 等于前、后悬架侧倾角刚度之和，即 $K_{ROLL\ FRONT} + K_{ROLL\ REAR}$，根据具体的前、后悬架弹簧刚度，可以计算出整车的侧倾角刚度 K_{ROLL}。比如，某款轿车，前、后轮距为 1560mm，前、后悬架刚度为 23.4N/mm，则计算得到整车的侧倾角刚度为 993N·m/(°)。图 3-2 为汽车侧倾力学模型。

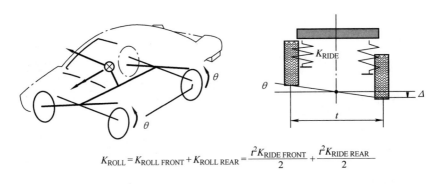

$$K_{ROLL} = K_{ROLL\ FRONT} + K_{ROLL\ REAR} = \frac{t^2 K_{RIDE\ FRONT}}{2} + \frac{t^2 K_{RIDE\ REAR}}{2}$$

图 3-2　汽车侧倾力学模型

将车身作为刚体处理时，整车侧倾角刚度为 K_{ROLL}，即为前期的设计刚度；考虑到实际车身是变形体，整体等效刚度为 K_{EFF}。为确保 K_{EFF} 尽可能地接近前期设计刚度 K_{ROLL}，则 K_{BODY} 要远远大于 K_{ROLL}，由图 3-3 中公式计算得到，K_{BODY} 为 K_{ROLL} 的 10 倍，也只能实现 $K_{EFF}/K_{ROLL} = 0.9$，如果需要确保 K_{EFF}/K_{ROLL} 接近 1，则需要更高的车身扭转刚度，因此车身扭转刚度 K_{BODY} 至少需要 K_{ROLL} 的 13 倍，或是更高。针对某款轿车，车身扭转刚度比悬架侧倾刚度高一个数量级，即车身扭转刚度达到 13000N·m/(°)，能够保证较好的整车操纵稳定性。

根据对近年来市场主流车型的扭转刚度统计，如图 3-4 所示，得出目前主流车型的平均扭转刚度值在 18000N·m/(°)，综合以上，最终设定车身的扭转刚度为 18000N·m/(°)。

3.1.3　可靠性性能目标设定及方法

车身可靠性指标主要保证车辆在服役期内不发生断裂和疲劳断裂变形，是车身的一项重要指标，直接决定客户对车辆质量的认知。车身可靠性指标主要分为静强度指标和疲劳

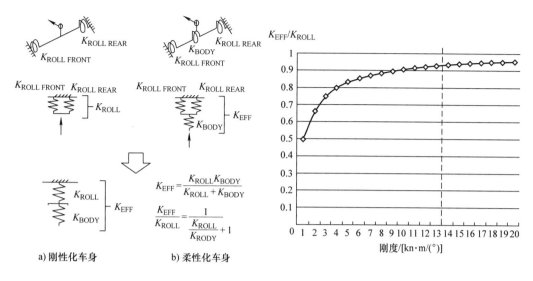

图 3-3 汽车扭转刚度设定图

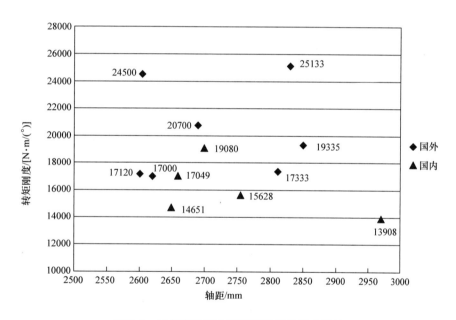

图 3-4 近年来市场主流车型的扭转刚度统计

指标。

1. 静强度指标

静强度指标设定是指对车身进行静力学分析，然后根据结果对每个部件的屈服强度进行设定。车身静强度控制项目如表 3-4 所示，设定静强度指标时，一般以板件的最低屈服强度与静力学分析结果进行比较，也有以板件的平均屈服强度进行比较的，本书推荐以最低屈服强度进行比较。为了保证仿真工况和实际的一致性，需进行安全系数设定。一般来说，车身直接强受力部位，如前后悬架安装部件、前后副车架安装部件，安全系数按 1.5 设定；对于直接受力部件的周边部件以及一般受力部件，如前后轮罩、纵梁、刮水器安装支架等，设定的安全系数为1.3；其他部件设定为1.0。

表3-4 车身静强度控制项目

序号	项目		性能要求	单位	指标
1	白车身钣金件强度	前纵梁	最大应力	MPa	—
			安全系数	1	—
		前围板	最大应力	MPa	—
			安全系数	1	—
		A柱上/下	最大应力	MPa	—
			安全系数	1	—
		B柱上/下	最大应力	MPa	—
			安全系数	1	—
		C柱上/下	最大应力	MPa	—
			安全系数	1	—
		D柱上/下	最大应力	MPa	—
			安全系数	1	—
		侧围内板	最大应力	MPa	—
			安全系数	1	—
		侧围外板	最大应力	MPa	—
			安全系数	1	—
		前/中/后地板	最大应力	MPa	—
			安全系数	1	—
		后地板横梁	最大应力	MPa	—
			安全系数	1	—
		后尾门框	最大应力	MPa	—
			安全系数	1	—
		……	最大应力	MPa	—
			安全系数	1	—
2	动力总成安装点强度	发动机悬置安装点	最大应力	MPa	—
			安全系数	1	—
3	底盘安装点强度	前副车架前安装点	最大应力	MPa	—
			安全系数	1	—
		前副车架后安装点	最大应力	MPa	—
			安全系数	1	—
		前减振器安装点	最大应力	MPa	—
			安全系数	1	—
		后弹簧支座安装点	最大应力	MPa	—
			安全系数	1	—

(续)

序号	项目	性能要求		单位	指标
3	底盘安装点强度	后减振器安装点	最大应力	MPa	—
			安全系数	1	—
		后推力杆安装点	最大应力	MPa	—
			安全系数	1	—
		……	最大应力	MPa	—
			安全系数	1	—
4	电子元件安装点强度	蓄电池安装点	最大应力	MPa	—
			安全系数	1	—
		……	最大应力	MPa	—
			安全系数	1	—
5	开闭件安装点强度	前门铰链安装点	最大应力	MPa	—
			安全系数	1	—
		前门锁扣安装点	最大应力	MPa	—
			安全系数	1	—
		后门铰链安装点	最大应力	MPa	—
			安全系数	1	—
		后门锁扣安装点	最大应力	MPa	—
			安全系数	1	—
		尾门铰链安装点	最大应力	MPa	—
			安全系数	1	—
		……	最大应力	MPa	—
			安全系数	1	—
6	内饰件安装点	前/后排座椅安装点	最大应力	MPa	—
			安全系数	1	—
7	顶棚强度	60cm雪厚，塑性变形		mm	—
		……		mm	—
8	拖钩强度 （GB 32087）	前拖钩	残余变形	mm	—
			塑性应变	%	—
		后拖钩	残余变形	mm	—
			塑性应变	%	—
9	安全带、座椅固定点强度 （GB 14167）	前排	塑性应变	%	—
		后排		%	—

2. 车身疲劳

车身疲劳一般分为部件疲劳和焊点疲劳，主要考察车身在动态循环下车身部件和焊点的性能状态。一般，通过骡子车（mule 车）对实际路谱进行采集，然后进行 CAE 仿真计算一定次数的循环（不同公司根据自身的试验规范和试验场地不同，循环次数存在不同）后考察部件和焊点的损伤。通用的车身疲劳控制项目及指标如表 3-5 所示。

表 3-5 车身疲劳控制项目

序号	项目	性能要求	单位	指标
1	白车身钣金件强度	前纵梁	疲劳损伤	<1
		前围板		<1
		A 柱上/下		<1
		B 柱上/下		<1
		C 柱上/下		<1
		D 柱上/下		<1
		侧围内板		<1
		侧围外板		<1
		前/中/后地板		<1
		后地板横梁		<1
		……		<1
2	动力总成安装点强度	发动机悬置安装点		<0.1
3	底盘安装点强度	前副车架前安装点		<0.1
		前副车架后安装点		<0.1
		前减振器安装点		<0.1
		后弹簧支座安装点		<0.1
		后减振器安装点		<0.1
		……		<0.1
4	电子元件安装点强度	蓄电池安装点		<1
		刮水器安装点		<1
5	闭合件安装点强度	前门铰链安装点		<1
		前门锁扣安装点		<1
		后门铰链安装点		<1
		后门锁扣安装点		<1
		……		<1
6	车身焊点	所有焊点		<1

3.1.4 防腐性能目标设定及方法

防腐性能作为汽车的一项重要性能指标，越来越受客户关注，而车身作为汽车上最大的金属部件，起着重要的外观装饰作用，其防腐性能至关重要。车身的防腐性能要求一般直接承接整车的防腐性能要求。目前，通用的车身整体防腐目标为 3 年无可见外观边角锈蚀，8 年/12 年无贯穿锈蚀。根据此目标，可以对车身做环境试验舱加速循环 1000 小时腐蚀试验或者海南试验场道路加速腐蚀试验,目前,通常采用海南试验场道路加速腐蚀试验。表3-6为全球各地区的推荐车辆腐蚀速率和循环数,根据整车防腐等级要求的不同选择不同的循环数,一般8年无贯穿锈蚀采用60个循环,12年无贯穿锈蚀采用100个循环,具体到每个企业每款车,可能会对腐蚀速率及循环数进行微调。

表3-6 全球各地区车辆腐蚀速率和循环数

销售区域	腐蚀速率/(μm/a)	循环数/次
亚太地区	70	60
非洲地区		60
欧洲地区	90	100
北美地区		100
南美地区		100

注:60和100个试验循环数为对应地区推荐试验时间。

通过设定车身每个部件的防腐等级要求,在完成加速腐蚀试验之后结合试验结果进行对照,判定是否合格并进行改进。表3-7为汽车行业关于锈蚀等级的定义。表3-8为以发动机舱进行对照举例。

表3-7 汽车行业关于锈蚀等级的定义

等级	腐蚀程度	腐蚀情况描述	腐蚀等级样片
0	无腐蚀	无任何腐蚀现象	
1	微量腐蚀	1~5个小的锈点	
2	轻微腐蚀	较多小的锈点 锈蚀面积占取样面积≤10%	

(续)

等级	腐蚀程度	腐蚀情况描述	腐蚀等级样片
3	轻度腐蚀	中等尺寸的锈点 锈蚀面积占取样面积的25%±15%	
4	中等腐蚀	很多中等尺寸的锈点 锈蚀面积占取样面积的50%±10%	
5	大面积腐蚀	大尺寸的锈点 锈蚀面积占取样面积的75%±15%	
6	全面积腐蚀	大面积的锈蚀区域或非常大的锈点 锈蚀面积占取样面积的100%	
7	严重腐蚀	有少量锈垢堆积，不易脱落	
8	非常严重腐蚀	有大量锈垢堆积、开裂或呈片状脱落	

(续)

等级	腐蚀程度	腐蚀情况描述	腐蚀等级样片
9	穿孔、断裂或金属本体消失	出现穿孔、扩展延伸孔、断裂，原部件金属本体局部或全部消失	

表 3-8 发动机舱各部件防腐等级示意

区域	部件名称	位置	区域类型	使用要求			
				使用年限	腐蚀等级	使用年限	腐蚀等级
发动机舱总成	前边梁外板	外侧	3	3	≤1	12	≤2
	翼子板上支架	外侧	3	3	≤1	12	≤2
	前轮罩板	外侧	3	3	≤1	12	≤2
	前减振器安装板	外侧	2	3	≤1	12	≤2
	前轮罩前连接板	外侧	3	3	≤1	12	≤3
	发舱前纵梁	外侧	3	3	≤1	12	≤3
	前副车架螺柱固定板	外侧	3	3	≤1	12	≤3
	前副车架螺柱	外侧	3	3	≤1	12	≤3
发动机舱前部总成	散热器上横梁	外侧	3	3	≤1	12	≤2
	散热器上横梁支架	外侧	3	3	≤1	12	≤2
	前照灯安装座板	外侧	3	3	≤1	12	≤2
	中立柱	外侧	2	3	≤1	12	≤2
	散热器下横梁外板	外侧	3	3	≤1	12	≤3
	散热器下横梁内板	外侧	3	3	≤1	12	≤3

除了设定整车道路加速腐蚀试验目标外，还要设定车身内腔电泳层膜厚。在试制阶段，通过车身拆解并测量电泳层膜厚可用来判定车身内腔的防腐情况。一般将车身分为两个区域：腰线以上和腰线以下，如图 3-5 所示。腰线一般指前门及后门上铰链连线。

一般，根据整车防腐性能目标将车身内腔的电泳层膜厚设定为表 3-9 中的数值（示例）。

3.1.5 车身轻量化目标设定及方法

在汽车开发的起始阶段，需要科学制定所开发车型的众多目标，如整车性能、车身系统目标、底盘系统目标等，明确目标后再开始汽车的设计开发工作。在车身系统目标中，车身轻量化目标是一个比较重要的目标，主要用于定义开发车型车身的重量数据以及车身的轻量化水平等。

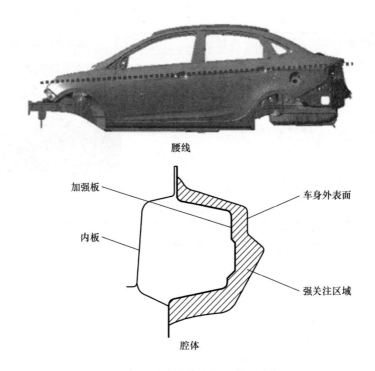

图 3-5 车身腰线及腔体示意图

表 3-9 车身内腔电泳层膜厚控制表

部位	位置	电泳层膜厚/μm	备注
车身外表面	—	≥20	—
车身内表面	—	≥16	—
车身内腔	腰线以上	≥6/10	对应 8 年/12 年贯穿锈蚀
	腰线以下	≥8/14	

注：电泳层膜厚具体值需根据试验得出。

1. 车身轻量化评价指标介绍

目前，汽车行业对车身轻量化水平的评价方式主要有宝马汽车公司提出的"车身轻量化系数"、马鸣图等提出的车身轻量化指数，以及路洪洲等提出的轻量化综合评价指数等。

车身轻量化系数的计算公式为

$$L = \frac{m}{C_T A_P} \cdot 1000 \tag{3-1}$$

式中，m 为车身骨架重量，即本书中定义的车身扣除翼子板的重量，单位为 kg；C_T 为包括风窗玻璃、副车架等安装在车身上的加强件的扭转刚度，单位为 N·m/(°)；A_P 为脚印面积，即汽车轴距与轮距的乘积，单位为 m²。

由式 (3-1) 可以看出车身轻量化系数主要体现了车身的重量与车身刚度和车身尺寸间的关系，车身轻量化系数的数值越小，轻量化水平越高。

车身轻量化指数的计算公式为

$$L_i = L_2 - L_1 \tag{3-2}$$

式中，L_1 为轻量化设计前的车身轻量化系数；L_2 为轻量化设计后的车身轻量化系数；L_i 为轻量化设计前后的差值。

由式（3-2）可以看出车身轻量化指数 L_i 代表车身的轻量化水平相对提升值，其数值越大越好。

轻量化综合评价指数的公式为

$$E = \frac{m \cdot 60}{C_T A_P (\text{CNCAP}) F} \tag{3-3}$$

式中，m 为车身骨架重量，即本书中定义的车身扣除翼子板的重量，单位为 kg；C_T 为包括风窗玻璃、副车架等安装在车身上的加强件的扭转刚度，单位为 N·m/(°)；A_P 为脚印面积，即汽车轴距与轮距的乘积，单位为 m²；CNCAP 为 C-NCAP 星级评分；F 为车身的一阶扭转频率，单位为 Hz。

由式（3-3）可以看出轻量化综合评价指数体现了车身的重量与车身刚度、安全性、频率以及车身尺寸的关系，轻量化综合评价指数越小，轻量化水平越高。

针对车身而言，上述三种轻量化评价方法以宝马汽车公司提出的"车身轻量化系数"应用最为广泛，因此，本书将车身轻量化系数作为一项车身轻量化指标。

此外，现阶段的车身开发大多是基于参考的标杆车车身或者基于上一代的车身展开的，因此，除了进行车身轻量化系数的比较外，还需要比较重量。在重量方面，本书引入车身重量面密度的概念，用来表征单位面积的车身重量。车身重量面密度 ρ 的计算公式为

$$\rho = \frac{M}{A} \tag{3-4}$$

式中，M 为本书中定义的车身重量，单位为 kg；A 为整车投影面积，即为整车的长度与宽度的乘积，单位为 m²。

综上所述，本书中用于评价车身轻量化的指标有车身轻量化系数 L、车身重量面密度 ρ、车身重量 M 三个指标。

2. 车身轻量化目标设定方法

车身轻量化目标设定在车型开发的初始阶段，在造型效果图发布以及整车总布置参数基本确定后，就要开展车身轻量化目标的设定工作。车身轻量化目标设定的一般流程如图 3-6 所示。

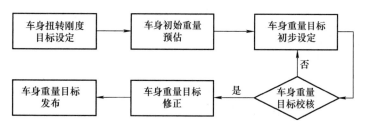

图 3-6 车身轻量化目标设定流程图

下面将针对车身轻量化的各个阶段进行详细介绍：

（1）车身扭转刚度目标 C_{T1} 设定　在确定车身重量之前，一般要先确定车身的性能参数，车身扭转刚度是与车身轻量化最为相关的参数之一。因此，在设定车身轻量化目标过程中，首先要确定车身扭转刚度。

1）初始扭转刚度 C_{T0} 设定。现阶段，新车型开发一般会在其原有的基础车型上开发，可以通过基础车型获得最初始的扭转刚度 C_{T0}，当开发车型与基础车型的轴距一致时：$C_{T0} = C_{Tbase}$；当开发车型与基础车型的轴距不一致时，需要根据轴距差值进行扭转刚度修正，其计算公式为

$$C_{T0} = C_{Tbase} + C_{T\Delta} \tag{3-5}$$

$$C_{T\Delta} = B_{\Delta} C \tag{3-6}$$

其中，$C_{T\Delta}$ 为因轴距差值带来的扭转刚度变化值；B_{Δ} = 基础车型轴距 − 开发车型轴距，单位为 mm；C 为扭转刚度修正系数，C 的取值一般为 5.5 ~ 6.0。

2）开发车型扭转刚度目标 C_{T1} 设定。为确保开发车型在上市时具备比较合理的扭转刚度，需要根据开发车型的开发周期以及行业的基本情况设定开发车型的扭转刚度 C_{T1}，其计算公式为

$$C_{T1} = C_{T0} \times (1 + t)^n \tag{3-7}$$

式中，t 为扭转刚度年增长率，t 的取值一般为 4% ~ 6%；n 为车型开发年数。

在初步确定开发车型的扭转刚度 C_{T1} 后，还需要根据车型的定位进行扭转刚度水平校核，确保开发车型的扭转刚度处在比较合理的水平，若 C_{T1} 与行业主流的扭转刚度水平不一致，则需要进一步修正。

（2）开发车型初始重量 M_0 预估　在确定了开发车型的扭转刚度后，就可以进行初始重量 M_0 的预估。开发车型车身的重量预估主要基于上、下车身的等尺寸换算，同时根据开发车型与基础车型的车身性能差异进行重量补偿修正。

1）等尺寸换算重量 M_{01}。一般而言，上车身是由前围上盖板总成、左/右侧围总成以及顶盖总成构成的笼式结构，如图 3-7a 所示，因此，在等尺寸换算时按照三维尺寸（即整车体积 V）进行等尺寸换算；下车身是由发动机舱总成、前围板总成、前/后地板总成以及后

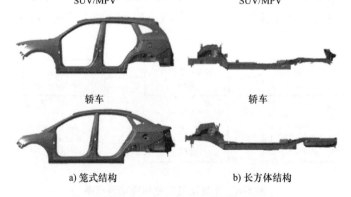

a) 笼式结构　　　　　　　b) 长方体结构

图 3-7　上、下车身示意图

围总成构成的长方体结构，如图3-7b所示，可以按照二维尺寸（即整车投影面积A）进行等尺寸换算。

2）补偿修正重量M_{02}。通常情况下，影响车身重量的指标主要有扭转刚度及碰撞安全两个性能指标，局部的动刚度以及强度等性能指标对车身重量的影响较小。因此，重量补偿主要基于扭转刚度和碰撞安全性能差异进行补偿。计算公式为

$$M_{02} = M_{02T} + M_{02C} \tag{3-8}$$

① 基于扭转刚度差异的补偿修正重量M_{02T}。通过对行业（ECB及CLCB）公布的车身开发资料进行数据分析发现，扭转刚度每增加$1000\text{N}\cdot\text{m}/(°)$，车身重量增加值$m_T$范围为$2.0\sim3.0\text{kg}$。在明确了开发车型的初始扭转刚度$C_{T0}$和最终扭转刚度$C_{T1}$后，基于扭转刚度差异的补偿修正重量计算公式为

$$M_{02T} = (C_{T1} - C_{T0})m_T \div 1000 \tag{3-9}$$

② 基于碰撞安全性能差异的补偿修正重量M_{02C}。通过对行业（ECB及CLCB）公布的车身开发资料进行数据分析发现，由2015版C-NCAP五星升级为2018版C-NCAP五星后，单位体积车身增重m_C为$0.4\sim0.5\text{kg/m}^3$。在明确了开发车型的碰撞安全性能提升情况后，基于碰撞安全性能差异的补偿修正重量计算公式为

$$M_{02C} = Vm_C \tag{3-10}$$

式中，V为整车体积，单位为m^3。

其中，轿车车型的体积计算公式为

$$V = [0.33 \cdot (L-B)H + 0.67 \cdot (L-B) \cdot 0.5H]W \tag{3-11}$$

SUV车型和MPV车型的体积计算公式为

$$V = [BH + (L-B) \cdot 0.5 \cdot H]W \tag{3-12}$$

式中，L为整车长度；W为整车宽度；H为整车高度；B为整车轮距。

综上，开发车型初始重量$M_0 = M_{01} + M_{02}$。

(3) 开发车型车身重量目标M_1设定及校核　在获得开发车型的初始重量M_0后，可根据开发车型定位，以及开发车型在上市后还具备一定的轻量化优势而设定的年降重率w（一般取2.5%）等信息，计算出开发车型上市时的重量$M_1 = M_0(1-w)^n$。M_1还需要进行车身重量、车身面密度以及轻量化系数三个指标的行业水平校核，当三个指标均能高于行业平均水平后，则M_1不需调整，若有个别指标低于行业平均水平，则需要对M_1进行修正。

(4) 车身重量目标设定案例介绍　开发车型信息：SUV车型，定位为经济型车，安全性能要求为2018版C-NCAP五星，开发周期为3年。

基础车型信息：SUV车型，定位为经济型车，安全性能为2015版C-NCAP五星。

开发车型的要求为：在基础车型平台的基础上开发，下车体平台尽量沿用基础车型，上车体重新进行造型开发。

某开发车型和基础车型的整车参数如表3-10所示。基础车型的车身重量、扭转刚度等参数如表3-11所示。

表3-10　某开发车型及其基础车型的整车参数表

车型	长/mm	宽/mm	高/mm	轴距/mm	前轮距/mm	后轮距/mm	脚印面积/m²	投影面积/m²
基础车型	4750	1890	1720	2750	1615	1615	4.441	8.978
开发车型	4780	1825	1745	2760	1555	1550	4.285	8.724

表3-11　基础车型的车身重量、扭转刚度等参数表

车身/kg			扭转刚度/[N·m/(°)]	轻量化系数	车身面密度/(kg/m²)
上车体	下车体	合计			
135.6	198.7	334.3	16307	4.51	37.24

注：基础车型的翼子板重量为7.9kg。

1）车身扭转刚度目标 C_{T1} 设定。

① 初始扭转刚度 C_{T0}。由于开发车型沿用基础车型的下车体，上车体重新开发，开发车型轴距较基础车型长10mm，扭转刚度修正系数 C 取 $5.6\text{N}\cdot\text{m}/(°)$，则开发车型的车身初始扭转刚度 $C_{T0} = C_{T\,base} + B_\Delta \times C = 16307 + (2750 - 2760) \times 5.6 [\text{N}\cdot\text{m}/(°)] = 16251[\text{N}\cdot\text{m}/(°)]$。

② 开发车型扭转刚度目标值 C_{T1}。开发周期为3年，扭转刚度年增长率 t 取5%，则开发车型扭转刚度目标 $C_{T1} = C_{T0} \times (1+t)^n = 16251 \times (1+5\%)^3 [\text{N}\cdot\text{m}/(°)] = 18813[\text{N}\cdot\text{m}/(°)]$。

图3-8为开发车型、基础车型以及行业内同类型（SUV）车型的扭转刚度-轴距分布图，由图3-8可以看出：在轴距范围2700~2800mm范围内有3款进口车型、1款国产车型、1款基础车型和开发车型，开发车型的扭转刚度目标值 C_{T1} 为 $18813[\text{N}\cdot\text{m}/(°)]$，处于行业中等以上水平。考虑到开发车型定位为经济型车，且开发车型的扭转刚度目标值已达到行业中等以上水平，说明此目标值设定合理。

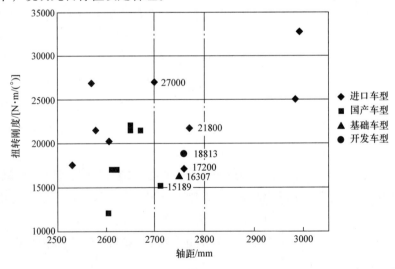

图3-8　扭转刚度-轴距分布图

通过对开发车型的扭转刚度计算以及与行业相关车型的扭转刚度校核，最终确定开发车型扭转刚度目标值 C_{T1} 为 18813 [N·m/(°)]。

2) 开发车型初始重量 M_0 预估。

① 等尺寸换算重量 M_{01}。基于表3-10、表3-11数据，对开发车型的上、下车身重量等尺寸换算如表3-12所示。

表3-12 开发车型等尺寸换算重量表

车型	脚印面积/m²	投影面积/m²	体积/m³	车身/kg		
				上车体	下车体	合计/kg
基础车型	4.44	8.98	12.19	135.6	198.7	334.3
开发车型	4.28	8.72	12.01	133.55	193.08	326.63

注：基础车型的重量为7.9kg，开发车型的重量为5.4kg。

② 基于扭转刚度差异的补偿修正重量 M_{02T}。开发车型的车身初始扭转刚度 C_{T0} 为 16363 [N·m/(°)]，而其车身扭转刚度目标 C_{T1} 为 18813 [N·m/(°)]，扭转刚度每增加 1000N·m/(°)，车身重量增加值 m_T 取 2.5kg，则

$$M_{02T} = (C_{T1} - C_{T0})m_T \div 1000 = (18813 - 16251) \times 2.5 \div 1000 \text{kg} = 6.41 \text{kg}。$$

③ 基于碰撞安全性能差异的补偿修正重量 M_{02C}。开发车型从最初的2015版C-NACP五星升级为2018版C-NCAP五星，单位体积车身增重值 m_C 取 0.45kg/m³，则

$$M_{02C} = V m_C = 12.01 \times 0.45 \text{kg} = 5.40 \text{kg}。$$

通过以上分析计算，开发车型的车身初始重量为

$$M_0 = M_{01} + M_{02T} + M_{02C} = 326.63 + 6.41 + 5.40 \text{kg} = 338.44 \text{kg}$$

3) 开发车型车身重量目标 M_1 设定及校核。

① 开发车型车身重量目标 M_1 计算。由上可知，开发车型的开发周期为3年，年降重率 w 为 2.5%，车型的初始重量为 338.44kg，则 $M_1 = M_0(1-w)^n = 338.4 \times (1-2.5\%)^3 \text{kg} = 313.7 \text{kg}$。

车身重量面密度 $\rho = \dfrac{M_1}{A} = \dfrac{313.7}{8.72} \text{kg/m}^2 = 35.96 \text{kg/m}^2$。

车身轻量化系数 $L = \dfrac{m}{C_T \cdot A_P} \times 1000 = \dfrac{(313.7 - 5.4)}{18813 \times 4.28} \times 1000 = 3.82$。

② 开发车型车身重量目标 M_1 校核。开发车型的车身重量的校核如图3-9所示，由图3-9可以看出开发车型的车身重量目标值处于国产车型趋势线和进口车型趋势线以下，说明开发车型的车身重量目标值在行业内具备一定的轻量化优势。

③ 开发车型车身重量面密度 ρ 校核。开发车型的车身重量面密度的校核如图3-10所示，由图3-10可以看出开发车型的车身重量面密度均处于国产车型趋势线和进口车型趋势线以下，说明开发车型的车身重量面密度在行业内具备一定的轻量化优势。

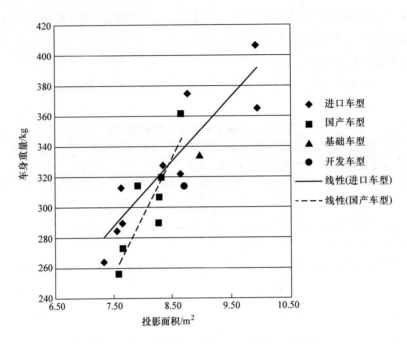

图 3-9 开发车型车身重量—投影面积分布图

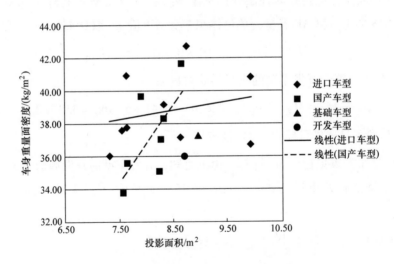

图 3-10 车身重量面密度—投影面积分布图

④ 开发车型的车身轻量化系数 L 校核。开发车型的车身轻量化系数的校核如图 3-11 所示,由图 3-11 可以看出开发车型的车身轻量化系数处于国产车型趋势线以下、进口车型趋势线以上区域,由于开发车型定位为经济型车,说明开发车型的车身轻量化系数设置较为合理。

综上分析,开发车型的重量目标值为 313.7kg,车身重量面密度为 35.96kg/m²,车身轻量化系数为 3.82。

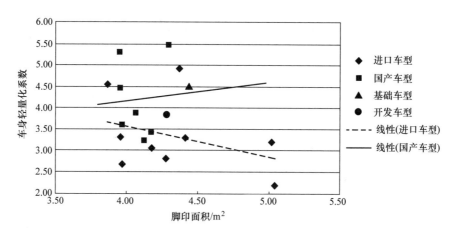

图 3-11 车身轻量化系数—脚印面积分布图

3.1.6 成本目标设定及方法

车身成本指标根据企业整车成本目标要求直接下达,在车身设计时一般会根据车身成本的构成要素进行细化设定,本书仅介绍设计过程中的成本要素,不对生产过程中具体的商务定价进行设定,例如每个焊点的成本之类的问题不涉及。表 3-13 为白车身设计过程中成本控制要素表,通过在设计之初合理地设定目标值,并在设计过程中严格控制,可以从设计源头对车身成本进行控制,从而保证最终车身成本达标。每一项的具体数值可根据车身总体成本的要求、标杆车型,以及企业的数据库进行预设定,在实际设计过程中可以进行适当调整。

表 3-13 白车身设计过程中的成本控制要素

类别			目标				备注
车体轻量化目标	车体重量						
	轻量化系数						
	重量面密度						
车体钣金件材料成本	零部件系列材质重量比例	分项	比例	重量	单价	成本	
		DC01 – DC03					
		DC04 – DC06					
		B170P1 – B250P1					
		B340LA – B410LA					
		35CrMo 等					
		B1500HS					
		镀锌板重量比					
	材料利用率						
	车体自制件材料成本总计						

(续)

类别		目标				备注
	分项	重量	数量	单价	成本	
车体辅材成本	车体焊点数量					
	车体用胶 — 结构胶					
	车体用胶 — 点焊密封胶					
	车体用胶 — 焊缝胶					
	车体用胶 — PVC					
	车体用胶 — 膨胀胶					
	标准件 — 植焊螺栓					
	标准件 — 普通凸焊螺母					
	标准件 — 异形凸焊螺母					
	标准件 — 凸焊螺栓					
	标准件 — 安装螺母					
	标准件 — 安装螺栓					
	车体辅材成本总计					

注：本表只给出成本控制要素，未给出具体数量，仅供参考。

3.2 车身结构设计的可行性分析

车身结构设计的可行性分析是根据汽车正向产品开发流程，在初期的造型设计阶段，结合造型CAS面、整车总布置、平台输入、配置输入等，对车身关键空间位置进行车身概念面、初步断面匹配制作，分析车身结构与相应分组安装匹配、总布置人机尺寸、法规要求是否满足或符合设计目标要求的分析过程。

可行性分析的目的主要是：通过对车身造型及概念设计的分析及优化，使其满足车身法规要求的结构布置、满足人机要求的车身结构布置、满足车身造型结构设计及工艺性设计要求、满足车身自身性能要求的结构尺寸布置、满足配置需求的各零部件在车身上搭载的结构布置要求等。

造型设计阶段开展车身结构设计的可行性分析是十分必要的，车身结构设计的优劣，与前期精准的可行性分析是强相关的，只有经过完善的分析，才能对车身结构形式、布置、尺寸进行满足车身性能要求的设计，在车身结构性能、重量、成本之间达成很好的平衡；反之，没有前期造型设计阶段完善的车身结构设计可行性分析，后期的车身方案设计、结构设计阶段，往往由于车身结构设计受限而影响车身性能的达成，最终导致需要投入更多的车身重量及成本达成同样的车身性能指标，导致车身轻量化水平不高，成本过高。因此，前期完善的车身结构设计可行性分析可以保证车身能满足各项要求,最终体现在高性能、高轻量化水平、低成本方面。

宏观工程断面设计涉及的知识面、经验要求非常高,其可行性分析的完整性、准确性,关系到后期车身详细结构设计的设计质量。因此,在前期造型设计阶段开展车身工程可行性分析,对整个汽车产品开发具有重要的作用和意义。

3.2.1 车身结构设计可行性分析的方法与流程

车身结构设计可行性分析的方法,就是结合 CAS 面、总布置图(包含人机信息、布置尺寸要求等)、平台方案及各分组零部件布置数据,对一些简单的分析项直接进行测量分析,如测量外造型 CAS 面的整车尺寸,判断其是否满足总布置要求;而对较为复杂的空间尺寸校核项,需在关键位置进行宏观断面方案设计,分析该部位车身结构、相应分组安装匹配、总布置人机尺寸、法规要求是否满足或符合设计目标要求。对于结构性能的校核分析需要进行断面设计及断面结构的理论分析计算并进行对比分析,如断面系数及铰接点刚度计算。

不同部位的车身宏观断面,体现了从造型 CAS 到车身结构的初步方案设计,反映了不同部位的车身结构及搭接匹配、性能状态、运动校核及尺寸关系,展示了车身法规符合性校核结果、结构性能达成度、工艺可行性等相关内容。图 3-12 所示为发动机罩与前风窗玻璃 $Y0$ 处断面制作示例,该断面设计体现了该处发动机罩内外板结构、通风盖板结构、前风窗玻璃、车身前围上盖座板总成结构、内饰仪表板结构等的空间设计匹配,保证了该处造型、结构设计与系统布置的可行性。较为完善的断面设计也体现了各零部件自身结构的设计方案,包括料厚、结构特征、连接方式、匹配尺寸等,故宏观断面制作分析的过程,就是车身概念方案设计及可行性校核的过程。与此同时,该处的宏观断面也展示了下视野的校核、行

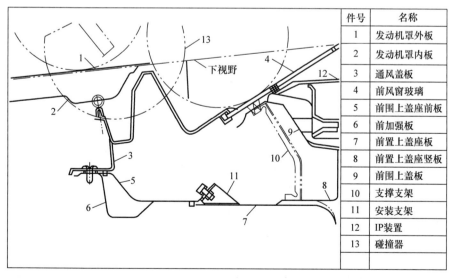

图 3-12 车身发动机罩与前风窗玻璃 $Y0$ 处宏观断面示例

注:IP 装置即仪表板装置。

人保护头碰性能分析校核等法规项、人机工程项可行性分析内容，体现了宏观工程断面分析是一个系统性分析的过程。

车身结构设计可行性分析按类别划分，其分析内容可分为法规符合性可行性分析、布置尺寸及人机工程可行性分析、结构匹配设计可行性分析、结构工程可行性分析、结构性能可行性分析五类。

车身结构设计可行性分析流程及方法如表3-14所示，通过对上述分析项进行详细、精准地分析，如不满足法规、标准或目标设定要求，则需输出可行性分析问题报告及优化建议，进行相关造型、结构、布置方案调整，再重新进行分析校核。原则上，待所有要求的分析项分析合格或有可行方案后，车身结构设计可行性分析工作才会结束，此时需输出最终的可行性分析报告及相关断面数据及结构概念数据。

3.2.2 到 3.2.6 章节将分别以举例形式对车身结构设计可行性分析进行说明。虽然可行性分析的内容从形式上一般分为五大类，但是其在实际操作层面会存在相互交叉的情况，如在进行空间结构校核的时候会涉及断面的性能分析校核等。

表 3-14 车身结构设计可行性分析流程

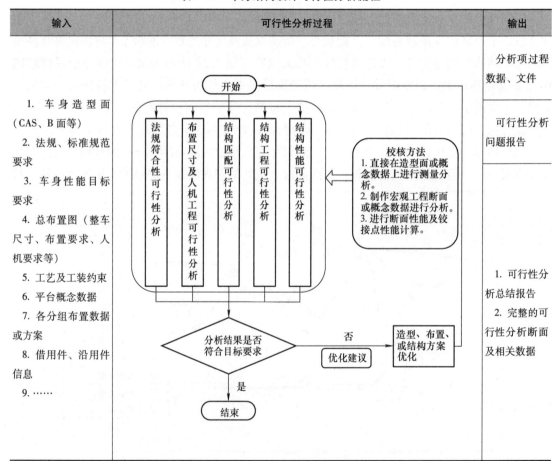

3.2.2 车身法规符合性可行性分析

法规符合性分析内容，主要包括对国家标准、行业标准、ECE 标准、美国标准等标准与法规项涉及车身设计的相关要求进行符合性校核。在造型设计阶段，车身设计相关法规校核项有前后轮护板法规校核、后拖钩布置可行性校核、行人保护溃缩空间校核等内容。

1. 以轮护板法规为例进行法规符合性分析

根据 GB/T 7063—2011 规定，汽车轮护板位于车轮上方，具有阻挡车轮运转时所产生的溅污及飞石等功能的零部件。它可以是独立部件，也可以是车身的一部分。根据规定，车身翼子板也属于汽车护板，必须按照法规要求进行校核。通过前后轮轮心、与 X 向平面成前 $30°$ 至后 $50°$ 范围内的翼子板或后轮眉型面，如图 3-13 所示，必须足以遮盖整个轮胎的宽度。为此，在造型 CAS 设计阶段，必须对 $A \sim C$、$D \sim F$ 区域进行宏观断面校核，确认车身该处造型面是否满足法规要求。结合产品开发实例，某车型翼子板处轮护板法规校核宏观断面分析如图 3-14 所示，该车翼子板轮眉处型面在规定范围内，Y 向均覆盖轮胎，故翼子板轮眉处型面设计满足法规要求。

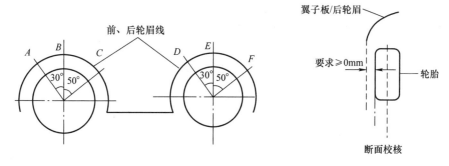

图 3-13 汽车轮护板法规项校核要求示意图

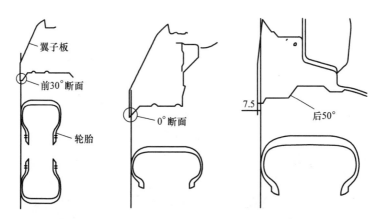

图 3-14 某车型翼子板轮护板法规项校核宏观断面示例

2. 以汽车牵引装置为例进行法规符合性分析

根据 GB 32087—2015《轻型汽车牵引装置》规定，牵引装置拖拽绳索穿过的最小空间要求 ≥25mm，要求满足对牵引装置垂直方向 ±5°、水平方向 ±25°具有能施加绳索牵引的功能要求。后牵引装置固定机构（拖钩）一般布置在车身上，在造型阶段，需对布置空间位置进行校核，确认牵引装置是否与车身、保险杠等零部件布置干涉，如有干涉，则需调整拖钩布置位置或修改造型 CAS 面。如图 3-15 所示，该处牵引装置在垂直向上 5°条件下，与车身造型 CAS 面无干涉，该工况下拖钩布置可行。

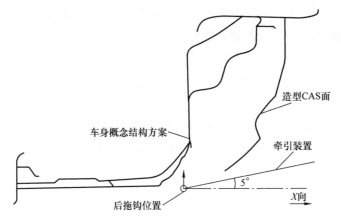

图 3-15　后牵引装置法规项校核宏观断面示例

3. 以碰撞行人保护法规要求为例进行符合性分析

对于碰撞安全性法规要求的行人保护要求，要求在行人头部碰撞保护划定范围内有足够的压溃空间，以满足头部碰撞伤害值要求。一般车型发动机罩、前围流水槽区域位于行人保护头碰范围内，需根据头部碰撞点进行溃缩空间分析。如对车身流水槽及刮水器布置结构，车身流水槽空间设计需满足刮水机构头部碰撞溃缩空间的要求，如图 3-16 所示，法规要求斜 50°头部碰撞前围流水槽上部，在刮水机构部位，为满足该处行人保护伤害值设定需求，要求头部碰撞后压溃空间≥72mm。刮水机构在此处设计为可溃缩结构，在发生头部碰撞时，整体向下溃缩移动。故车身流水槽型面设计就需要满足该移动空间要求，需要在前期宏观断面分析时予以确认。

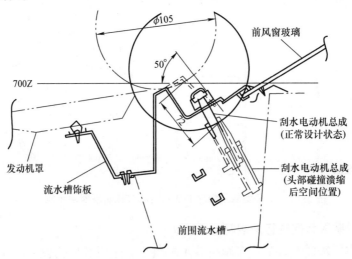

图 3-16　前围流水槽区域行人保护头部碰撞分析宏观断面示例

3.2.3 车身布置及人机工程尺寸校核

根据总布置输入需求，车身结构设计需满足总布置尺寸及人机工程尺寸设计要求，对车身来说，除了需要满足整车尺寸、总布置硬点要求外，还有驾驶员视野、乘员头部空间、肩部空间、臀部空间、脚部空间、行李舱空间以及上下车方便性等要求。这些校核虽然涉及车身、内外饰、开闭件等部件，但是其核心是车身结构的可行性，以造型为目标，满足车身基本结构及性能的要求，去校核结果的可行性。车身布置及人机工程尺寸校核涉及的车身结构主要见表3-15。

表3-15　车身布置及人机工程尺寸校核涉及的车身结构

序号	车身结构	布置及尺寸项目
1	通风盖板	视野校核
2	A柱	
3	顶盖前横梁	
4	顶盖后横梁	
5	……	
6	顶盖横梁	内部空间
7	上B柱	
8	地板	
9	后围	
10	……	
11	B柱	上下车方便性
12	C柱	
13	门槛	
14	轮包	
15	……	

人机工程对于视野的要求，有前视野（包括上视野、下视野、驾驶员前视野180°视野要求、A柱障碍角、刮水对视野的要求等）、后视野、驾驶员360°视野要求等，车身结构设计需满足总布置视野要求，如顶盖前横梁设计位置，匹配顶篷、前风窗玻璃黑边设计对上视野有影响，需进行如图3-17所示的宏观断面校核。断面包括顶盖前横梁结构断面信息、顶篷匹配断面信息、前风窗玻璃及黑边位置信息，设计分析的上视野（通过设定的驾驶员$V1$点），在该上视野角度满足总布置目标要求的角度的基础上，对车身前顶横梁及周边部件结构布置进行可行性分析。又如对于A柱造型尺寸设计，必须进行A柱盲区（障碍角）断面分析校核。根据GB 11562—2014《汽车驾驶员前方视野要求及测量方法》，对A柱障碍角校核示意图如图3-18所示。法规要求A柱障碍角≤6°，一般产品开发时，总布置视野要求A柱障碍角角度更小，A柱尺寸及造型设计必须满足A柱障碍角目标设计要求，在造型CAS设计阶段必须进行该断面校核，如图3-19所示。

注：在满足障碍角要求的基础上对A柱断面的空间结构、搭接关系、基本尺寸、断面性能的可行性进行分析。

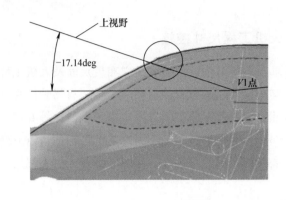

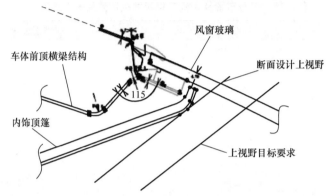

图 3-17 车身顶盖前横梁针对上视野符合性断面校核示意图

人机工程空间要求对车身结构设计影响较大，如头部空间、上下车方便性、脚部空间等，需在车身造型阶段进行断面分析校核。随着流线型车身造型的趋势，车身顶盖及横梁、侧围顶部造型及车身结构设计往往会影响成员头部空间，需根据总布置人机工程空间布置要求，对车身造型及结构方案进行分析校核。若空间尺寸不足，则需优化造型或调整相关结构。如图 3-20 所示，顶部头部空间校核结果显示，空间尺寸满足顶盖横梁结构、顶篷结构的布置方案设计；侧向头部空间校核结果显示，头部包络面与车身结构干涉，该处侧向头部空间尺寸不足，需确认该处空间尺寸目标与车身造型及相应结构方案设计的合理性，进行车身造型或结构设计方案的优化调整。

上下车方便性校核，主要是对车身前、后门洞尺寸与乘员假人 R 点之间的空间尺寸设计是否满足人机

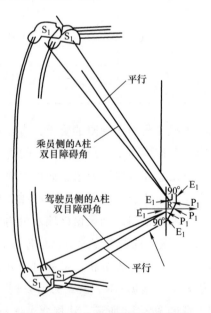

图 3-18 A 柱障碍角校核示意图

工程目标要求进行校核；脚部空间校核，主要是对车身地板结构方案是否满足成员脚部空间目标要求进行校核。类似人机工程布置要求涉及车身结构方案设计或车身造型设计的，均需

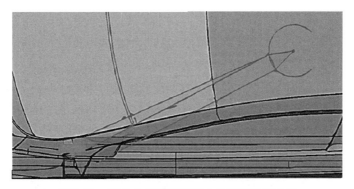

图 3-19 车身 A 柱障碍角符合性断面校核示意

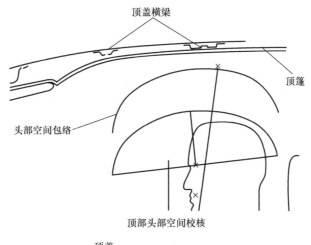

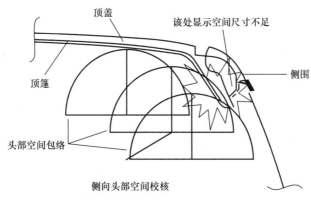

图 3-20 头部空间断面校核示意

在产品开发前期、造型设计阶段进行宏观断面校核。

3.2.4 车身结构方案匹配设计可行性分析

车身作为汽车其他零部件的载体,需设计相应安装结构并与其进行空间位置的系统匹配。为保证造型设计满足车身及相关零部件的结构布置,需进行系统的宏观工程断面可行性分析。对于汽车主要的零部件,其在车身上的安装点、特殊尺寸配合部位均需进行宏观断面制作校核。例如，对于安装在前围流水槽内的刮水机构，需对其安装点位置、刮水器轴及电机部位进行宏观断面制作分析，确认车身安装结构与刮水器电机安装匹配的可行性、刮水器机构布置空间与车身流水槽匹配的可行性等。

此外，对于车身结构设计本身，必须在造型设计阶段对重要、关键部位进行宏观断面制作校核，分析车身结构基本尺寸设计方案、基本空间分块搭接结构、结构复杂度、轻量化水平及与周边零部件空间布置匹配的可行性。匹配设计可行性分析的主体部位如表 3-16 所示。

表 3-16 匹配设计可行性分析的主体部位

序号	部位	方法及内容
1	通风盖板	以造型 CAS 面为基准，通过宏观断面的制作，对车身结构分块、搭接、空间、复杂度、美观性、轻量化进行校核分析
2	A 柱	
3	下 A 柱	
4	B 柱	
5	上 B 柱	
6	C 柱	
7	门槛	
8	轮包	
9	D 柱	
10	后围	
11	……	

以车身前车门与翼子板上铰链安装处宏观断面制作分析为例，如图 3-21 所示，该处断面体现了车身 A 柱、翼子板、车门、铰链等初步结构方案设计，以及密封结构、内饰结构匹配方案设计，相关尺寸的匹配设计等，通过结构方案及尺寸的系统匹配校核分析，确保了该处主体结构方案的空间可行性；同时完成了前门开启功能的极限运动空间校核，保证了该处造型、车身结构方案设计与系统布置的可行性，保证了前门开启、密封功能方案设计的可行性。

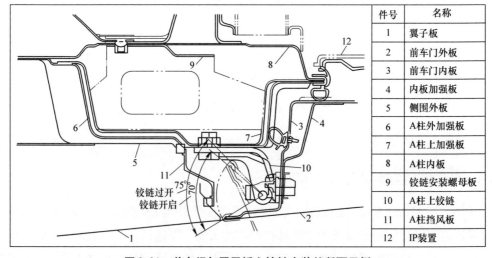

件号	名称
1	翼子板
2	前车门外板
3	前车门内板
4	内板加强板
5	侧围外板
6	A柱外加强板
7	A柱上加强板
8	A柱内板
9	铰链安装螺母板
10	A柱上铰链
11	A柱挡风板
12	IP装置

图 3-21 前车门与翼子板上铰链安装处断面示例

图 3-22 所示为车身 A 柱处断面,根据内外造型面输入及分组零部件布置方案输入,车身结构方案设计需满足与门框结构及密封性匹配、与前风窗玻璃搭接匹配、与内饰板的安装匹配,车身结构与内饰板之间需满足线束及天窗排水管的布置空间要求,同时为满足性能要求,车身结构需进行一定的尺寸设计及加强件设计。车身系统宏观断面制作及可行性分析是极其复杂的一项系统性工程,必须熟练掌握车身各系统的概念结构、空间尺寸、匹配设计等要求。

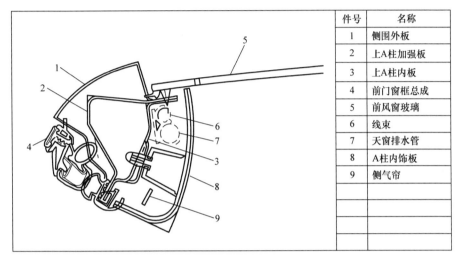

件号	名称
1	侧围外板
2	上A柱加强板
3	上A柱内板
4	前门窗框总成
5	前风窗玻璃
6	线束
7	天窗排水管
8	A柱内饰板
9	侧气帘

图 3-22　车身 A 柱处断面示例

3.2.5　车身结构工程可行性分析

在进行车身初步结构方案设计过程中,需考虑结构工程设计的可行性,如车身零部件的制造、生产工艺可行性,零部件安装匹配功能需求的可行性,汽车使用功能的可行性以及外观可视性等。校核主要针对主要部位及可能存在难点问题的部位进行,如成型性分析对翼子板、侧围、顶盖等与造型特征强相关且成型困难的部件进行可行性分析。车身结构工程可行性分析内容如表 3-17 所示。

表 3-17　车身结构工程可行性分析内容

序号	内容	部件及部位
1	成型性分析	翼子板
2		侧围
3		顶盖
4		……
5	焊接可行性分析	轮眉
6		尾部拐角
7		A柱下铰接点
8		B柱铰接点
9		C环区域
10		……

(续)

序号	内容	部件及部位
11	使用功能	前风窗 A 柱处
12	使用功能	顶盖两侧
13	使用功能	……
14	外观可视性	门槛止口可视性
15	外观可视性	C 柱处防看穿
16	外观可视性	翼子板周边缝隙美观性
17	外观可视性	……

（1）结合车身造型特征的工艺可行性分析　制造工艺水平及车身输入的工艺约束条件，对车身造型、结构设计有较大影响。结合车身造型进行的车体结构方案设计，必须满足工程可行性要求。如翼子板上部型面角度，如图 3-23 所示，需保证与成型出模方向之间的角度 $\alpha \geqslant 3°$。车身侧围、翼子板等外板处筋线造型特征，需进行冲压滑移线分析。车身零件成形过程滑移线需控制在特征筋圆角范围内。对于该类筋线特征要求，外板特征造型工程可行性分析如图 3-24 所示，特征筋断面角度中心线与冲压方向所成角度 β 不能过大，需根据工艺制造水平将之控制在合理的角度范围内。

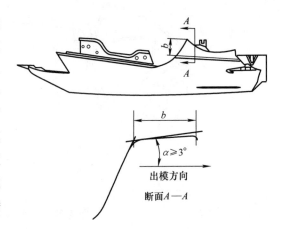

图 3-23　翼子板上部型面角度

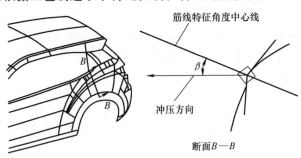

图 3-24　外板特征造型工程可行性分析示例

侧围外板造型分缝及分块特征，影响车身零件结构设计，需对相关结构进行宏观工程可行性分析。如翼子板前端尖角特征如角度过小，则对该处成形工艺及模具强度有影响。从工艺角度，一般要求尖角部位角度 $\geqslant 30°$，且尽量减小尖角部位长度。对于类似前后大灯、后三角窗拐角部位，车身外板匹配特征应根据灯、三角窗造型形成小拐角特征，以免影响该处外板的成形性，一般，该处拐角圆角半径 $\geqslant 20mm$。

对于侧围造型尾部分块特征，除分析尖角特征成形性外，还需分析车身外板与相邻钣金零件焊接工艺的可行性，如图 3-25 所示。侧围 D 柱翻边与 D 柱外板搭接结构焊接空间校核，要求焊枪通过性，即焊枪与侧围外板间隙至少大于 5mm。若造型面及分块结构不合理，易出现车身零件结构无法焊接的问题，需给出分块或造型面调整建议。

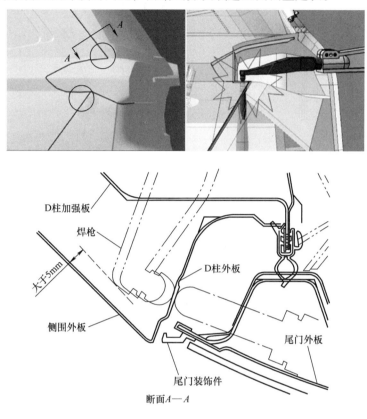

图 3-25　侧围尾部造型工程可行性分析示例

对于侧围后轮眉造型，需对车身相应结构尺寸进行工程可行性分析。根据侧围外板轮眉结构不同，轮眉宽度尺寸要求也不同。如图 3-26a 所示，侧围外板与后轮包采用包边工艺结构，轮眉宽度需根据 $L1$（包边长度、包边模尺寸及安全间隙）、$L2$（后轮包与侧围外板搭接倒角高度）、$L3$（后轮包空腔断面合理尺寸）长度分析确认；图 3-26b 显示侧围外板与后轮包采用翻边焊接结构，则轮眉宽度需根据 $L1$（焊枪尺寸）、$L2$（焊枪回退空间、与后轮包安全间隙要求 $\geq$5mm）、$L3$（后轮包空腔断面合理尺寸）长度分析确认。

对于图 3-27 所示翼子板下部分块宽度，需根据有无轮眉台阶结构特征，结合冲压工艺方案进行工程可行性分析，要求翼子板分块宽度满足模具强度及出模空间要求。

对于成形工艺比较复杂的侧围区域，需对成形深度较大区域的相关造型面及车身结构方案尺寸进行可行性分析，以保证其基本的工艺性能。如对于侧围门槛区域，需分析门槛造型深度对冲压工艺的影响，根据制造工艺水平，一般可通过约束门槛 Y 向最宽部位到门槛下止口 Y 向间距 L 来保证该处成形性，如图 3-28a 所示；对于侧围外板 A 柱、B 柱铰链安装区域，一般该处成形深度较深，需对相关结构尺寸进行分析约束来保证成形性，如图 3-28b 所

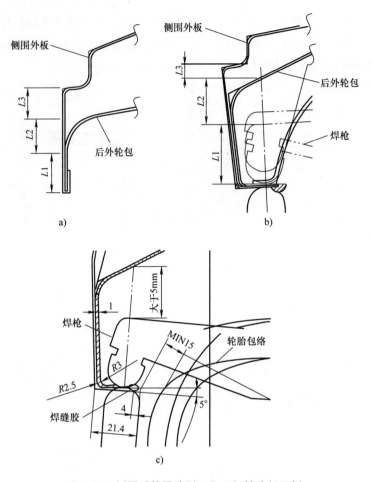

图 3-26 侧围后轮眉造型工程可行性分析示例

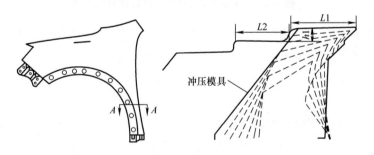

图 3-27 翼子板下部造型工程可行性分析示例

示;对 A 柱断面 X、Y 向尺寸,从 α、β 角度进行综合分析,结合制造工艺水平、相关经验数据库及 CAE 成形性分析,提出分析和优化建议;对于侧围 C 柱区域,一般为追求造型美观,该处型面设计比较复杂,使得该处侧围外板成形有较大难度,在造型设计过程中,需进行详细的工程可行性分析。如图 3-28c 所示,根据 C 柱区域造型设计特征,识别出影响成形性的相关结构参数,如特征筋线处结构 Y 向深度、相邻间距、造型反凹面尺寸、成形设计角度等,进行系统分析对比,提出可行的侧围 C 柱结构设计方案或给出造型优化建议。

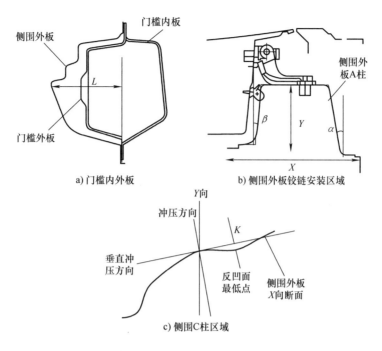

图 3-28 造型阶段侧围区域工程可行性分析示例

类似上述分析，对车身造型特征及分块、车身结构方案需进行详细的工程可行性分析，确保车身结构设计满足工艺要求。具体到分析中的各个数值的大小，各个主机厂根据工艺水平、模具水平、焊接设备质量及控制能力的不同而有所不同。

（2）结合汽车使用功能、外观质量的可行性分析 根据造型输入的车身结构方案设计，及与零部件的系统匹配，需满足汽车使用功能及外观质量等方面的要求，为此需要进行宏观工程可行性分析。

对于汽车使用功能方面的可行性分析，主要是分析优化车辆使用过程中的操作性或安全性要求。图 3-21 断面所示为翼子板及 A 柱结构方案设计，需满足前门运动可行性校核，图 3-26c 断面所示侧围轮眉 Y 向尺寸需满足与轮胎包络安全间隙要求，以避免使用过程中轮胎与车身轮眉翻边发生干涉风险。

车身侧围与顶盖搭接部位、A 柱结构与风窗玻璃匹配部位，需满足一定的挡水功能，为此要求侧围型面高于顶盖、风窗玻璃型面，一般与顶盖搭接区域的侧围造型面需高于顶盖面 5mm。对于 A 柱区域，需满足车辆行驶过程中刮水器刮水量不能漫过 A 柱。为避免对驾驶员侧面视野及后视镜视野造成影响，要求 A 柱型面高于风窗玻璃型面 10mm 以上，如图 3-29 所示。

注：上述数值为行业一般通用数值，各主机厂根据车型结构设计要求可能稍有不同。

对于外观质量方面的可行性分析，主要是从视觉美观的角度进行分析。如图 3-30 所示的侧围门槛断面，因侧围门槛下部一般设计有门槛焊接边、外板上有电泳孔孔塞等零件，会影响外观品质，因此在设计上要求门槛下端型面尽量设计成不易见或不可见。在造型设计过程中，需对该处型面角度 α 进行分析校核，建议 α 值小于假人眼点可视角度，同时满足侧

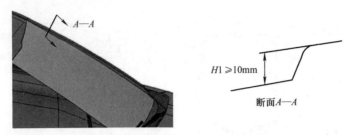

图 3-29 车身 A 柱区域造型面分析要求

围外板成型出模角度要求。

侧围 C 柱断面如图 3-31 所示,为保证 C 柱分缝外观品质均匀一致,需在侧围分缝部位设计"防看穿台阶",避免分缝外观出现孔洞缺陷。在造型阶段工程可行性分析中,该处分缝断面尺寸需考虑台阶尺寸要求。该处断面尺寸设计对造型分缝位置、窗框宽度尺寸 B、后门玻璃导轨及门锁布置、侧围外板结构方案设计影响较大,若前期工程可行性分析不够充分,将会给后期产品设计带来较大的工程变更。

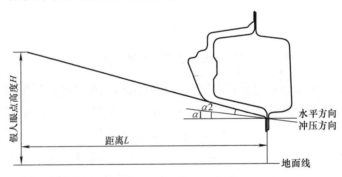

图 3-30 侧围门槛下部可视性工程分析示例

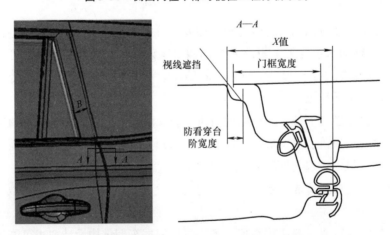

图 3-31 侧围 C 柱分缝可视性工程分析示例

3.2.6 车身结构性能可行性分析

在造型阶段车身系统宏观工程可行性分析中断面设计、车身结构方案设计必须考虑自身的性能要求。在此阶段开展的车身结构性能可行性分析，是比较宏观、局部的性能可行性分析，其分析优化的目的是通过造型阶段进行有效的结构性能方案可行性分析，减少车身详细设计过程因性能不达标问题而引起的重大方案变更，避免使用更高成本、重量的车身结构方案，并缩短产品开发周期，提升车身设计质量，故在造型阶段开展车身结构性能可行性分析是十分必要的。

（1）车身外板面刚度可行性分析　车身外板需重点关注外板的刚度、屈曲抗凹性能，因此对于车身外造型面，首先需分析其特征面刚度性能。如图3-32所示，对侧围上A柱、上B柱、门槛区域的小区域造型特征面，需进行刚性的初步校核分析，按照特征面断面宽度L、弦高h、外板设计料厚t，结合经验公式进行刚性分析判断，公式如下

$$ht/L \geqslant 0.03 \tag{3-13}$$

根据以上分析，若不能满足外板刚性需求，需反馈给造型人员进行特征型面的调整。外板大面屈曲抗凹性能，需在结合车身造型面及分块完成车体外板概念结构数据制作后进行CAE分析确认。

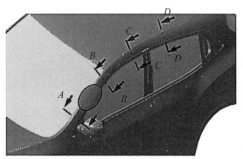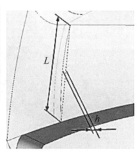

图3-32　侧围外板特征型面性能可行性分析示意

车身顶盖需满足雪载及屈曲抗凹性能要求，其对刚性有较高要求。除对顶盖设计横梁结构外，需在造型设计阶段对顶盖外板刚性进行可行性分析。根据设计经验，对顶盖造型面X向断面进行曲率半径分析，可判断其刚性是否满足设计要求，如图3-33所示。一般要求两厢车型顶盖曲率半径≤4500mm，三厢车型顶盖曲率半径≤8000mm。

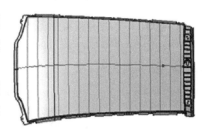

图3-33　顶盖外板造型面X向断面曲率半径分析

注：上述公式及数值为行业一般通用经验公式及数值，各主机厂根据车型结构设计要求可能稍有不同。

（2）车身结构断面性能可行性分析　车身宏观断面分析制作过程中，关键车身框架部位的结构断面设计的特征、尺寸、料厚需满足基本的车身性能要求。车身断面结构性能可通过断面尺寸、断面面积、断面惯性矩等相关参数进行分析确认。

对于车身框架结构，进行断面可行性分析时需考虑结构基本性能要求，主要是根据断面性能要求对断面尺寸、零件料厚进行合理设计。图3-34a所示顶盖前横梁断面宽度及高度方

向尺寸、图 3-34b 所示侧围门槛断面宽度与高度方向尺寸、图 3-34c 所示 A 柱断面宽度与高度尺寸，均需在满足性能推荐尺寸要求的基础上进行设计。

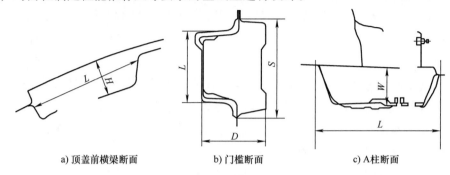

a) 顶盖前横梁断面　　b) 门槛断面　　c) A 柱断面

图 3-34　车身框架结构影响性能的断面尺寸示意

（3）车身框架结构性能可行性分析　对车身框架结构进行可行性分析，除以上基本框架断面尺寸外，框架结构的布置也需在前期造型及概念设计阶段进行详细的可行性分析，要求框架结构布置满足车体性能要求。如对于车身整体框架结构布置，要求形成如图 3-35 所示的"结构环"框架结构形式。

图 3-35　车身框架"结构环"示意

如车身发舱纵梁结构方案，基于前碰安全性能要求，其结构设计的关键设计参数如图 3-36 所示，要求纵梁结构布置后部设计尽量平缓，有利于碰撞受力传递及结构承载，即要求在车身概念设计阶段，尽量减小图 3-36 中纵梁后部弯折角度 h 值、纵梁高差 g 值、水平弯折偏差 j 值等。

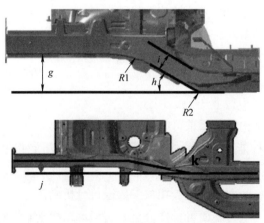

图 3-36　车身前纵梁结构布置关键参数示意

3.3 车身结构概念设计与轻量化

车身结构概念设计在汽车设计开发过程中起着至关重要的作用,主要完成车身框架和车身覆盖件的概念设计,是车身结构设计的核心,具有设计空间自由度大的特点。在进行车身结构的概念设计时,需要兼顾性能和重量,从车身结构框架结构形式、断面、铰接点以及关键部件等方面入手研究大量方案,并确定最优的概念方案为前期车身结构概念数据设计提供基础,同时结合车身参数化模型可快速完成概念方案验证,并对车身结构性能和重量进行进一步优化设计,在前期确保车身结构整体刚度和模态性能100%达标。车身结构整体刚度性能是车身强度、碰撞性能的基础,而车身强度和碰撞性能更注重关键局部详细结构的性能设计,因此,车身结构概念设计以车身整体刚度性能设计为重点。

在开始车身结构概念设计之前,需要获取开发车型的 CAS 数据、总布置人机尺寸参数、各分组数据、车身宏观断面可行性分析等信息,具体如表 3-18 所示。

表 3-18 车身概念设计输入信息表

序号	类别	要求
1	车身设计性能目标	—
2	标杆车及竞品车信息	—
3	结构数据库、标杆车结构数据	具有明确的结构设计标杆及完整的标杆车数据
4	法规、标准	—
5	CAS 数据	具有细节完整的 CAS 数据
6	沿用件数据	沿用件数据正确,为最终状态
7	门洞密封面数据输入	密封面输入完整、正确
8	总布置人机尺寸等信息输入	总布置图信息完整、尺寸要求明确
9	各分组数据、间隙及运动包络间距输入	数据及匹配点、面、间距要求信息完整
10	工艺输入及约束	冲压、焊接、涂装、总装四大工艺约束输入充分
11	车身宏观断面可行性	断面数据满足可行性分析

3.3.1 车身框架的概念设计与轻量化

车身框架也称为车身骨架,其主要作用是承受车身受到的所有载荷。这些载荷主要分为车辆行驶过程中路面给予汽车的弯扭载荷、车辆碰撞时受到的碰撞载荷、发动机或电动机运转带来的振动载荷,以及安装在车身上的零部件因自重施加给车身的载荷等。车身框架的概念设计,需重点关注弯扭载荷和碰撞载荷,其设计流程为:首先针对弯扭载荷和碰撞载荷建立车身载荷传递路径,然后基于车身的刚度性能目标和标杆车结构进行车身框架形式、车身断面、车身铰接点的设计和理论计算,最后针对关键部件概念结构获得合理的车身框架概念结构。

1. 车身框架的基本形式

随着汽车技术的发展，现阶段乘用车主流的车身形式是承载式，仅有少数全尺寸SUV车型还在使用非承载式车身。因此，本书主要介绍承载式车身的框架设计。

承载式车身框架呈"笼"式空间框架结构形式，即车身的乘员舱由侧围框架、前围框架、地板框架、顶部框架和后围框架五大部分围成一个"笼"，为车内乘员提供一个安全、舒适的驾乘空间。图3-37为典型承载式车身的车身框架形式，可以看出，轿车车身框架形式与SUV车身框架形式基本一致，特别是下车身框架，仅在车身后部由于车身形式的差异存在局部不同，轿车车身比SUV车型多了衣帽架总成。

下车身框架又称为车身平台，通过变换上车身的形式，适当调整下车身结构，就可以实现轿车、SUV和MPV的转换。图3-38为典型的下车身框架拓扑形式。目前，主流的乘用车下车身框架主要基于图3-38所示框架形式演化而来。

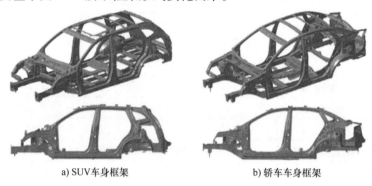

a) SUV车身框架　　　　　　　b) 轿车车身框架

图3-37　典型的承载式车身框架形式

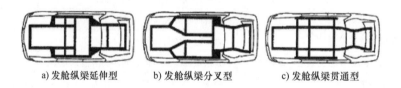

a) 发舱纵梁延伸型　　b) 发舱纵梁分叉型　　c) 发舱纵梁贯通型

图3-38　典型的下车身框架拓扑形式

2. 车身载荷分析

在概念设计阶段，车身框架的概念设计主要从提高车身的刚度性能、碰撞性能两个性能指标展开。首先通过对弯扭工况、碰撞工况下的载荷传递路径分析，确定适合开发车型车身的刚度性能、碰撞性能要求的主体载荷传递路径；再通过简化模型、对照标杆车结构等方法结合经验构建车身框架的概念结构。

（1）弯扭工况下的载荷传递路径分析　汽车在行驶过程中，路面给予汽车的激励通过前、后悬架系统由车身上的前、后悬架安装点（即前、后减振器塔）处传递到车身，对应到车身上可以分为弯曲载荷和扭转载荷两种。这两种载荷传递是在车身整体框架内进行的。为确保汽车行驶过程中乘员的乘坐舒适性，车身需要具备一定的抵抗弯曲或扭转载荷的能力，这种能力称之为弯曲刚度或者扭转刚度。随着汽车技术的发展，汽车行业对车身弯曲、扭转刚度的测试方法比较统一，也推出了相应的团体标准，如中国汽车工程学会在 2013 年针对车辆弯曲、扭转刚度测试发布了《SAE – China J0701 普通乘用车白车身扭转刚度试验方法》和《SAE – China J0702 普通乘用车白车身弯曲刚度试验方法》两个团体标准。图 3-39 为两个标准规定的弯曲、扭转刚度测试装置示意图。

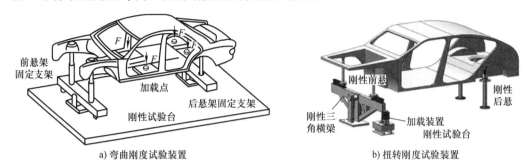

图 3-39　车身弯曲、扭转刚度测试装置

（2）碰撞工况下的载荷传递路径分析　汽车碰撞形式主要有正面碰撞、侧面碰撞、后面碰撞和顶压 4 种，车身的耐撞性设计就是不论发生何种形式的碰撞都要确保乘员的安全性。对于正面碰撞而言，车身前部是可变形吸能区，车身中部乘员舱为刚性不可变形区域，车身后部是可变形吸能区。这里讲的车身前部是指从发舱纵梁前端到前围板的区域，车身后部指的是车身最后端到油箱（或动力电池）后安装点的区域，剩余的部分为车身中部，如图 3-40 所示。

如图 3-41 所示，汽车在受到正面碰撞后，碰撞载荷经前防撞梁传递到车身上，分两条载荷传递路径在车身上传递，一条为主传递路径，即载荷经防撞梁吸能盒经发舱纵梁传递到发舱后纵梁、前围下横梁、下 A 柱等，再经下 A 柱向门槛、车门、上 A 柱传递；另一条为次传递路径，即载荷经发舱边梁到下 A 柱，再经下 A 柱向后传递。

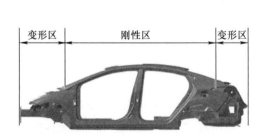

图 3-40　车身正面碰撞变形区域示意图

图 3-41　正面碰撞载荷传递路径

如图 3-42 所示，汽车在受到侧面碰撞后，碰撞载荷经 B 柱和门槛沿着车身 Y 向传递，具体为：碰撞载荷经 B 柱向上经侧围上框向顶盖横梁传递，向下传递到门槛；经门槛向车

身横梁传递，前部有前围下横梁、流水槽，中部有座椅安装横梁、前地板下横梁，后部有中底板横梁等。

后面碰撞的载荷传递路径为：碰撞载荷经后防撞梁经车身后围主要向后地板纵梁传递，部分载荷也经后侧围向车身前部传递。

顶压的载荷传递路径为：载荷施加到侧围上框的顶盖前横梁与 B 柱之间的部位，经侧围上框向前传递到上 A 柱、下 A 柱，向后传递到 C 柱、D 柱，向下传递到 B 柱，向内传递到顶盖横梁。

图 3-42 侧面碰撞载荷传递路径

> **提示** 通过以上分析可以得出：车身的弯扭载荷是沿着车身的整体框架结构传递，而碰撞载荷则是在沿着碰撞方向上的局部车身框架结构传递。因此，车身框架概念设计的核心为车身框架的刚度性能设计，同时要兼顾车身局部碰撞载荷传递路径的合理性，为后续的碰撞性能设计奠定良好基础。

3. 车身框架设计理论

在概念设计阶段，为确保车身具备合适的刚度及耐撞性，车身框架设计的总体原则是结构简洁、载荷传递顺畅，体现到"环状结构"上则要求结构环封闭、连续、无突变。目前，在进行车身框架概念设计时用到的设计理论或模型有简单结构面法、车身弯曲刚度"三组分"模型、车身扭转刚度"方盒"模型等。

（1）简单结构面法　目前，用来对作用在车身主要结构件上的载荷及其传递路径进行分析的简单模型是由华沙工业大学的 Janusz Pawlowki 提出的简单结构面法（Simple Structural Surface，SSS）。简单结构面在自身所在平面内是刚性的，在其他平面内则是柔性的，即在自己的平面内能够承受载荷（拉力、压力、剪切、弯矩），但不承受与平面正交或平面外的弯矩，如图 3-43 所示。

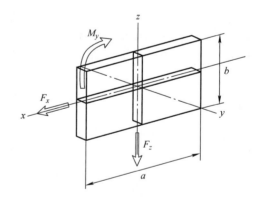

图 3-43 简单结构面原理图

（2）车身弯曲刚度"三组分"模型　基于简单结构面法，林程等在《汽车车身结构与设计》中提出了计算车身弯曲刚度的"三组分"模型，并详细对比了基于刚性接头和柔性接头的车身弯曲刚度"三组分"模型。在刚性接头的假定条件下，车身弯曲刚度"三组分"模型中前悬固定装置后部结构与纵梁前部结构通过两个连接销刚性连接。其中，一个连接销与 A 柱底部连接，另一个与门槛梁连接。与此类似，后悬架固定装置前部与纵梁后部通过两个连接销刚性连接。刚性接头假定条件下，车身弯曲刚度"三组分"模型和弯曲工况车身框架受力隔离体模型如图 3-44、图 3-45 所示。

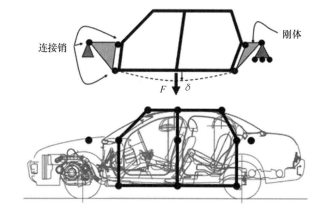

图 3-44 刚性接头假定条件下车身弯曲刚度"三组分"模型

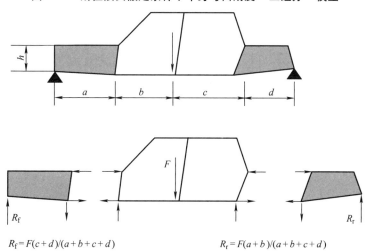

$R_f = F(c+d)/(a+b+c+d)$ $R_r = F(a+b)/(a+b+c+d)$

图 3-45 弯曲工况车身框架受力隔离体模型

实际情况下，对于现阶段主流的钢制车身而言，构成车身框架的各个接头是由多个钢板冲压件焊接而成，不能等效为不变形的刚性接头，如图 3-46 所示。因此，引入了接头刚度的概念对"三组分"模型进行修正，在各接头处以具有转动刚度的节点来取代原模型中的刚性连接，修正后的模型如图 3-47 所示。

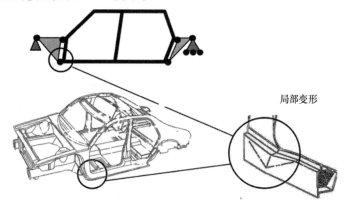

图 3-46 接头柔性分析

(3) 车身扭转刚度"方盒"模型 基于简单结构面法,林程等在《汽车车身结构与设计》中提出了计算车身扭转刚度的"方盒"模型,该模型是一种计算车身扭转刚度的简化模型。研究表明,面单元这一抗剪类型的单元是抵抗扭转载荷的主要结构成分,当模型中引入面单元后,能够显著改善模型的计算精度,可被用来对扭转载荷作用下的车身结构特性进行合理分析。在车身扭转性能设计时,将车身结构简化为由一系列抗剪单元所构成的六面体方盒模型,如图3-48所示,其简化模型如图3-49所示,扭转刚度的计算公式为

$$K = \frac{T}{\theta} \tag{3-14}$$

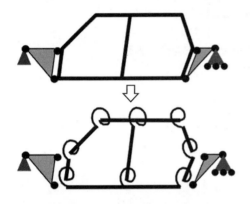

图3-47 基于柔性接头的车身弯曲刚度"三组分"模型

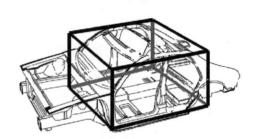

图3-48 车身扭转刚度"方盒"模型

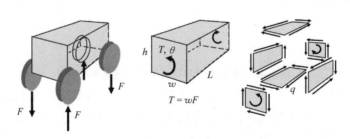

图3-49 方盒扭转刚度简化模型

方盒的扭转刚度为

$$K = (2wh)^2 \frac{1}{\left[\frac{1}{\left(\frac{Gt}{ab}\right)}\right]_{面1} + \left[\frac{1}{\left(\frac{Gt}{ab}\right)}\right]_{面2} + \left[\frac{1}{\left(\frac{Gt}{ab}\right)}\right]_{面3} + \left[\frac{1}{\left(\frac{Gt}{ab}\right)}\right]_{面4} + \left[\frac{1}{\left(\frac{Gt}{ab}\right)}\right]_{面5} + \left[\frac{1}{\left(\frac{Gt}{ab}\right)}\right]_{面6}} \tag{3-15}$$

式中,K为方盒的扭转刚度;G为剪切模量;w为方盒的宽度;h为方盒的高度;a、b为面板的尺寸;t为面板的厚度。

如果将每个面的常量$\frac{Gt}{ab}$定义为面板的刚度,则可以将车身扭转刚度看作由六个面板的扭转刚度串联而成。系统的等效刚度与各弹簧刚度定义为

$$K_{EQ} = \frac{1}{\frac{1}{K_1} + \frac{1}{K_2} + \frac{1}{K_3} + \frac{1}{K_4} + \frac{1}{K_5} + \frac{1}{K_6}} \quad (3\text{-}16)$$

式中，K_{EQ} 为方盒的扭转刚度，K_1、K_2、K_3、K_4、K_5、K_6 分别为构成方盒的六个面的面刚度。根据串联弹簧系统的基本知识可知，要提高车身结构扭转刚度，最重要的是确定方盒模型中哪个面是最软的，即找出哪个面的刚度 $\frac{Gt}{ab}$ 是最小的，然后对这面的刚度进行提高。

方盒模型是一种理想化的情况，其前提假定条件为：方盒模型的各面板为理想平面，在扭转载荷作用下依旧保持完美的平整度。在这样的模型假设条件下，如果这个封闭的方盒受到扭转作用，则方盒每个面的刚度都很高。实际上，汽车车身表面与这种理想平面之间存在很大的差异，实际车身有很多曲面形状，如隆起、加强筋、空洞，它们还经常是带有柔性节点的梁结构，或者需要考虑风窗玻璃或胶接方式影响的结构。因此，对于前文所建立的理想模型需要进行修正，将模型中的剪切刚度（Gt）修正为有效剪切刚度（Gt）$_{EFF}$，则车身结构扭转刚度修正模型为

$$K = (2wh)^2 \frac{1}{\sum_{\text{All Surface}} \left[\frac{ab}{(Gt)_{EFF}} \right]_{\text{Surface}}} \quad (3\text{-}17)$$

如图 3-50 所示，面板剪切刚度试验装置由四个端部通过销连接的刚性杆组成，其中，有两个销与地面相连。在剪切力 F 作用下，该装置发生的位移为 δ，边框旋转角为 γ，利用剪切模量的概念，推导出有效剪切刚度为

$$(Gt)_{EFF} = \left(\frac{F}{\delta}\right)\left(\frac{b}{a}\right) = S\left(\frac{b}{a}\right)$$

式中，$(Gt)_{EFF}$ 为有效剪切刚度；S 为测量的刚度关系（$S = \frac{F}{\delta}$）；a 为施加剪切载荷所在边的尺寸；b 为与 a 相邻边的尺寸。S 可以通过试验测取，也可以根据有限元仿真计算得到。

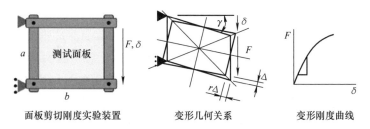

面板剪切刚度实验装置　　变形几何关系　　变形刚度曲线

图 3-50　面板剪切刚度试验装置示意图

当然，六面体模型也可以根据汽车形式的不同拓展为由多个面组成的封闭乘员舱，以更接近真实结构的车身扭转刚度。

综上所述，在车身概念设计阶段，不论是基于柔性结构的车身弯曲刚度"三组分"模型，还是车身扭转刚度"方盒"模型，其基础都是简单结构面法。实际上，现有主流的车身结构形式由车身框架结构（由梁和铰接部位构成，一般为封闭空腔结构）和车身内外蒙皮件（薄板冲压件，一般为单层板结构）构成。封闭乘员舱的各个面的面刚度主要由构成

面的框架结构来实现，构成面的框架结构实际上就是前面提到的环状结构。因此，概念设计阶段乘员舱框架的概念设计，实质上是车身弯曲、扭转刚度性能的设计，可以分解为构成乘员舱的各个结构环设计。

4. 车身框架形式及结构环的概念设计

（1）车身框架形式设计　如前所述，车身框架是由众多结构环通过铰接点围成的"笼"式空间框架，其主要作用是为乘员提供安全、舒适的驾乘空间。因此，车身框架的核心结构是构成乘员舱以及抵抗碰撞的结构环，主要有A环、B环、C环、D环、前门环、后门环、前部吸能环、后部吸能环、前地板环、顶部环等，如图3-51所示。在进行车身框架形式设计时，要重点关注图3-51所示的结构环设计，通常情况下，这些环要求具有连续、封闭的断面结构，同时还要关注相邻结构环间的铰接点设计。

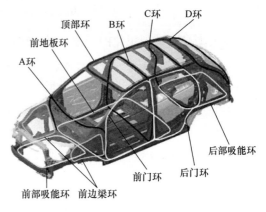

图3-51　构成车身的典型结构环示意图

（2）结构环的概念设计　车身框架不仅要提供较高的整体刚度，还要确保乘员舱的安全性。因此，构成乘员舱的A环、B环、C环、D环，以及前/后门环（两者合并为门环）的设计显得尤为重要。前部吸能环作为抵抗正面碰撞的主体结构，其设计也非常重要。在车身概念设计阶段，需要重点针对前部吸能环、A环、B环、C环、D环、门环展开概念设计。

1）前部吸能环的概念设计。前部吸能环由前防撞梁、左/右发舱纵梁和前围下横梁等关键部件构成，如图3-52a所示。前部吸能环主要作用是正面碰撞吸能，并将碰撞载荷通过发舱纵梁后段传递到发舱后纵梁、前围下横梁和A柱等部件。因此，对于发舱纵梁而言，前部一般需要布置一段压溃吸能区（通常情况下，长度≥150mm），如图3-52a所示；前围下横梁在空间允许的前提下，左右延伸到下A柱，可显著增强前部吸能环与A环的连接，典型车型有上汽名爵锐腾、荣威RX5等，如图3-52b所示；对于前围下横梁尽量与发舱纵梁后端对齐，确保正面碰撞载荷传递的效率，代表车型有大众途观L等，如图3-52c所示。

众所周知，直线化载荷传递路径是碰撞载荷传递效率最高的路径形式。为保证正面碰撞载荷的有效传递，还需要关注图3-53所示的若干个发舱纵梁结构参数的设计，具体如下。

参数①为发舱前纵梁与发舱后纵梁的过渡角。过渡角越小越好。一般情况下，要求过渡角为30°左右。发舱前纵梁向发舱后纵梁过渡起点为驱动轴运动包络，发舱后纵梁位置受乘员人机参数和整车高度等制约。

参数②为发舱后纵梁前部高度尺寸。该尺寸越大越好。设计此尺寸时要在确保乘员人机参数（踵点位置）的前提下，尽量做大。

参数③为发舱前纵梁与发舱后纵梁高度差。高度差越小越好。该参数受整车参数、动力总成，以及乘员人机参数等制约，一般在整车总布置参数发布时即已确定。为确保此参数的

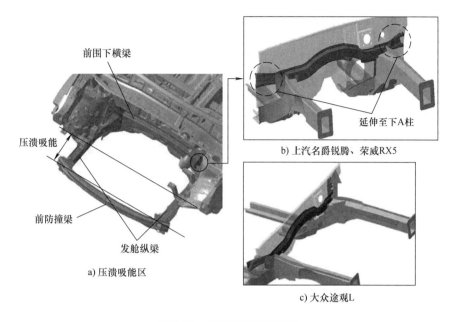

图 3-52 前部吸能环示意图

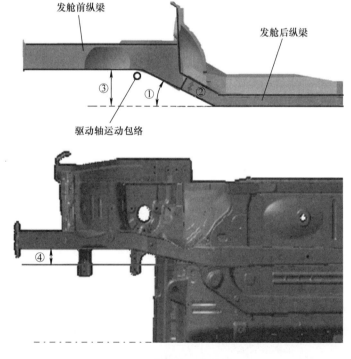

图 3-53 发舱前、后纵梁设计

合理性,就需要在前期整车总布置参数制作时向总布置工程师提出参数③的区间范围约束。

参数④为发舱前纵梁与发舱后纵梁的 Y 向偏移量。Y 向偏移量越小越好。对于传统的燃油车来说,由于动力总成外廓尺寸限制,Y 向偏移量均会存在;对于新能源电动车来说,其动力总成较燃油车动力总成小得多,因此,新能源电动车的 Y 向偏移量可以做到 0mm。

注：上述数值为行业一般通用数值，各主机厂根据车型的结构设计要求可能稍有不同。

2) A 环的概念设计。如图 3-54a 所示，A 环一般由左/右下 A 柱、前流水槽、左/右前扭矩盒以及前围下横梁等关键部件构成，在空间形式上构成一个"日"字形。A 环构成乘员舱前部的主体环状结构，对于车身的弯扭刚度和耐撞性能影响较大，因此，在进行 A 环设计时，要重点确保 A 环的连续性、完整性，特别是确保前围下横梁与下 A 柱的连通性，以及中央通道前下横梁与左/右前扭矩盒的连通性。同时，在整个 A 环路径上的截面尽量为封闭的空腔结构，跨度较大的路径建议设计空腔隔断支架，确保路径的整体刚性，如图 3-54b 所示。

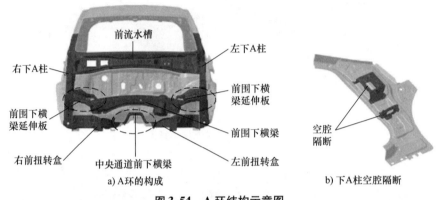

图 3-54　A 环结构示意图

3) B 环的概念设计。如图 3-55a 所示，B 环由左/右 B 柱、顶盖中间横梁以及地板横梁等关键部件构成。B 环是抵抗侧面碰撞最重要的一个结构环，其核心部件为 B 柱。受限于汽车造型以及车门铰链的安装要求，B 柱截面往往在车门上铰链部位出现型面突变问题，严重影响 B 柱的抗弯刚度。在设计 B 柱时应尽量降低因布置车门铰链带来的型面突变，可采用适当调整车门铰链位置以及增大此处 B 柱内板 Y 向尺寸的方式来增大此处的 B 柱截面，如图 3-55b 所示。

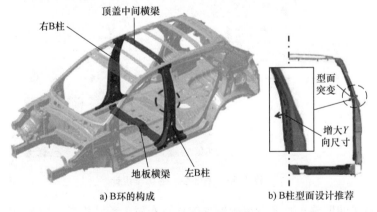

图 3-55　B 环结构示意图

4) C 环的概念设计。如图 3-56a 所示，C 环由左/右 C 柱加强板、顶盖中间横梁、左/右后轮包加强板、后地板横梁等关键部件构成。C 环主要影响车身的扭转刚度，除要保证 C

环结构连续性的基本要求外，在设计 C 环时要特别注意 C 环的核心部件后地板横梁的高度 H_Z、后轮包加强板的截面高度 H_Y，以及连接板的形式，如图 3-56b 所示。根据经验，建议如下：

① 后地板横梁的高度 $H_Z \geqslant 10\mathrm{mm}$。

② 后轮包加强板的截面高度 $H_Y \geqslant 15\mathrm{mm}$，某些高端车型甚至将后轮包加强板设计为铝合金铸造件。

③ 连接板尽量避免采用直角设计，可适当设计三角过渡面，同时在结构允许的前提下可设计隔断支架。

注：上述数值为行业一般通用数值，各主机厂根据车型的结构设计要求可能稍有不同。

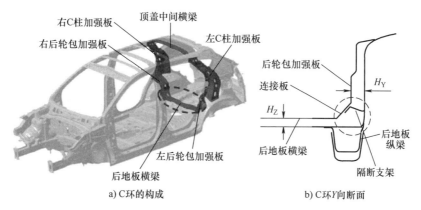

图 3-56 C 环结构示意图

5）D 环的概念设计。如图 3-57a 所示，D 环主要由左/右 D 柱、顶盖后横梁以及后围等关键部件构成。D 环与 C 环一样，对车身的扭转刚度影响较大。根据车身扭转刚度"方盒"简化模型分析结论，结合弹簧串联系统理论可知，D 环的面内剪切刚度最弱，是提升车身扭转刚度首先要优化的环状结构。对于 D 环而言，其面内剪切刚度主要取决于 D 柱上、下四个铰接接头绕 X 向的刚度之和，因此，D 环设计除保证 D 环结构连续性的基本要求外，还要提升 D 柱上、下四个铰接接头的刚度设计（将在后续章节中介绍），同时在 D 环的载荷传递路径中增加空腔隔断支架设计，如图 3-57b 所示。

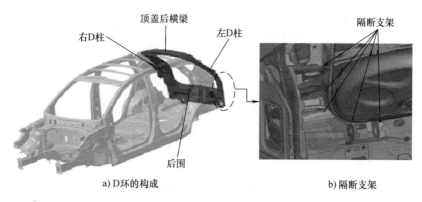

图 3-57 D 环结构示意图

6）门环的概念设计。如图 3-58a 所示，门环主要由下 A 柱、上 A 柱、B 柱、C 柱、门槛、侧围上框等关键部件构成。门环对于车身侧面碰撞性能、正面碰撞性能、顶压性能、扭转刚度、弯曲刚度等性能都有较大的影响，因此，门环是车身框架中最重要的结构环。门环的设计要重点关注以下几点：

① 采用封闭截面的连续空腔结构。近年来，由于 25% 正面偏置碰撞法规的逐步施行，热成形门环方案被越来越多汽车企业所青睐。如图 3-59 所示，本田汽车公司在 2018 年发布的本田阿库拉 RDX 车型上使用内、外双热成形门环技术，确保门环的连续性以及过渡的平顺性。

② 构成门环的铰接接头以及载荷传递路径的截面设计（将在后续章节中详细介绍）。

③ 在载荷传递路径上设计空腔隔断支架，如图 3-58b 所示。

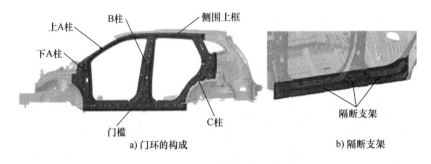

图 3-58 门环结构示意

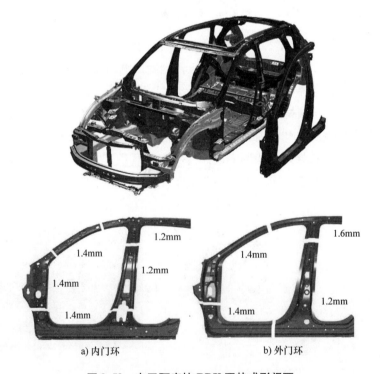

图 3-59 本田阿库拉 RDX 双热成形门环

5. 车身断面的概念设计与轻量化

如前所述，车身工程师在可行性分析阶段建立的宏观断面侧重宏观工程的实现，未深入探讨断面性能的精益化及轻量化。传统的断面性能设计一般会根据标杆车（或数据库）进行最大化设计，这样会给后期的车身性能目标、轻量化目标达成带来较大的困难。车身断面的概念设计是基于在可行性分析过程中建立的宏观断面，选取位于车身框架上的主体断面进行断面性能评估、优化，获得满足车身性能要求的最轻量化断面的优化设计的过程。因此，在确定了车身框架后，开展车身断面的概念设计工作显得意义重大。

（1）车身断面概念设计的一般流程 车身断面概念设计的一般流程为：首先在车身宏观断面中选取车身主体断面（一般分与刚度性能相关和与碰撞性能相关两大类），然后进行断面性能计算、评估，最后基于性能相关性进行最轻量化断面优化设计并输出，具体如图 3-60 所示。

（2）车身断面参数及其与车身性能的关系 车身断面参数可分为几何参数和性能参数两大类，其中：几何参数有断面面积（A），惯性矩（I_y、I_z），扭转常数（J）等；强度参数有弯矩（M_y、M_z）和断面静压溃力（P_{Max}、P_M）两种。

1）车身断面参数介绍

① 断面面积（A）：

$$A = \int_A dA$$

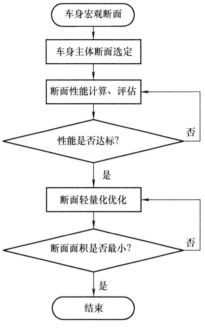

图 3-60 车身断面的概念设计一般流程

A 是断面的最基本参数，指的是有材料部分的面积，表征了断面的重量，与车身结构的弯扭刚度、耐撞性均有关。通常情况下，在断面各项性能满足要求或富余的情况，通过优化断面面积 A，获得轻量化断面。

② 惯性矩（I_y、I_z）：如图 3-61 所示，惯性矩分为断面绕 y 轴惯性矩（I_y）和绕 z 轴惯性矩（I_z）两个参数，

$$I_y = \int_A z^2 dA$$

I_y 和截面绕 y 轴弯曲刚度成正比，如能保证薄壁的稳定性，I_y 和截面绕 y 轴弯曲强度也成正比，优化设计时一般考虑把 I_y 最大化。

$$I_z = \int_A y^2 dA$$

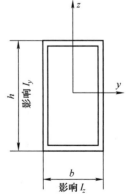

图 3-61 惯性矩示意图

I_z 和截面绕 z 轴弯曲刚度成正比，如能保证薄壁的稳定性，I_z 和截面绕 z 轴弯曲强度也成正比，优化设计一般考虑把 I_z 最大化。

③ 扭转常数（J）：车身断面一般分为开口断面和闭口断面两种，这两种断面的扭转常数计算公式如下

$$J_{open} = \frac{1}{3} \sum s_i^3 t_i^3 \tag{3-18}$$

式中，J_{open}是开口断面扭转常数；t_i是开口断面上某一段厚度；S_i为开口断面上某一段厚度t_i的长度，如图3-62a所示。

$$J_{close} = \frac{4A_m^2}{\int \frac{ds}{t}} = \frac{4A_m^2 t}{s} \tag{3-19}$$

式中，J_{close}是闭口断面扭转常数；A_m是断面外轮廓围成的面积；t是断面的厚度，s为断面中厚度t的长度，如图3-62b所示。

J和截面扭转刚度成正比，如能保证薄壁的稳定性，J和截面扭转强度也成正比，结构优化设计一般考虑把J最大化。

④ 断面静压溃力（P_{Max}、P_M）：断面静

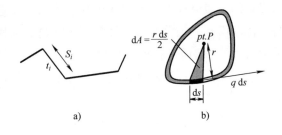

图3-62 扭转常数示意图

压溃力是评价断面轴向承载能力的参数，主要包括断面的最大静压溃力（P_{Max}），和平均静压溃力（P_M）两个参数。最大静压溃力（P_{Max}），即考虑了材料破坏和薄壁板失稳的影响。P_{Max}代表断面的轴向强度，是在汽车前纵梁碰撞安全设计中的一个主要参数。断面平均静压溃力（P_M），考虑梁初始破坏后峰值力减弱的因素。P_M代表梁的初始破坏后平均轴向强度，也是梁在轴向压溃中的吸能能量，是在汽车前纵梁碰撞安全设计中最主要的参数。

汽车正面/后面碰撞结构优化设计一般考虑把P_M最大化，如发舱纵梁（前部）、后地板纵梁（后部）等；在侧面碰撞优化设计时，一般考虑把P_{Max}最大化。

在车身的概念设计阶段，这两个力通常通过试验或者仿真分析获得。图3-63为方形断面梁轴向承载示意图，方形断面的厚度为t，边长为b。

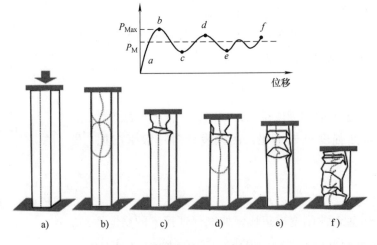

图3-63 方形断面梁轴向承载示意图

如图3-64所示,根据SAE International对方形断面轴向碰撞的研究成果,方形断面的最大压溃力P_{Max}和平均静压溃力P_M等参数存在以下关系:

$$P_M = 386t^{1.86}b^{0.14}\sigma_Y^{0.57}; \quad P_{Max} = 2.87P_M; \quad P_1 = 1.42P_M; \quad P_2 = 0.57P_M$$

式中,t为断面的厚度;b为方形断面的边长;σ_Y为断面材料的屈服强度。

⑤ 弯矩(M_y、M_z):

a. $M_{MAXy}+$:截面正向绕y轴(右手法则)最大静压溃弯矩,即考虑了材料破坏和薄壁板失稳的影响。$M_{MAXy}+$代表截面的轴向强度,在汽车前纵梁和B柱碰撞安全设计中是一个主要参数。汽车结构碰撞优化设计一般考虑把$M_{MAXy}+$最大化。

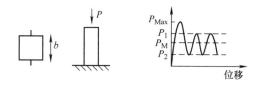

图3-64 方形断面梁轴向碰撞压溃示意图

b. $M_{MAXy}-$:截面负向绕y轴(右手法则)最大静压溃弯矩,即考虑了材料破坏和薄壁板失稳的影响。汽车结构碰撞优化设计一般考虑把$M_{MAXy}-$最大化。

c. $M_{MAXz}+$:截面正向绕z轴(右手法则)最大静压溃弯矩,即考虑了材料破坏和薄壁板失稳的影响。$M_{MAXz}+$代表截面的轴向强度,是汽车前纵梁和B柱碰撞安全设计中的一个主要参数。汽车结构碰撞优化设计一般考虑把$M_{MAXz}+$最大化。

d. $M_{MAXz}-$:截面负向绕z轴(右手法则)最大静压溃弯矩,即考虑了材料破坏和薄壁板失稳的影响。汽车结构碰撞优化设计一般考虑把$M_{MAXz}-$最大化。

2)车身断面参数与车身性能关系。前面提到车身框架结构是由众多结构环构成,结构环则由薄壁梁和铰接接头构成,同时铰接接头还将众多结构环连接成一个空间框架结构。车身断面是薄壁梁的一个重要结构参数,车身断面的几何参数主要用来衡量梁结构的刚度,而梁结构的刚度是车身NVH性能和耐久性能的基础;车身断面强度参数主要用来衡量梁结构的承载能力,是车身结构碰撞性能的基础。

薄壁梁的破坏形式主要有两种:一种为材料破坏,即最大应力超出允许应力导致材料屈服;另一种为梁失去稳定,即整体或局部失稳。整体失稳是由于梁细长而横向支撑不足产生弯曲,局部失稳是由于某薄壁在到达最大应力前失去稳定而造成整个截面破坏。汽车结构中的梁长度相对较短,整体失稳现象不常见,破坏大多源于薄壁梁的局部失稳。

如发生正面碰撞时,车身前部结构主要用来抵抗碰撞,确保乘员舱内乘员的安全性,因此,在前部结构中主要考虑轴向压溃力。图3-65为正面碰撞时车身前部压溃力示意图。P_{MAX}是指第一次压溃力,而P_M指第一次压溃后平均承载力,也是衡量能量消耗的重要指标。车身侧面结构主要用来抵抗侧面碰撞,所以设计A柱和B柱时最大静压溃弯矩M_{MAXy}和M_{MAXz}尤为重要。

(3)车身断面轻量化优化设计

1)车身断面轻量化优化途径。车身轻量化就是在保证结构碰撞安全性和NVH耐久性的前提下尽量减轻自身重量,从而提高汽车的动力性,减少燃油消耗,降低排气污染。截面优化设计就是在保证最大轴向压溃力、最大弯矩和几何弯曲扭转惯性矩的前提下,尽量减小

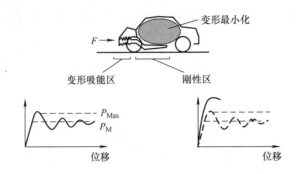

图 3-65 正面碰撞时车身前部压溃力示意图

截面面积。通过对车身断面参数以及车身弯扭工况、碰撞工况的分析，得出车身断面参数与车身刚度和耐撞性的关系见表 3-19。

表 3-19 车身断面优化途径

参数	优化目标	效果	推荐方案
断面面积（A）	减小	轻量化	减小材料厚度、断面尺寸，使用高强度/轻质材料
惯性矩（I_y、I_z）	增大	刚度提升	增大断面尺寸，将材料尽量远离形心
扭转常数（J）	增大	刚度提升	采用闭口断面形式
断面静压溃力（P_{Max}、P_M）	增大	耐撞性提升	增加材料厚度，减小断面尺寸，增加传力"角"，增加加强部件
弯矩（M_y、M_z）	增大	耐撞性提升	增加材料厚度，增加传力"角"，在弯曲部位增加加强板部件

2）典型设计实例介绍。

① 对于以压溃性能为主的车身断面。根据美国钢铁协会研究结论：以发舱纵梁断面为例，为获得最大的断面静压溃力，需要重点对发舱纵梁断面的焊接翻边布置和主体断面形式两个方面进行优化设计。如图 3-66 所示，在相同的主体断面情况下，焊接翻边布置在主体断面的中间位置的断面静压溃力最大；如图 3-67 所示，在相同焊接翻边布置位置，主断面的传力"角"越多，断面静压溃力越大。因此，建议在结构允许的条件下，尽量将焊接翻边布置在主体断面的中间位置，并尽量增加断面的传力"角"，如采用六边形、八边形的断面形式。

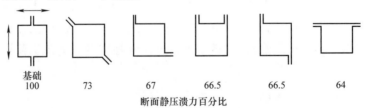

图 3-66 焊接翻边位置对断面静压溃力的影响
（图片来源：美国钢铁协会，Automotive Steel Design Manual）

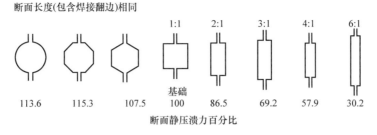

图 3-67 断面形式对断面静压溃力的影响

（图片来源：美国钢铁协会，Automotive Steel Design Manual）

此外，在车身断面中增加加强板、增加凹筋、增大断面尺寸等也能显著提升断面静压溃力，如图 3-68 所示。

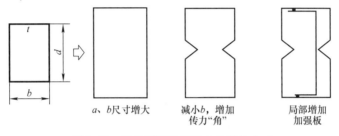

图 3-68 提升断面静压溃力的其他方式

② 对于以刚度为主的车身断面。对于车身薄壁梁，其主要功能是为车身提供弯曲刚度、扭转刚度性能。在确保性能目标达成的前提下，可以通过在车身断面中原有板件的型面上增加加强筋、斜面、翻边、凸台面等方式来减小板件的尺寸，如图 3-69 所示；也可以在车身断面中的原有板件的型面上设计减重孔来实现轻量化，但要特别注意孔的位置、孔的尺寸，以及孔的形式。根据经验，建议孔的位置尽量设计在板件的中间位置，孔的直径尽量在板件尺寸的 1/3 以下，孔的形式优选翻边沉台孔，如图 3-70 所示。

6. 车身铰接点的概念设计与轻量化

车身铰接点的概念设计是在车身框架概念设计后与车身断面的概念设计同步开始的，主要完成车身关键铰接点的结构概念设计，如 A 柱上部、A 柱下部、B 柱上部、B 柱下部、D 柱上部等；同时还要完成构成车身框架的其他结构环的接头结构概念设计，为后续的车身详细结构设计奠定基础。

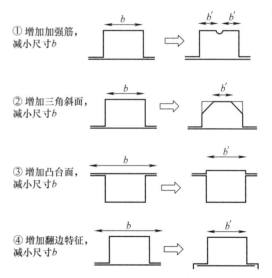

图 3-69 车身断面轻量化举例

（1）车身关键铰接点及其概念设计流程介绍

1）车身关键铰接点介绍。车身上的关键铰接点指的是构成乘员舱的铰接点，这些铰接点性能会直接影响车身的主体性能。

如图 3-71 所示，车身上的关键铰接点共计 18 个，具体为：A 柱区域单侧有 A 柱上部铰接点、A 柱中部铰接点、A 柱下部铰接点 3 个铰接点，左右共计 6 个；B 柱区域单侧有 B 柱上部铰接点、B 柱下部铰接点 2 个铰接点，左右共计 4 个；C 柱区域单侧有 C 柱上部铰接点、C 柱下部铰接点两个铰接点，左右共计 4 个；D 柱区域单侧有 D 柱上部铰接点、D 柱下部铰接点两个铰接点，左右共计 4 个。

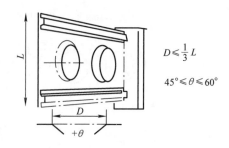

图 3-70　车身断面孔的推荐设计

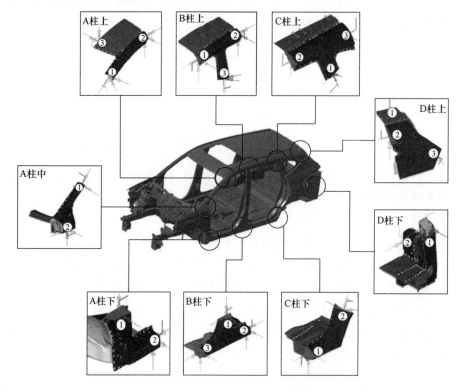

图 3-71　车身上的关键铰接点示意图

由图 3-71 可以看出，车身上的关键铰接点处于车身框架结构中的 A 环、B 环、C 环、D 环以及门环的接头部位。除去车身上的关键铰接点，在设计车身铰接点结构时还要关注车身上其他结构环的接头设计，如下车身框架中横梁与纵梁的搭接接头等。

车身铰接点结构体现了车身接头部位的详细结构，包括构成铰接点的零部件、零部件的搭接信息、连接信息等。铰接点的结构较为复杂，图 3-72 为某车型的 B 柱下部铰接点，该铰接点由 15 个结构件组成，有 5 种厚度。

2）车身铰接点概念设计流程。车身铰接点的概念设计流程与车身断面的概念设计流程基本一致，具体为：首先确定车身上关键铰接点进行铰接点初步结构设计，然后进行铰接点性能分析及优化，最后进行铰接点轻量化评价及优化设计并输出，具体设计流程如图 3-73

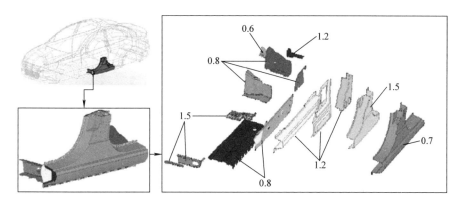

图 3-72 某车型的 B 柱下部铰接点示意图

所示。

（2）车身铰接点评价指标　车身铰接点的性能评价指标为接头刚度，接头刚度主要包括面内弯曲刚度和面外弯曲刚度，两种类型的刚度对车身的弯曲和扭转刚度具有重要影响。以 B 柱下部铰接点为例（图 3-74）：面内弯曲刚度指的是 B 柱的弯曲发生在 B 柱与门槛梁构成的平面内，面内弯曲刚度主要与车身的弯曲刚度有关；面外弯曲刚度指的是 B 柱的弯曲发生在垂直于 B 柱与门槛梁构成平面内，面外弯曲刚度主要与车身的扭转刚度有关。

以某车型的 B 柱上、下铰接点为例，建立开发车型以及标杆车型的 B 柱上、下铰接点有限元模型，如图 3-75 所示。依次对铰接点的一个接头施加三个方向的力，约束剩余接头，计算接头的弯曲刚度、扭转刚度。B 柱上、下铰接点的接头刚度分析值见表 3-20。

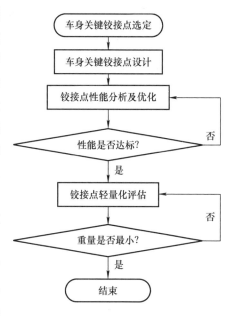

图 3-73 车身铰接点的概念设计流程

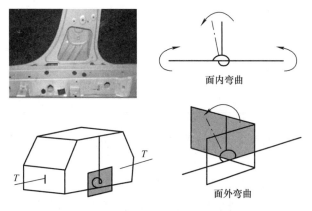

图 3-74 面内弯曲刚度与面外弯曲刚度示意图

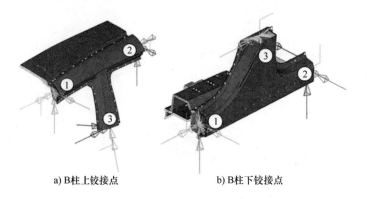

a) B柱上铰接点　　　　　　　b) B柱下铰接点

图 3-75　某车型 B 柱上、下铰接点有限元模型

表 3-20　某车型 B 柱上、下铰接点的接头刚度与标杆车型对比表

名称	位置	工况	标杆车型		开发车型	
			弯曲刚度 /[N·m/(°)]	扭转刚度 /[N·m/(°)]	弯曲刚度 /[N·m/(°)]	扭转刚度 /[N·m/(°)]
B柱上铰接点	1	扭转		586		507
		内外弯曲	3794		2861	
		上下弯曲	3713		3173	
	2	扭转		649		674
		内外弯曲	4475		2909	
		上下弯曲	3636		3173	
	3	扭转		205		481
		内外弯曲	63		74	
		前后弯曲	1039		2909	
B柱下铰接点	1	扭转		7588		10267
		内外弯曲	13426		17453	
		上下弯曲	21817		34907	
	2	扭转		3422		4475
		内外弯曲	14544		14544	
		上下弯曲	17453		24933	
	3	扭转		1662		3967
		内外弯曲	331		975	
		前后弯曲	17453		21817	

由表 3-20 中数据可以看出，开发车型的 B 柱下铰接点的 3 个接头性能均优于标杆车型，但 B 柱上铰接点的 1 号、2 号接头性能弱于标杆车型，需要对 1 号、2 号接头进行加强设计。

(3) 车身铰接点结构设计方法　车身铰接点结构设计的主要内容为：构成铰接点的结构件设计，包括结构型面设计、外廓尺寸设计、材料设计、厚度设计以及孔的设计等；结构件的搭接设计，包括搭接关系（焊接顺序）、搭接形式、搭接宽度等设计；连接设计，包括连接方式选择、连接点布置等设计。此外，在进行铰接点设计时还要考虑车身上的开闭件、内外饰件、电器、底盘等的安装边界、总布置的人机尺寸，以及运动部件的运动空间包络等。

1）提升面内弯曲刚度的途径。图3-76给出了三种提升"T"形铰接点面内弯曲刚度的方法：第一种为在容易发生屈服变形的面上增加一层加强板，该方法相对原始状态的面内弯曲刚度提升了90%，如图3-76a所示；第二种为将"T"形铰接点的两个直角过渡部位改为圆角过渡，起到优化载荷传递的效果，该方法相对原始状态的面内弯曲刚度提升了110%，如图3-76b所示；第三种方法为在"T"形铰接点的横梁内部设计与立柱对应的剪切面，增加一条载荷传递路径，该方法相对原始状态的面内弯曲刚度提升了80%，如图3-76c所示。

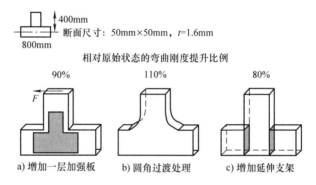

图3-76 三种提升"T"形铰接点面内弯曲刚度的方法

此外，铰接点的平直化搭接设计也可以显著提升面内弯曲刚度。如图3-77所示，本田汽车公司在阿库拉RDX车型上的A柱下部铰接点和B柱下部铰接点处采用平直化设计，获得了更加平顺的铰接接头，显著提升了铰接点的面内弯曲刚度。

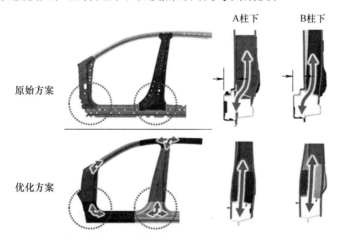

图3-77 本田阿库拉RDX铰接点平直化设计案例

2）提升面外弯曲刚度的途径。图3-78给出了几种提升"L"形铰接点的面外弯曲刚度的方法，其主要做法是通过增加延伸支架，增加载荷的传递路径，进而提升面外弯曲刚度。

3）提升铰接点刚度的其他方法。除了优化铰接点结构外，还可以通过优化铰接点连接

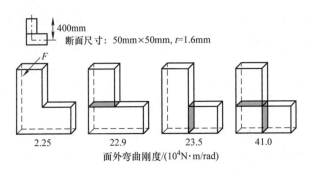

图 3-78 提升面外弯曲刚度的示例

（主要为优化焊点布置位置、增加焊点等）、增加结构胶等方式提升铰接点刚度。

(4) 车身铰接点优化实例　下面将针对 A 柱下部、B 柱下部、C 柱下部以及 D 柱上部铰接点设计进行实例介绍。

1) A 柱下部、B 柱下部铰接点设计实例。图 3-79 为某车型的 A 柱下部铰接点结构，为提升 A 柱下部铰接点的面内弯曲刚度，A 柱内板平直向下延伸至门槛下端；为提升内外弯曲刚度，在门槛空腔中设计隔断支架。

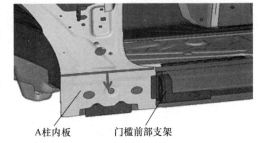

图 3-79　某车型 A 柱下部铰接点设计实例

图 3-80 为标致 3008 车型的 B 柱下部铰接点结构，同样采用了 B 柱内板向下延伸至门槛下部，并集成了门槛空腔隔断支架结构，极大提升了 B 柱下部铰接点的面内弯曲刚度和面外弯曲刚度，尤其是门槛空腔隔断支架大大提升了车身的侧面碰撞性能。

2) C 柱下部铰接点。图 3-81 为沃尔沃 XC60 车型的 C 柱下部铰接点结构，从 XC90 车型单 C 环改为双 C 环，并加强了轮包加强板与后地板横梁和后地板纵梁的搭接，大幅提升了 C 柱下部铰接点的刚度。

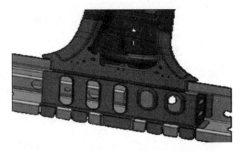

图 3-80　标致 3008 B 柱下部铰接点结构
（图片来源：ECB 2016）

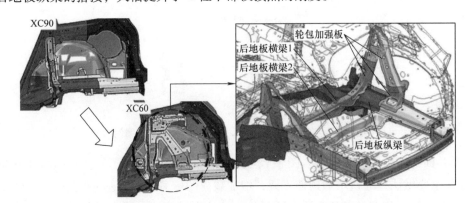

图 3-81　沃尔沃 XC60 C 柱下部铰接点结构（图片来源：ECB 2016）

由于C柱下部铰接点涉及后悬架的安装，同时在此区域的后地板上还布置了两排座椅，所以C柱下部铰接点的刚度要求较高，其对整个白车身NVH性能影响也较大。因此，C柱下部铰接点设计越来越受到车身设计工程师的关注。如图3-82所示为四种C柱下部铰接点处后轮包支架和后地板横梁的设计优化方案。第一种类型刚度最差，没有任何支撑，在MPV车型中较为常见；第二种类型进行了加强，但是Y向尺寸偏小，所以刚度增加幅度在500N·m/(°)左右，在MPV车型中也比较常见；第三种类型对Y向尺寸进行了加强，直接与地板搭接，刚度增幅在1000N·m/(°)左右；第四种类型在第三种类型的基础上增加了横梁，抬高了接头的高度，刚度增幅能达到1500N·m/(°)左右。

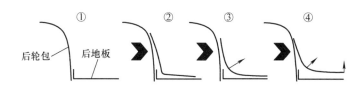

图3-82 后轮包支架及后地板横梁优化方案

3）D柱上部铰接点。图3-83所示为某车型D柱上部铰接点的结构，其优化的方向为改变搭接形式，增加D柱上加强板的搭接长度，使其搭接位置尽可能远离接头拐角处。

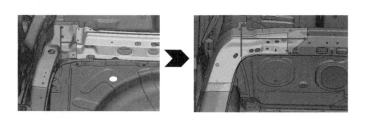

图3-83 某车型D柱上部铰接点的结构

7. 车身关键结构件的概念设计

在车身框架的概念设计阶段，还要关注车身框架中影响车身整体性能（安全性、可靠性）、重量、成本的一类零部件的设计。这类零部件在车身概念设计阶段要进行主体结构和成本设计，为后续的车身结构详细设计、车身性能、轻量化目标以及成本目标的达成奠定基础。

（1）车身关键结构件的定义　车身的结构设计要满足国家标准要求，如碰撞法规、安全带固定、牵引装置等。将车身框架中与安全、法规和可靠性相关的零部件定义为关键结构件。

1）与正面碰撞相关的关键结构件。如图3-84所示，下车身梁结构是车身上最主要碰撞能量传递路径。100%的正面碰撞能量由发舱前纵梁向乘员舱地板下纵梁、中央通道边梁、门槛内板进行分散；40%的正面偏置碰撞，部分能量通过前防撞梁、前围下横梁向右侧传递。与正面碰撞相关的关键结构件为正面碰撞能量传递路径上的梁类件，具体见表3-21。

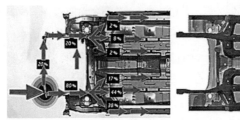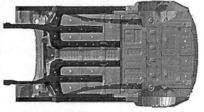

图 3-84　正面碰撞能量传递路径

表 3-21　正面碰撞关键结构件列表

部位	类别	名称	图示
下车身	骨架件	发舱左/右前纵梁 发舱左/右后纵梁后段 发舱左/右前纵梁封板 中央通道左/右边梁后段 前围下横梁 左/右门槛内板 发舱左/右后纵梁 中央通道左/右边梁	
	加强板及连接板	前轮包后部左/右下连接板 发舱左/右后纵梁加强板 中央通道左/右连接板 前围下横梁左/右连接板 前围中央通道加强板 发舱左/右纵梁加强板	
上车身	骨架件	发舱上边梁左/右内板 左/右A柱内板 发舱上边梁左/右外板 左/右A柱上内板 左/右A柱外板加强板 左/右A柱上部加强板 左/右B柱上部加强板	
	加强板及连接板	左/右前门上铰链加强板 左/右前门下铰链加强板 前围侧围左/右连接板 左/右侧围A柱支架	

2) 与侧面碰撞相关的关键结构件。如图 3-85 所示，侧面碰撞的碰撞能量主要从 B 柱下侧由门槛向下车体车架地板横梁区域传递，部分碰撞能量从 B 柱上侧由 B 柱上边梁向顶盖横梁区域传递。与侧面碰撞相关的关键结构件为侧面碰撞能量传递路径上的梁类件，具体见表 3-22。

3) 与后面碰撞相关的关键结构件。如图 3-86 所示，后面碰撞能量主要由后防撞梁通过车体后纵梁传递到座舱后地板区域，其关键结构件见表 3-23。

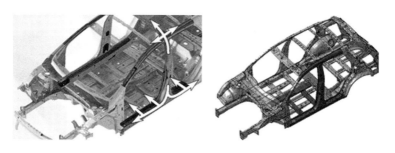

图 3-85　侧面碰撞能量传递路径

表 3-22　侧面碰撞关键结构件列表

部位	类别	名称	图示
下车身	骨架件	左/右门槛内板 顶盖中横梁 左/右门槛外板加强板 顶盖前横梁 左/右前座椅前横梁 左/右门槛外板加强板后段 左/右前座椅后横梁 左/右门槛内板后段 中地板下横梁	
	加强板及连接板	侧围门槛支撑板	
上车身	骨架件	左/右 B 柱内板 左/右 B 柱外板加强板 左/右 B 柱外板加强板 左/右侧围 B 柱上内板 左/右侧围 B 柱上内加强板	

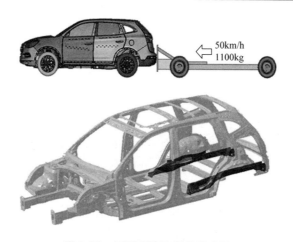

图 3-86　后面碰撞能量传递路径

表 3-23　下车体后面碰撞关键结构件列表

类别	名称	图示
骨架件	左/右后纵梁	
加强板及连接板	左/右后纵梁加强板 左/右后纵梁连接板	

4）与顶压相关的关键结构件。按照 GB 26134—2010《乘用车顶部抗压强度》的要求，车顶前部的下表面移动量不应超过 127mm。根据试验要求，与顶压相关的关键结构件见表 3-24。

表 3-24　上车体与顶压相关的关键结构件列表

类别	名称	图示
B 柱	左、右侧围 B 柱上加强板	
	左、右侧围 B 柱加强板	
顶盖	左、右顶盖前横梁	
	左、右顶盖中横梁（天窗加强框）	
	左、右顶盖后横梁	
侧围上框	左、右上 A 柱加强板	
	左、右上 A 柱内板	
	左、右 B 柱上内板	

5）与安全带固定点以及拖车结构相关的关键结构件。GB 14167—2013《汽车安全带安装固定点、ISOFIX 固定点系统及上拉带固定点》中要求座椅和安全带安装点需要保证一定的强度，主要为座椅安装横梁、后地板上横梁等件，其结构较为统一，在此不做赘述。

GB 32087—2015《轻型汽车牵引装置》规定了最大允许总质量≤3.5t 的 M 类车辆和 N1 类车辆的拖车结构的强度要求。车身上的拖车结构布置在车身的前部和后部，结构形式较为统一，在此也不做赘述。

（2）车身关键结构件的概念设计　车身关键结构件的概念设计是在主体型面基础上进行影响车身安全性能、NVH 等关键特征设计。在前面的章节中已经对车身关键结构件的主体型面设计进行了介绍，这里仅对关键结构件的关键特征设计进行阐述。

1）提升轴向压溃变形稳定性的关键特征设计。对于车身上的碰撞吸能部件，在碰撞过程中主要通过变形来吸收碰撞能量，典型部件有发舱纵梁、后地板纵梁等，其断面普遍为封闭梁结构。变形模式有褶皱变形和弯曲变形两种（图 3-87），其中：褶皱变形模式的能量吸收效果较好，弯曲变形模式的能量吸收效果较差。

如图 3-88 所示，在梁上增加横向弱化加强筋，在截面受到轴向压溃时，会降低初始力峰值（图3-89），不影响后端的平均承载力，从而提升压溃变形稳定性。如发舱纵梁前端的横向筋，在正面碰撞时，诱导纵梁前端出现褶皱变形，提升纵梁前端的变形一致性。

2）提升轴向压溃力的关键特征设计。前面提到在传力梁的断面周长和板厚一定的条件下，不同的断面形状平均轴向压溃力大小不同，其大小主要与断面中传力角的数量有关，角数量越多，轴向压溃力越大。梁上增加加强筋，可增加角的数量和截面的轴向压溃力，如图3-90所示。

a) 褶皱变形

b) 弯曲变形

图3-87 变形模式示意图

a) 原始方案

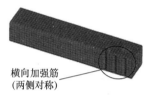
横向加强筋
（两侧对称）
b) 加强筋方案

图3-88 横向加强筋方案示意图

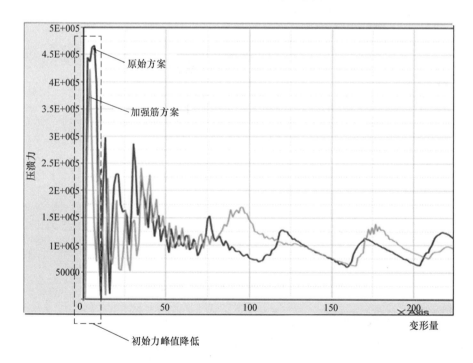

图3-89 梁碰撞力与变形量曲线

实际上，受限于车身上的安装件，如动力总成、悬架等的限制，车身上的传力梁很难做到图3-90所示的多个传力角断面形式。通常的做法是在传力梁的面上设计凸/凹形状的传力筋，如在发舱纵梁增加轴向加强筋，可提升纵梁的轴向压溃力，同等变形量下吸收更多的能

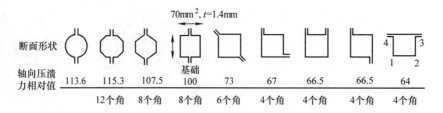

图 3-90　不同断面形状的轴向压溃力对比

量,如图 3-91 所示。

研究表明,加强筋的形式、尺寸、数量等都会影响梁的变形模式。如图 3-92 所示,设定梁的截面为 90mm×100mm,长度为 300mm。分别分析无加强筋、7mm 高的凹筋和凸筋、20mm 高的凸筋轴向压溃时吸能量的大小。其中,7mm 高的凹筋和凸筋吸能量相同,比无加强筋增加 8%,高度为 20mm 加强筋吸能量可提升 33.5%。由此可知,梁吸收能量的大小除了与传力角的数量有关,还与加强筋的高度有关,加强筋越高,吸能量越大。

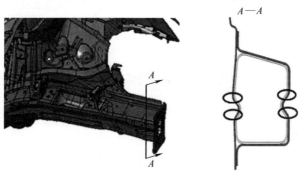

图 3-91　发舱纵梁增加传力角的案例

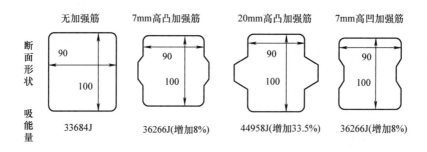

图 3-92　不同加强筋形式下的吸能量对比

3) 提升最大弯曲载荷的关键特征设计。如图 3-93 所示,梁在受到弯曲载荷时,受压平面易发生弹性失稳,此时的应力称之为临界屈服应力(σ_{CR})。当$\sigma_{CR} < \sigma_S$时,即零部件的临界屈服应力小于其材料屈服强度(σ_S)的情况下发生变形,此时弯曲载荷较小,如图 3-93 的M_1。由图 3-93 所示的公式可知,临界屈服应力(σ_{CR})与尺寸(b)、材料厚度(t)有关,在材料厚度不变的情况下,通过增加加强筋,可减小尺寸(b),提高临界屈服应力(σ_{CR}),使$\sigma_{CR} \geq \sigma_S$,从而提升零部件的弯曲载荷,如图 3-93 的$M_2$。

图 3-94 所示为某车型的 B 柱结构，在侧面碰撞过程中，B 柱的断面尺寸自下而上逐步减小。在车门安装铰链之后，B 柱的断面已经变得很小，如图 3-94 所示的 $A-A$ 断面，在侧面碰撞中，此处很容易发生弯折，但此处对应着车内乘员的胸部以上部位，从碰撞安全角度而言，此处的设计不允许发生碰撞弯折。因此，车身设计工程师往往会在此处增加一个补强板，但这种方式不利于车身的轻量化。根据零部件的临界屈服应力理论，可以在 B 柱内板和 B 柱加强板上设计远离形心的加强筋。

这样意味着通过合理的结构设计，当零部件的临界屈服应力（σ_{CR}）高于零部件的材料屈服强度（σ_S）时，可以通过减小零部件的尺寸或者降低材料厚度来实现零部件的轻量化。

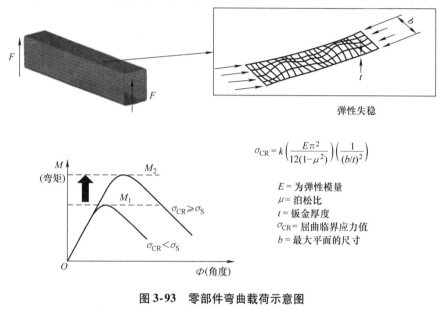

图 3-93 零部件弯曲载荷示意图

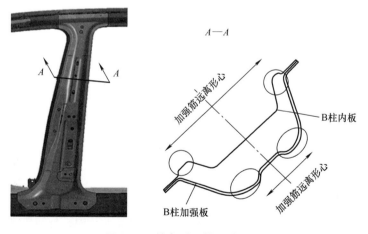

图 3-94 某车型 B 柱设计实例

4）提升弯曲刚度的关键特征设计。如图 3-95 所示，设定断面为 90mm×100mm，长度为 500mm，分别分析无加强筋、侧面增加 7mm 高的凹筋和凸筋、上下增加 7mm 高的凸筋和凸筋的弯曲刚度。由分析结果可知，侧面增加加强筋对弯曲刚度无影响，上下表面增加凸筋可以提升弯曲刚度，增加凹筋则降低弯曲刚度，因此，建议车身上的刚度相关部件在结构允许的前提下增加与载荷垂直方向的凸筋。

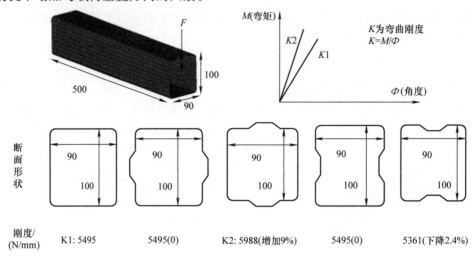

图3-95　不同断面形状下的弯曲刚度对比

3.3.2　车身覆盖件的概念设计与轻量化

车身覆盖件指的是车身上除去车身框架件以外的一类零部件，这类零部件通常具备厚度薄、尺寸大、形状复杂等特点，如侧围外板、翼子板、顶盖外板、前围板、前地板、后地板等。一般，将车身覆盖件分为外覆盖件和内蒙皮件两大类，外覆盖件指的是处于车身外部可见区域的零部件，有侧围外板、翼子板、顶盖外板等；内蒙皮件指的是处于车身内部不可见区域的零部件，有前围板、前地板、后地板、流水槽、前轮包、后轮包等。

1. 深拉延件定义

车身覆盖件的成形工艺一般采用拉延成形，部分零部件需要采用深拉延成形，如侧围外板、翼子板、前围板、前轮包、后轮包等，如图3-96所示。这类零部件的成形难度大，且对外观品质有较高的要求，需要使用伸长率比较高的板材，给车身制造成本带来很大的挑战。因此，在车身结构概念设计阶段，需要对深拉延成形的车身覆盖件（简称深拉延件）进行概念结构设计，确保其具备良好的成形性。

深拉延件主要指的是车身上的大型薄板冲压件，其厚度一般在0.6~1.0mm，普遍采用具备深冲性能的低碳钢汽车板，如DC04、DC05、DC06等。

2. 深拉延件的概念设计

由上可知，深拉延件分为外覆盖件和内蒙皮件两大类，其中，外覆盖件的结构形状与造型强相关，其自身面刚度和局部模态主要由造型决定，在面刚度不足的部位可以设计增强垫，也可在内部设计支撑支架（配合膨胀胶）提升其面刚度，如图3-97所示。

对于内蒙皮件，则重点通过与性能相关的关键特征设计，提升其面刚度和局部模态性能。内蒙皮件可以通过在大平面上增加加强筋、减小大平面的方式，提升刚度和局部模态，

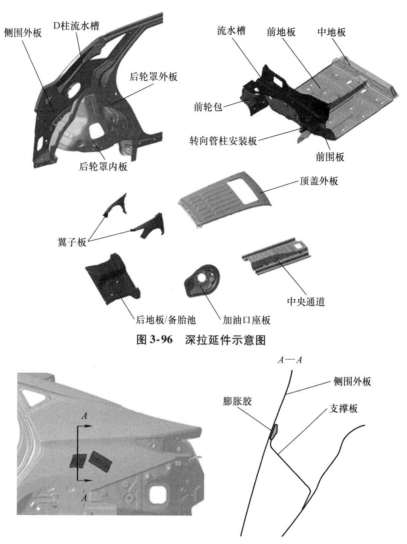

图 3-96　深拉延件示意图

图 3-97　侧围外板内增加支撑支架提升面刚度的实例

进而使车身上的前围板、地板等的局部模态与声腔模态、发动机等激励避开，降低噪声。

图 3-98 为相同大小的平面（300mm×300mm）上增加两种形式加强筋的案例。由分析结果可以看出，一阶模态的频率提升非常明显，其中，长条形频率提升 270%，弧面频率提升 740%，建议在条件允许的情况下首先考虑弧面设计。

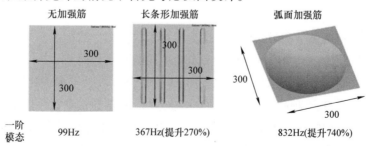

图 3-98　不同形式加强筋对一阶模态的影响

3.4 车身参数化模型的建立和性能优化设计

3.4.1 车身参数化模型的建立和性能分析

在概念设计阶段,要基于前期设计优化筛选的车身框架、断面、接头和关键部件的概念设计方案和数据,并结合新车型造型快速构建车身隐式参数化模型,自动生成性能分析模型,从而有效、快速地验证各个方案的有效性,如图 3-99 所示。

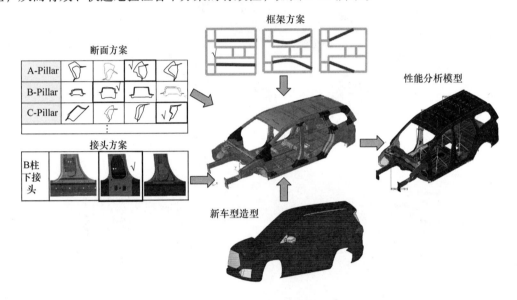

图 3-99 车身隐式参数化模型构建过程

1. 隐式参数化模型特点

参数化设计可以通过改动图形某一部分或某几部分的尺寸自动完成对图形中相关部分的改动,从而实现尺寸对图形的驱动。单个模型的几何形状只由三种类型的参数来控制:控制点位置、线曲率和截面形状。图 3-100 所示为隐式参数化建模的基本模型。传统 CAD 参数化模型,梁形状发生了变化会破坏系统级模型的几何连续性,使不同部件间产生脱离或干涉;对于隐式参数化模型,随着梁形状的变化,与之相连的所有几何部件都发生相应调整,整个系统模型仍保持原有的拓扑关系及几何连续性。

隐式参数化模型提供了有限元模型自动生成技术,为车身结构多方案快速验证提供解决办法,图 3-101 所示为白车身参数化模型和自动生成的有限元模型。

隐式参数化模型与有限元求解器及优化工具相联合,可以实现优化运算过程的自动循环,可以实现多个变量自动优化,提高方案优化效率。基于隐式参数化模型的优化循环流程如图 3-102 所示。工程师只需预先设定目标与约束以及优化进程的收敛标准。在循环过程中,经求解器和优化工具输出的修改后的设计参数直接导入隐式参数化模型,模型会随之自动更新,同时也导出更新后的有限元分析模型。整个优化循环的运算过程可以自动运行,不

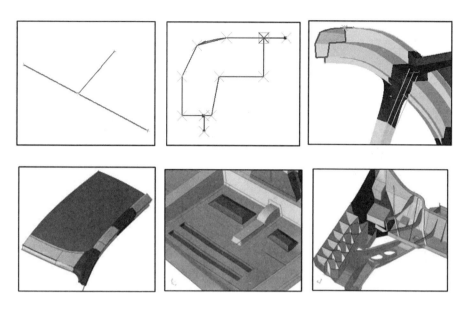

图 3-100　隐式参数化模型建模的基本模型

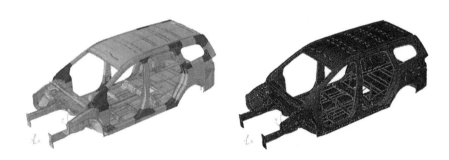

图 3-101　白车身参数化模型和自动生成的有限元模型

再需要人工参与。

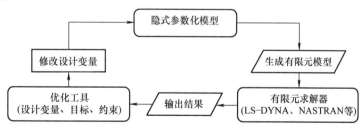

图 3-102　基于隐式参数化模型的优化循环流程

2. 车身参数模型的建立

车身参数模型通常分总成建立,各个总成按照初步的车身断面和接头方案进行模型构建,主要包括顶盖、前侧围、后侧围、前舱、前地板和后地板六个总成。上、下车体分别装配,前舱、前地板和后地板总成组装成下车体,顶盖和侧围组装成上车体,再进行上下车体的装配,白车身模型组成如表 3-25 所示。

表 3-25 白车身模型

1. 总成建模			2. 总成组装	3. 白车身
顶盖总成	前侧围总成	后侧围总成	上车体总成	
前舱总成	前地板总成	后地板总成	下车体总成	

白车身左、右侧结构基本对称，通常只需建立半车模型，如图 3-103 所示，如先建立左半车模型，将左侧模型对称复制得到右侧模型，再对非对称的位置进行必要的改动即可获得整体白车身模型。

（1）顶盖总成模型　顶盖总成模型主要包括顶盖和顶盖横梁两部分，如图 3-104 所示。顶盖模型重点依据前期定义的顶盖横梁数量和横梁断面进行创建。

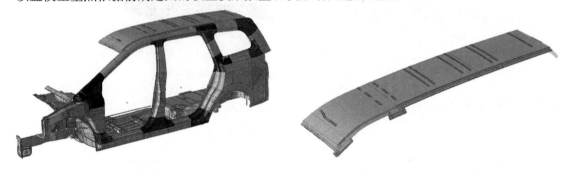

图 3-103　白车身左半车模型　　　　　　图 3-104　顶盖总成模型

（2）侧围总成模型　侧围总成模型较为复杂，通常分为前、后侧围两部分模型。前侧围模型主要包括 A 柱、A 柱下、A 柱上接头、A 柱下接头、B 柱、B 柱上接头、B 柱下接头、侧边梁和门槛模型，主要由梁模型和接头模型组成。总体建模思路先建立梁模型，再构建接头模型，如图 3-105 所示。各个梁模型的创建重点依据 A 柱的中间、A 柱下的上铰链/下铰链、前门槛中、B 柱上/中/下、侧边梁的中间等位置的断面方案进行创建；接头模型重点依据 A 柱上/下接头、B 柱上/下接头方案进行创建。各个梁和接头模型创建要求能够准确反映前期确定的概念方案。

后侧围总成模型主要包括 C 柱及其上下接头、D 柱及其上下接头、侧围内外板和后轮罩等结构,如图 3-106 所示。后侧围模型需要准确体现 C 柱和 D 柱的梁结构和接头结构方案,除此之外,需要重点体现后轮包及其侧向支撑结构的概念方案。

(3) 前舱总成模型 前舱总成模型主要包括前纵梁、前轮包、前风窗横梁、前围板和发舱侧边梁,如图 3-107 所示。前舱总成模型需要重点体现前纵梁、前轮包、前风窗横梁及其与周边搭接等结构的概念方案。

(4) 前地板总成模型 前地板总成模型主要包括前地板、中央通道、座椅横梁、地板纵梁等,如图 3-108 所示。前地板总成模型需要重点体现中央通道、地板下纵梁、地板横梁及其接头结构等概念方案。

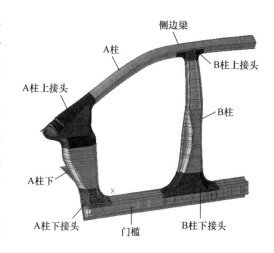

图 3-105 前侧围模型

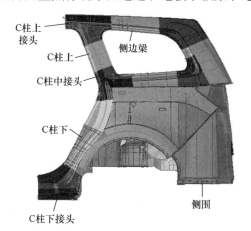

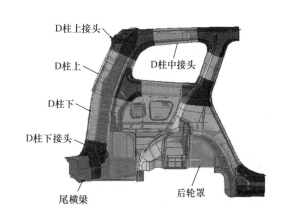

图 3-106 后侧围总成模型

(5) 后地板总成模型 后地板总成模型主要包括后地板、后地板横梁、后纵梁等结构,如图 3-109 所示。后地板总成模型需要重点体现后纵梁、后地板横梁及其接头结构等概念方案。

(6) 白车身装配 白车身各个总成模型创建完毕后,完成材料、厚度和多层焊接边(MFL) 等属性创建。不同区域焊点布置按照焊点规范进行准确创建。对半车模型进行对称复制完成初步的白车身模型创建,对左、右局部结构存在差异的地方进行适当调

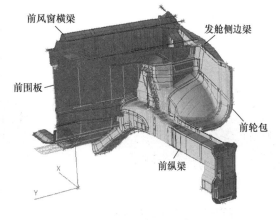

图 3-107 前舱总成模型

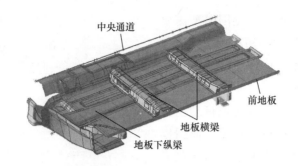

图 3-108 前地板总成模型

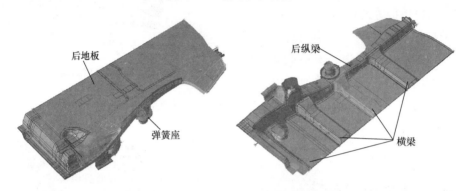

图 3-109 后地板总成模型

整完成最终整体白车身模型创建,如图 3-110 所示。

3. 分析模型创建与性能分析

(1) 分析模型创建 白车身参数化模型装配完成以后,模型直接转化成白车身网格模型。概念设计阶段重点关注白车身整体刚度和模态性能,在白车身网格模型基础上进一步创建刚性单元,加载、约束等边界条件,模型完善以后直接从参数化建模软件中导出便可以进行白车身刚度、模态性能分析。图 3-111 所示为白车身刚度性能分析模型。

图 3-110 白车身整体模型　　　　图 3-111 白车身刚度性能分析模型

(2) 性能分析 基于概念模型生成的不同性能分析模型,再结合相应的性能分析求解器，比如白车身刚度性能分析通常使用 NASTRAN 求解器，可以完成白车身刚度和模态性能分析，快速评估前期方案的有效性。该阶段，白车身性能分析重点关注整体扭转刚度性能、弯曲刚度性能、基频、一阶扭转模态和一阶弯曲模态，白车身性能分析变形图如图 3-112 所示。

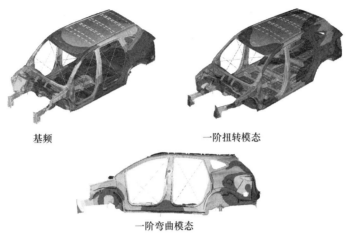

图 3-112　概念设计阶段白车身性能分析变形图

结合概念模型分析结果与性能目标对比，确定概念设计阶段性能分析是否达标，如表 3-26 所示。表中数值仅为示意用。

表 3-26　白车身刚度性能分析达标

性能指标	目标	概念阶段性能分析是否达标
白车身扭转刚度/[N·m/(°)]	18000	是否达标
白车身弯曲刚度/(N/mm)	20000	是否达标
基频/Hz	30	是否达标
一阶扭转模态/Hz	40	是否达标
一阶弯曲模态/Hz	45	是否达标

3.4.2　基于性能与重量平衡的灵敏度优化分析

灵敏度分析是一种评价设计变量或参数的改变而引起结构响应特性变化率的方法。基于不同性能的车身结构灵敏度分析是识别关键结构的有效方法，对车身性能设计具有重要的指导作用。工程中常用的车身结构灵敏度分析主要包括车身框架结构灵敏度和钣金件厚度灵敏度分析。车身框架结构灵敏度分析主要是分析车身框架梁和接头结构对车身不同性能的影响，通常在分析模型中将相应的结构刚性化处理，灵敏度值由计算结构刚性化前后性能相对百分比得到，如式（3-20）所示。钣金件厚度灵敏度分析主要是分析白车身各个板厚对不同性能的影响，通常在分析模型中适当增加板厚，灵敏度值由计算厚度增加前后性能相对百分比得到，如式（3-21）所示。针对灵敏度分析识别出的关键因素进行重点设计，能够有效实现重量增加最小前提下的性能最大化设计。

车身框架结构灵敏度值 =（结构刚性化后性能值/原始值 - 1）×100% (3-20)
钣金件厚度灵敏度值 =（厚度增加后性能值/原始值 - 1）×100% (3-21)

根据概念设计阶段性能分析结果达标情况进行灵敏度分析，确定可以优化的结构或是钣金件厚度。如果各项性能指标不达标，识别高灵敏度的结构和钣金件厚度进行性能提升；如果各项指标达标，识别低灵敏度的结构和钣金件厚度进行结构减重，具体流程如图3-113所示。

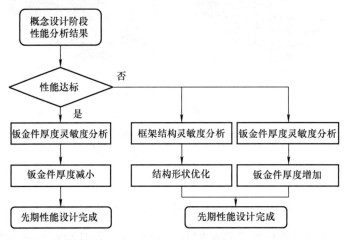

图3-113　概念设计阶段白车身灵敏度分析

1. 车身框架结构灵敏度分析

在先期车身性能设计阶段，车身设计处于断面设计阶段，结构设计灵活、自由度大，通过结构形状优化、局部结构加强的方式来提升车身性能是该阶段的主要工作。车身框架结构灵敏度分析能够有效识别出对不同性能影响较大的梁和接头结构，从而为结构方案设计提供方向。

为了系统识别白车身各个框架梁和接头结构对白车身性能的影响，除平台件以外，通常尽可能将更多的框架结构作为设计变量。图3-114所示为某车型用于性能灵敏度分析的结构示意图。接头结构主要包含侧围部分的A柱、B柱、C柱、D柱的各个接头，还包含前地板横梁接头、后地板横梁接头等。梁结构主要包含A柱、B柱、C柱、D柱、门槛、顶盖横梁和后地板横梁等。

在分析模型中，对以上各个接头和梁结构分别进行刚性化处理，计算得到结构刚性化以后的白车身各个性能指标，通过式（3-20）和式（3-21）计算得到车身框架各个结构对应不同性能的灵敏度值。针对白车身各个性能，按照灵敏度值从大到小的顺序进行排序，从而能够筛选出对各个性能影响较大的关键结构和影响较小的非关键结构。

针对前期白车身性能设计，重点关注其刚度和模态性能设计。基于某车型白车身前期结构灵敏度分析，针对各个性能的车身框架结构灵敏度值如图3-115~图3-118所示。

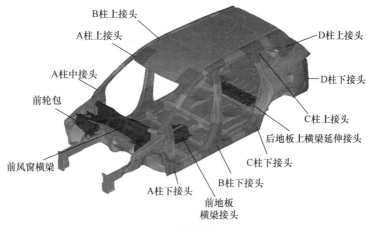

a) 接头结构

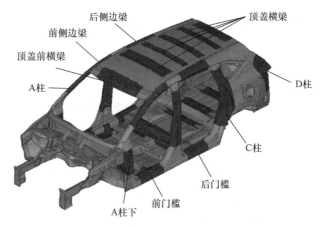

b) 梁结构

图 3-114 白车身框架接头和梁结构

针对白车身扭转刚度性能，灵敏度较大的结构主要包括后纵梁、后地板横梁一、C柱下接头、后地板上横梁延伸接头、后地板横梁二接头等，如图 3-115 所示。

针对白车身弯曲刚度性能，灵敏度较大的结构主要包括后纵梁、C柱、后地板横梁二接头、B柱下接头、后地板上横梁延伸接头等，如图 3-116 所示。

序号	框架结构	扭转刚度灵敏度
1	后纵梁	105.98%
2	后地板横梁一	36.13%
3	C柱下接头	26.33%
4	后地板上横梁延伸接头	24.43%
5	后地板横梁二接头	24.30%
6	C柱	23.85%
7	B柱下接头	22.00%
8	D柱下接头	20.14%
9	D柱上接头	16.96%
10	A柱下接头	15.81%
11	D柱	15.70%
12	后轮罩	13.40%
13	门槛后段	12.03%
14	B柱上接头	9.96%
15	前围板横梁	8.98%
16	后地板前横梁接头	8.75%
17	后地板横梁二	8.32%
18	B柱	8.00%
19	A柱上接头	7.83%
20	A柱中接头	7.64%

图3-115 基于白车身扭转刚度的灵敏度值

序号	框架结构	弯曲刚度灵敏度
1	后纵梁	196.56%
2	C柱	58.51%
3	后地板横梁二接头	22.28%
4	B柱下接头	21.70%
5	后地板上横梁延伸接头	19.87%
6	C柱下接头	19.71%
7	后轮罩	16.02%
8	前围板横梁	11.34%
9	门槛后段	10.73%
10	B柱上接头	9.92%
11	后地板横梁一	8.57%
12	前地板外侧接头	7.28%
13	C柱上接头	5.36%
14	B柱	5.31%
15	后地板横梁三接头	5.26%
16	D柱下接头	4.74%
17	后地板前横梁接头	4.66%
18	上边梁后	4.34%
19	前轮罩	4.13%
20	前地板内侧接头	4.05%

图3-116 基于白车身弯曲刚度的灵敏度值

针对白车身扭转模态性能，灵敏度较大的结构主要包括A柱上接头、D柱上接头、D柱、D柱下接头、后纵梁等，如图3-117所示。

序号	框架结构	一阶扭转模态灵敏度
1	A柱上接头	18.78%
2	D柱上接头	15.90%
3	D柱	13.90%
4	D柱下接头	12.30%
5	后纵梁	11.35%
6	后地板横梁一	9.46%
7	A柱中接头	6.60%
8	B柱下接头	5.52%
9	C柱下接头	5.34%
10	顶盖后横梁	5.11%
11	A柱下接头	4.35%
12	上边梁前	3.84%
13	后地板上横梁延伸接头	3.60%
14	B柱上接头	3.55%
15	后地板横梁二接头	2.92%
16	顶盖横梁一	2.72%
17	门槛后段	2.72%
18	B柱	2.70%
19	C柱	2.50%
20	C柱上接头	2.43%

图 3-117 基于白车身扭转模态的灵敏度值

针对白车身弯曲模态性能，灵敏度较大的结构主要包括 B 柱下接头、后纵梁、A 柱下接头、C 柱下接头等，如图 3-118 所示。

序号	框架结构	一阶弯曲模态灵敏度
1	B柱下接头	19.63%
2	后纵梁	17.51%
3	A柱下接头	16.26%
4	C柱下接头	9.54%
5	B柱	8.91%
6	B柱上接头	7.52%
7	前轮罩	7.25%
8	门槛前段	6.13%
9	C柱	4.98%
10	A柱中接头	4.88%
11	C柱上接头	4.05%
12	A柱下	4.00%
13	上边梁后	3.25%
14	顶盖横梁一	2.68%
15	门槛后段	2.68%
16	上边梁前	2.35%
17	前围板横梁	2.20%
18	后轮罩	2.14%
19	前地板内侧接头	1.94%
20	后地板横梁一	1.82%

图 3-118 基于白车身弯曲模态的灵敏度值

通过车身框架结构灵敏度分析能够识别出对白车身性能影响较大的结构。针对不同性能的要求，对灵敏度大的结构进行方案优化，能够有效实现在重量增加最小前提下的性能最大化设计。基于该结果进行方案设计是前期平衡白车身性能和重量的最佳策略，具有较高的工程实用性。

2. 车身钣金件厚度灵敏度分析

车身钣金件厚度灵敏度分析主要是识别出对白车身性能影响大或是小的钣金件厚度，通过增加灵敏度较大的钣金件厚度以提升性能，同时也可以通过降低灵敏度较小的钣金件厚度以降低重量。

针对白车身各个性能，按照式（3-21）计算得到钣金件厚度灵敏度值，按照钣金件厚度灵敏度值从大到小的顺序进行排序，从而筛选出对不同性能影响较大和影响较小的钣金件厚度。某车型概念设计阶段分析模型基于扭转刚度的钣金件厚度灵敏度值如图3-119所示。

零件名称	扭转刚度灵敏度值
左侧围外板	100.00%
后地板左纵梁	86.10%
后地板	78.03%
左后轮罩内板	69.51%
左D柱内板上段	44.39%
左A柱加强板上段	32.74%
后地板上横梁左连接板	32.69%
左B柱内板	30.27%
后围外板	29.37%
后围内板左连接板	28.65%
左A柱内板上段	26.64%
左D柱加强板上段	25.02%
左A柱内板下段	24.17%
顶盖外板	22.47%
后围内板	20.00%
左后轮罩外板	19.37%
左B柱加强板	19.28%
左后内饰座椅固定板	15.74%
中央通道左纵梁前段	15.61%
后地板上横梁	15.52%

a) 灵敏度值较大的钣金件厚度

图3-119 基于白车身扭转刚度的钣金件厚度灵敏度值

零件名称	扭转刚度灵敏度值
顶盖中横梁三	0.14%
左后车门上铰链加强板	0.13%
左A柱加强板上连接板二	0.12%
左A柱加强板上连接板四	0.12%
发动机舱左边梁前封板	0.10%
中央通道后连接杆	0.09%
左前副车架前安装螺柱上支撑板	0.07%
左前副车架前安装螺柱上连接板	0.07%
左前副车架前安装螺柱下支撑板	0.05%
主驾座椅内安装板后支撑板	0.05%
变速手柄安装板	0.05%
主驾座椅外安装板前支撑板	0.04%
前围本体	0.04%
方向管柱安装板	0.03%
顶盖中横梁四	0.03%
左B柱门槛前支架	0.02%
主驾座椅骨架横梁连接板	0.02%
左发舱前纵梁前端板外连接板	0.01%
变速手柄安装板	0.01%
后地板下横梁左连接板	0.01%

b) 灵敏度值较小的钣金件厚度

图 3-119 基于白车身扭转刚度的钣金件厚度灵敏度值（续）

针对灵敏度大、尺寸小的部件，首先考虑通过增加厚度提升性能。如图 3-119a 所示，针对该车型白车身扭转刚度，侧围外板、后地板等大件的结构灵敏度较高，但是考虑各方面因素，此类大件的钣金件厚度基本固定，随着厚度增加，结构重量也会明显增加，因此通常不考虑通过增加厚度来提升性能。而后地板纵梁、后轮罩内板、D柱内板上段、后地板上横梁连接板等小尺寸部件通常可以考虑作为性能提升方案。

如图 3-119b 所示，针对灵敏度小、尺寸大的部件，首先考虑通过减小厚度降低重量，比如减小一些横梁、连接板和加强板等钣金件的厚度。

3.4.3 车身性能提升的方案优化与轻量化

针对车身性能提升的优化设计，通常会结合框架结构灵敏度结果和车体刚度性能设计数据库进行多方案设计，主要包括结构形状优化、内部小支架优化、焊点优化、结构胶优化和钣金件厚度优化等。前期方案优化先以结构优化为主，然后再考虑结构胶优化、钣金件厚度优化等方案，合理平衡白车身结构性能、重量和成本。

1. 关键结构形状优化

基于结构灵敏度分析结果和工程经验，可重点考虑对车身后纵梁、C环结构、D柱接头、地板下横梁、B柱接头等结构进行优化设计，有效提高白车身整体刚度和模态性能。

（1）后纵梁结构设计　白车身整体刚度计算后约束通常选择在弹簧座上，后弹簧座焊接在后纵梁上，通常要求后纵梁具有较高的沿Y向的弯曲刚度和轴向抗扭转性能，更有利于整体刚度提升。后纵梁建议采用主体结构整体化设计、断面尺寸最大化设计，特别是Z向高度尺寸，建议高度$H \geq 80mm$，主体钣金件厚度为1.6mm，如图3-120所示。注意：上述数值为行业一般通用数值，各主机厂根据车型的结构设计不同可能稍有不同。

图3-120　后纵梁设计

如图3-121所示为某款SUV车型白车身后纵梁的优化方案，分别将后纵梁断面高度和宽度尺寸增加10mm，如图3-121所示。通过调整全参数化模型可以快速实现后纵梁结构及其搭接结构更新，断面优化后白车身整体刚度性能变化如表3-27所示。后纵梁断面高度增加10mm，扭转刚度和弯曲刚度分别提升6%和7%，性能提升明显。而后纵梁断面宽度增加10mm，扭转刚度和弯曲刚度均提升0.5%，性能提升较小。

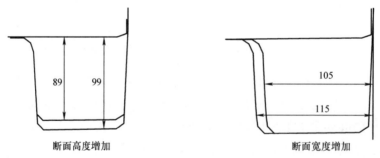

图3-121　后纵梁断面尺寸优化

表3-27　后纵梁断面优化对整体性能的影响

指标	扭转刚度		弯曲刚度	
	变化量/[(N·m/(°)]	相对变化量(%)	变化量/(N/mm)	相对变化量(%)
断面高度增加	763	6	1270	7
断面宽度增加	74	0.5	95	0.5

（2）C环结构设计　C环结构主要包括后地板上横梁、轮包支架和连接支架三部分，与C柱一起形成环状结构，如图3-122所示。由白车身扭转刚度理论可知，C环与尾门框环状结构基本平行，C环面内剪切刚度的合理设计能够有效提高尾部面内剪切刚度，从而提高整

体扭转刚度。

前期设计布置时，空间布置应确保 C 环三个部分具有合理的尺寸。通常，后地板上横梁 Z 向高度≥60mm；轮包支架根据具体车型情况考虑是否延伸至 C 柱上端，建议 Y 向最小高度≥30mm；连接支架尽量做成直角，支架两端断面高度≥60mm，如图 3-122 所示。为了进一步提升白车身整体刚度，在设计空间允许的前提下也可采用多个环状结构设计。注意：上述数值为行业一般通用数值，各主机厂根据车型的结构设计不同可能稍有不同。

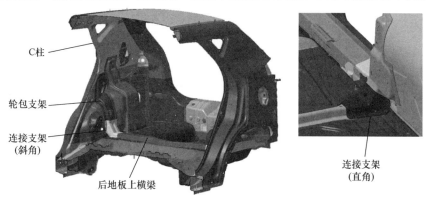

图 3-122　C 环结构设计

图 3-123 所示为某款 SUV 车型白车身 C 环结构的优化方案，该方案包含了上横梁、轮包支架和连接支架，形成了完整的 C 环结构。轮包支架延伸至后轮包上端，连接支架下端采用直角过渡，两端断面高度均为 60mm。采用该方案扭转刚度提升 2000N·m/(°) 以上，弯曲刚度提升 500N/mm 以上，扭转模态提升 1Hz 左右，对整体刚度特别是扭转刚度和模态提升效果显著。

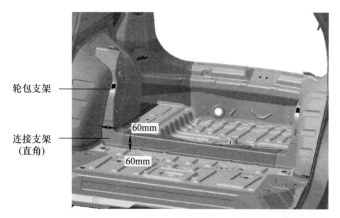

图 3-123　某 SUV 车型 C 环结构优化方案

白车身后部往往由于地板上部空间限制，无法设计完整的 C 环结构，无法布置后地板上横梁结构，常见于多功能乘用车（MPV）。该情况下，C 环结构对扭转刚度的贡献会明显降低，但是如果能够确保合理的连接支架设计，仍然能够实现扭转刚度提升 1000N·m/(°) 以上。图 3-124 所示为某车型 C 环结构设计，由于空间限制，没有设计地板上横梁；而是采用独特的连接支架设计，支架延伸至后纵梁内部，与后纵梁上焊接边、侧面以及底面通过焊点连接，与后地板采用二保焊连接，确保与后纵梁有足够的连接强度，该方案提升扭转刚度1200 N·m/(°)左右，性能提升7.5%。

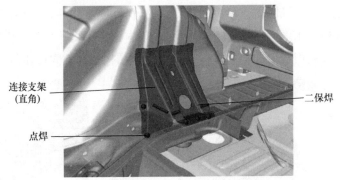

图 3-124　某车型 C 环结构方案

针对后轮包内部侧向空间不足的情况，虽然内部设计轮包支架和连接支架，但是其断面高度尺寸较小，抗弯性能较差，导致 C 环作用不明显，为此可以通过延伸外部支架的方式进行加强。图 3-125 所示为某款 SUV 车型的后轮包外部支架设计，优化方案将减振器支架下部向下延伸至后纵梁处，与后纵梁上焊接边通过焊点连接，下部延伸部分对后轮包起到了较好的支撑作用，该方案提升整体扭转刚度6%左右，效果显著。

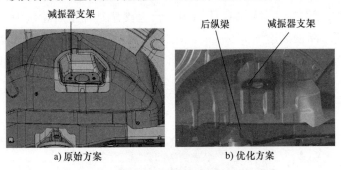

图 3-125　某车型后轮包外部支架结构方案

（3）D 柱接头设计　D 柱上、下接头是决定尾门框面内剪切刚度的主要因素，对整体扭转刚度和模态具有重要影响。针对 D 柱上、下接头设计，尽量保证接头内板和加强板采用跨分支整体设计，保证较大的分支长度，确保各个分支之间较高的结构连续性，实现较高的接头刚度。如图 3-126 所示，D 柱上接头内板与加强板及三个分支采用整体设计，实现与 D 柱、顶盖侧边梁和顶盖后横梁较高的连接强度。如图 3-127 所示，D 柱下接头内板两个分支采用整体设计，确保 D 柱与尾横梁之间具有较高的连接强度。

如图 3-128 所示，某 SUV 车型 D 柱上接头结构优化方案中，接头加强板采用了跨分支整体设计，在原始方案的基础上将 D 柱上分支沿 Y 向延伸66mm，白车身扭转刚度提升500 N·m/(°)左右，基频和一阶扭转频率分别提升1Hz左右。

（4）地板下横梁设计　针对地板下横梁的设计，通常建议在弹簧座之间设计一根横梁，

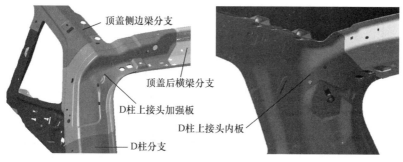

图 3-126　D 柱上接头

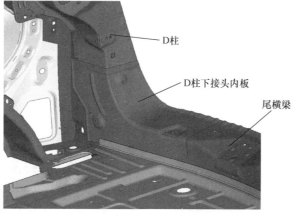

图 3-127　D 柱下接头

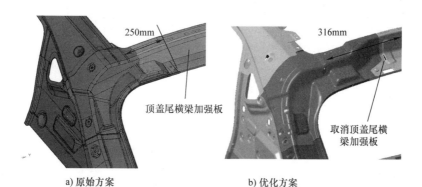

a) 原始方案　　　　　　　　b) 优化方案

图 3-128　某 SUV 车型 D 柱上接头优化方案

根据空间大小在弹簧座前、后分别布置一根或是两根横梁，形成纵横梁框架结构更有利于提高面内剪切和面外抗扭性能。为了确保充分发挥横梁的作用，横梁与后纵梁之间连接采用包覆式，提高梁之间的连接强度。

如图 3-129 所示，D 柱上接头优化方案采用了后地板两根横梁设计，横梁一与后纵梁接头原始方案采用侧向搭接形式，横梁一的整体刚度较小，将接头形式改为包覆式，整体扭转刚度提升 5% 左右。

（5）侧围接头设计　A 柱、B 柱和 C 柱接头是实现整体高弯曲刚度和高扭转刚度的重要基础。通常要求采用接头平直化搭接、内部增加剪切面、直角区域增加圆角过渡等方式提

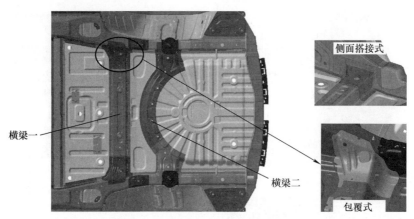

图 3-129　某车型 D 柱上接头优化方案

高接头刚度。针对 A 柱下接头，通常采用接头加强板整体设计跨过过渡区域，一部分结构作为门槛，内板采用平直化设计，下端延伸至门槛内部形成剪切面，提高接头刚度。图 3-130 所示为某款 SUV 车型 A 柱下接头优化方案，接头内板相比原方案采用平直化设计，接头刚度明显提升，整体扭转刚度提升 4% 左右，未增加任何结构重量。

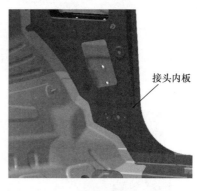

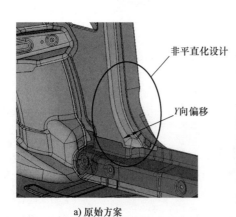

a) 原始方案

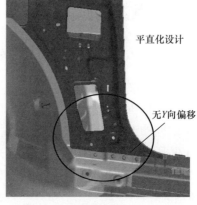

b) 优化方案

图 3-130　某 SUV 车型 A 柱下接头优化方案

如图 3-131 所示，B 柱下接头两侧采用大圆角过渡形式，接头内板下端采用平直化设计，尽量避免任何大台阶设计，下端一直延伸至门槛内部，形成内部剪切面，该方案有利于提升接头面内和面外弯曲刚度。

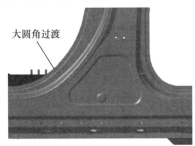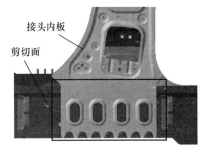

图 3-131　某车型 B 柱下接头优化方案

针对以上关键结构优化方案，主要从结构形状方面进行优化设计，对重量影响较小，但是对提升整体刚度具有显著作用，对工程设计能够起到非常大的指导作用。

2. 小支架设计优化

梁和接头刚度性能设计是确保整体刚度的重要保证。梁和接头内部都是空腔结构，在其内部增加小支架往往能够明显提升梁和接头的整体刚度，从而提高白车身整体刚度，该方法也是提升整体刚度性能的重要手段之一。为了充分发挥小支架对腔体的支撑作用，小支架需要与腔体四面相连，可采用点焊、二保焊或结构胶进行连接。D 柱和 D 柱下接头内部小支架设计如图 3-132 所示，小支架四面通过点焊连接，能够有效提升 D 柱和 D 柱下接头的刚度，从而提高白车身整体刚度和模态。

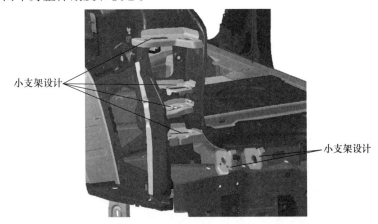

图 3-132　D 柱和 D 柱下接头内部小支架设计

图 3-133 所示为前期某车型白车身侧围梁和接头内部小支架设计，小支架主要设计在 A 柱、B 柱、D 柱接头区域，左右对称，总共设计了 20 个小支架，扭转刚度提升 1000 N·m/(°) 左右，特别是 D 柱下接头处的 7 号支架，对整体扭转刚度的影响占所有小支架影响的 50% 以上。

除了在侧围各个梁和接头内部采用小支架以外，图 3-134 所示为某车型白车身 C 环连接支架内部的小支架设计，连接支架尺寸和厚度进行最大化设计，内部小支架设计对连接支架

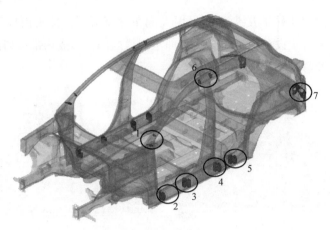

图 3-133 某车型白车身侧围梁和接头内部小支架设计

刚度可以起到增强的作用,从而能够进一步提升整体扭转刚度。采用该小支架方案,扭转刚度提升了 3%。

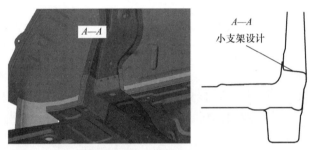

图 3-134 某车型白车身 C 环连接支架内部小支架设计

图 3-135 所示为某车型白车身后纵梁与侧围连接的小支架方案,能够增加后纵梁与侧围的连接强度,对扭转刚度具有一定的提升作用,扭转刚度提升 2%。

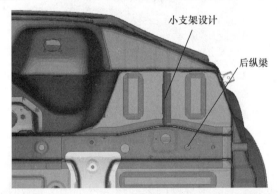

图 3-135 某车型白车身后纵梁与侧围连接小支架设计

3. 结构胶设计优化

结构胶能够增加梁和接头结构的连接强度,从而进一步提高整体的扭转刚度。针对不同白车身,增加 50~90m 结构胶,整体扭转刚度提升在 10%~20% 之间,提升效果显著。目前采用结构胶方案提升白车身性能已经成为有效平衡重量和性能的重要手段。针对结构胶方案，需要合理确定结构胶的布置位置，图 3-136 所示为某白车身结构胶设计，结构胶主要分布在前围、侧围、后地板和尾门框区域，结构胶总长度为 80m。

在概念设计阶段，通常采用拓扑优化方法对结构胶位置进行最优化设计，确定最有效的结构胶长度。如图 3-137 为结构胶长度优化过程，按照拓扑优化结果中结构胶体积比逐渐增大的方法，结构胶长度按照 5m 的增量逐渐增加，从 30m 一直增加到 90m，分

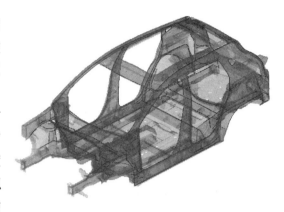

图 3-136　某白车身结构胶设计

别计算出不同长度结构胶对应的整体扭转刚度值。根据结构胶增加贡献度趋势，最终确定最优结构胶长度为 50m。首先根据结构胶拓扑优化结果识别出结构胶贡献度最大的位置，初始方案设计结构胶长度为 30m，主要分布在前围流水槽、A 柱下、后地板横梁、后轮包和后围横梁等结构的焊接边位置，将结构胶依次增加 5m，计算得到相应的扭转刚度值，如图 3-138 所示。

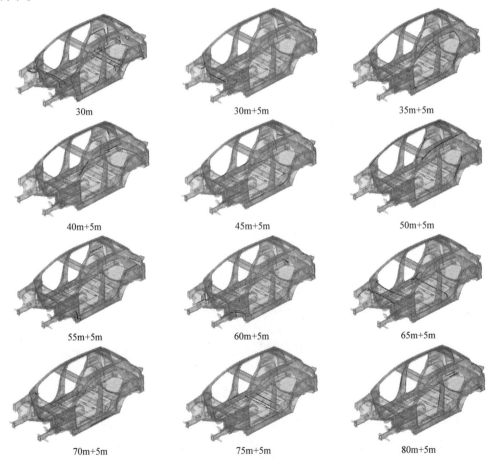

图 3-137　某白车身结构胶长度优化过程

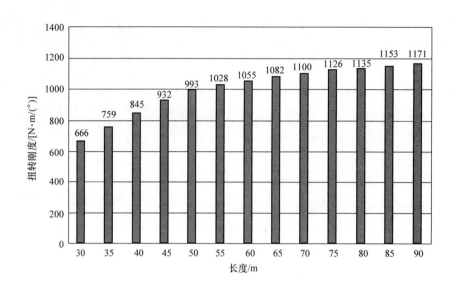

图 3-138 结构胶长度与扭转刚度增加量

在概念设计阶段,从结构形状优化、小支架设计和结构胶设计等方面完成性能提升优化以后,往往都能实现白车身整体刚度和模态指标基本全部达标。如果还有个别指标存在少量数值不满足的情况,通常会再进行一轮钣金件厚度灵敏度分析,通过增加个别板厚以少量地提升性能,实现性能指标 100% 达标。如果之前的方案已确保性能全部达标,也可以根据钣金件厚度灵敏度分析结果进行概念设计阶段的结构减重工作。图 3-139 所示为某车型白车身厚度增加方案作为前期性能提升的备用方案。

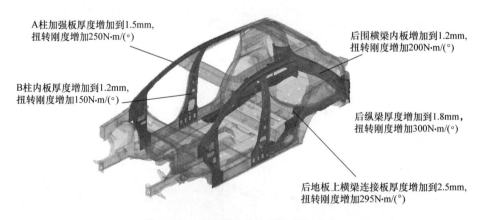

图 3-139 某车型白车身厚度增加方案

如图 3-140 所示,某车型白车身基于钣金件厚度灵敏度分析识别的厚度降低方案,每个厚度方案都需要进行性能确认,性能确认后可以作为前期的结构减重方案。

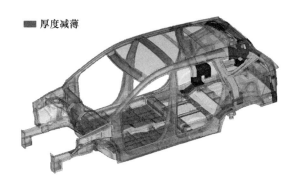

图 3-140　某车型前期结构减重方案

参 考 文 献

[1] 付俊岩，王伟哲，杨雄飞，等. 汽车用铌微合金化钢板 [M]. 北京：冶金工业出版社，2006：27－28.

[2] 马鸣图，路洪洲，李志刚. 论轿车白车身轻量化的表征参量和评价方法 [J]. 汽车工程，2009（5）：27－28.

[3] 路洪洲，王智文，马鸣图，等. 轻量化乘用汽车的星级评价方法研究 [C] //佚名. 2012 中国汽车轻量化技术研讨会论文集. 北京：北京理工大学出版社，2012：496－506.

第 4 章 车身结构详细设计

在完成概念设计阶段的任务及优化后,进入车身结构的详细设计阶段,即依据概念设计阶段的宏观断面、概念数据和优化结果进行车身的典型断面设计及车身结构的详细设计。本章主要讲述典型断面设计与车身结构的详细设计过程及方法。

4.1 典型断面设计

4.1.1 车身典型断面的作用

车身典型断面设计是基于宏观断面、概念数据及造型的 CAS 面结合断面数据库、断面关键的结构尺寸及断面的设计规范进行的二维结构方案设计。车身典型断面主要有以下作用:

1)车身典型断面定义了系统关键部位零部件满足功能、性能需求的结构形式、特征、尺寸、材质等。

2)车身典型断面定义车身系统关键部位零部件布置匹配关系、间隙、主要控制尺寸、生产工艺等信息。

3)车身典型断面体现车身系统关键部位满足法规、人机工程、使用功能、工艺性要求的相关信息。

4)车身典型断面决定了车身设计方案,基本上体现了车身设计性能、重量、成本的设计方案。

如图 4-1 所示,断面显示了发动机罩总成、前保险杠总成等相关零部件结构断面、材质、料厚信息等;各零部件之间的匹配关系、安装形式、配合尺寸信息等;满足外部凸出物法规要求的校核信息,满足行人保护法规校核,发动机罩开启、锁止、过关等使用功能性校核等;断面中的零部件结构是基于设计经验及数据库定义的,应能基本满足零件本体结构性能、适宜的重量和成本要求。

车身结构详细设计 | 第 4 章

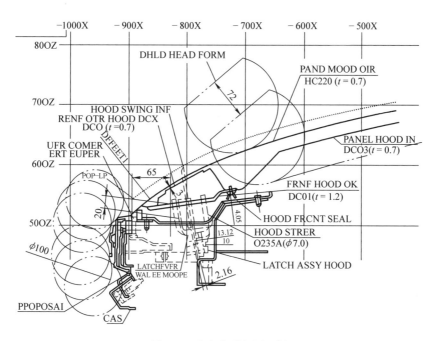

图 4-1 车身典型断面示例

4.1.2 车身典型断面的位置与数量

轿车及 SUV 车型车身典型断面约 60 个左右（根据造型及配置不同，数量略有增减），其中，轿车与 SUV 车型相比，差异仅在尾部，图 4-2 所示为 SUV 车型车身的断面位置示意。

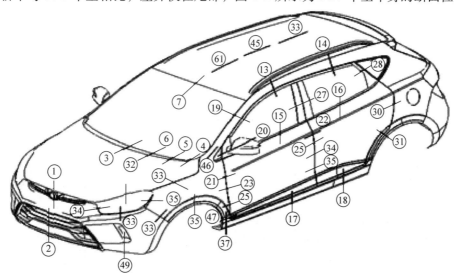

图 4-2 SUV 车型车身的断面位置示意

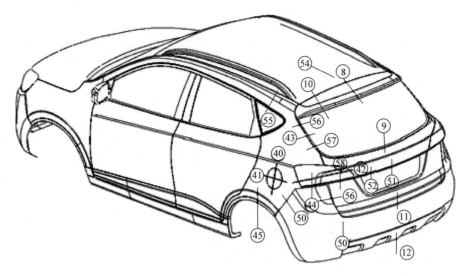

图 4-2 SUV 车型车身的断面位置示意（续）

车身典型断面分布如图 4-3 所示，主要分布于前脸、顶部、侧面、后脸区域。相同区域的断面主体结构及功能相似，但因位置的差异存在细节的不同。下面选取每个部位的典型结构进行说明，对应的断面涉及的内容见表 4-1。

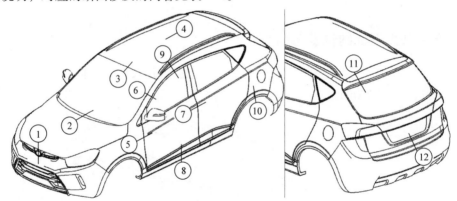

图 4-3 车身典型断面分布

表 4-1 车身典型断面涉及的内容

位置	断面序号	内容	适用车型
前脸	1	发动机舱盖与格栅及前端模块的结构关系	轿车/SUV/MPV
	2	发动机舱盖与通风盖板及前风窗玻璃的结构关系	轿车/SUV/MPV
顶部	3	顶盖与风窗玻璃之间的结构关系	轿车/SUV/MPV
	4	顶盖与顶盖横梁之间的结构关系	轿车/SUV/MPV
侧面	5	前门与翼子板之间的结构关系	轿车/SUV/MPV
	6	前门框与风窗玻璃之间的结构关系	轿车/SUV/MPV
	7	前、后门之间的结构关系	轿车/SUV
	8	门与门槛之间的结构关系	轿车/SUV/MPV

(续)

位置	断面序号	内容	适用车型
侧面	9	门框与侧围顶盖之间的结构关系	轿车/SUV/MPV
	10	后门与轮包之间的结构关系	轿车/SUV
后脸	11	尾门、铰链与顶盖之间的结构关系	SUV/MPV
	12	尾门、锁体与保险杠之间的结构关系	轿车/SUV/MPV

4.1.3 典型断面设计流程及方法

1. 典型断面设计分工及计划

典型断面因为部位不同,其设计校核的侧重点也不同,可据此进行断面设计任务和顺序的分工,如图4-3所示的①号断面,主要为闭合件发动机舱盖锁的布置方案校核分析,由闭合件分组先进行设计,其次涉及外饰的前保险杠、前端模块、底盘的散热器等分组,依次进行结构设计及布置。按照断面位置涉及的内容进行断面设计过程顺序的设定,制订好专项的工作计划,各分组按照计划依次进行断面的设计,包含各设计方案的讨论和确定工作。图4-4所示为车身部分典型断面制作配合顺序示意。

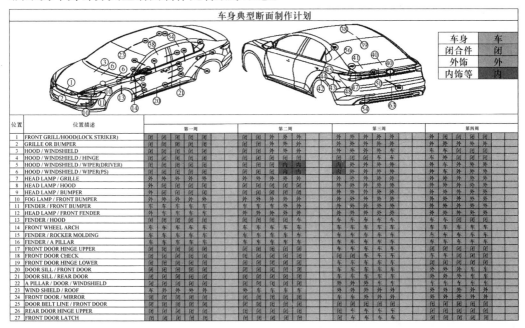

图4-4 车身部分典型断面制作配合顺序

2. 典型断面设计流程

典型断面设计的第一步均为相关设计输入信息的收集或明确,如产品的定义、定位、配置等信息,总布置相关的设计约束及要求,造型的CAS及标杆竞品信息等。

按照断面的制作计划,各设计分组依次进行结构、方案设计。设计过程中穿插着匹配部位的方案研讨和选择。车身断面的设计过程包含结构设计、部件材质及料厚定义、断面性能校核、与周边分组的匹配结构设计等。在各设计分组完成断面设计后，设计方案提交给专家团队进行评审，并进行优化更新后完成断面冻结。图4-5所示为车身典型断面的设计流程图。

4.1.4 典型断面设计过程

车身上与车身性能相关性较大的关键典型断面共有24处，现选取具有代表性5处作为实例，对其设计过程进行详述，断面具体位置如图4-6所示。

1. 1号断面的设计过程

（1）1号断面的设计过程（翼子板的设计过程） 1号断面的设计主要是完成翼子板的结构设计，如图4-7所示。需要收集的信息为发动机舱盖断面及过关包络和CAS面。面1由CAS面得到；面2为水平面；面3与Z向夹角为3°；面4为台阶面，台阶宽度2mm，深度≥15mm；面5为翼子板安装面，依据数据库，深度为30mm，宽度为30mm；面1、2、3内切圆倒角后保证与发动机舱盖间隙为3mm，且不与发动机舱盖过关干涉。市场上主流车型的翼子板材质一般采用深拉延材质，厚度一般采用0.7mm，个别车型采用烘烤硬化钢，厚度采用0.6mm或0.65mm。随着轻量化技术的不断发展，塑料翼子板也不断涌现。

（2）2号断面的设计过程

1）步骤一：顶盖外板的设计过程。

此断面顶盖外板的设计主要是顶盖外板与前风窗玻璃配合处的结构设计，如图4-8所示。收集输入：顶盖与风窗

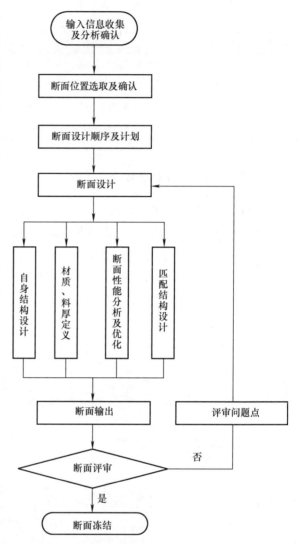

图4-5 车身典型断面的设计流程图

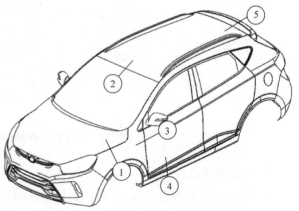

图4-6 具有代表性的典型断面位置示意图

车身结构详细设计 第4章

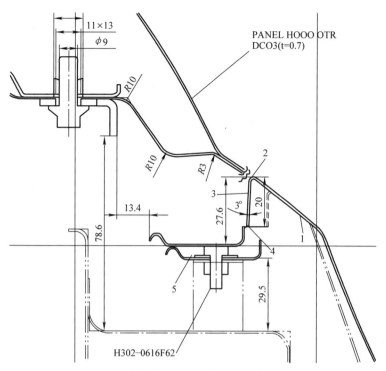

图 4-7 翼子板的设计图示

玻璃分缝 1、CASE 面 2、上视野线 3、前风窗玻璃厚度、玻璃胶厚度。面 1 由顶盖 CAS 面和 YO 平面相交而来;面 2 由分缝拔模而来,取决于冲压成形性需求,与 Z 向夹角一般为 5°~7°,为满足前风窗间隙,该角度可以做成与顶盖夹角为 90°,需按工艺要求进行确定;面 3 根据玻璃偏置而来,偏置厚度根据玻璃厚度及玻璃胶厚度确定,一般长度为 22~25mm;倒角 4 为顶盖外观造型圆角,倒角 5 为 3~5mm。市场上主流车型顶盖外板材质一般采用深拉延材质,厚度为 0.7mm。

2) 步骤二:顶盖前横梁设计过程。

此断面中需要体现顶盖前横梁的完整断面形式与尺寸,如图 4-9 所示。面 1 由顶盖外板面偏置一个外板料厚加顶盖前横梁料厚得到,左端点由外板缩进 1mm;面 2 由面 1 拔模而来,保证冲压无负角及与外板焊接边不小于 15mm;面 3 尽量保持与外板面平行,保证空腔截面均匀,H 值根据断面数据库确定;面 4 根据 L 值确定,通过对市场上车型的调研分析,H 值一般取 30~40mm;L 一般取 110~130mm;面 5 由外板面偏置外板料厚+前横梁料厚+3mm,涂胶槽根据设计标准设计,如图 4-10 所示,制作完成后倒角加厚,计算空腔截面,保证不低于标杆竞品。其材质一般采用 DC01,厚度为 0.7~0.8mm;制作完成后输出给内外饰设计人员进行完善,根据内外饰不满足项的反馈进行修改。

(3) 3 号断面的设计过程

1) 步骤一:侧围外板的设计过程。

此断面主要体现 A 柱下的车身结构,包括与车门的配合、铰链的安装结构、翼子板后部结构。需要收集的输入有门洞线、密封面、铰链安装面、前门运动包络,如图 4-11 所示。

面1直接提取前门胶条卡接面,向外延伸;面2引用前门胶条密封面,向两侧延伸;面3引用前门铰链安装面,向两侧延伸;面4由面3左侧端点拔模而成,断面宽度 H 参照标杆车或按经验值设计;面5由前围板两侧翻边偏置而来。市场上主流车型的侧围外板因其成型难度,其材质一般采用深拉延材质,厚度基本为0.7mm。

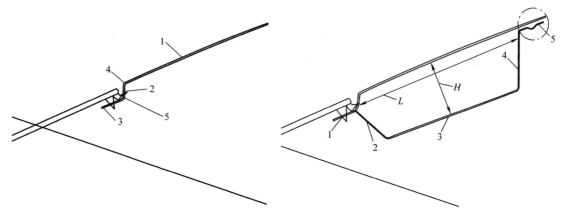

图4-8 前风窗玻璃处顶盖外板的设计图示
  1—顶盖与风窗玻璃合缝 2—CASE
  3—上视野线 4、5—倒角

图4-9 顶盖前横梁的设计图示

2)步骤二:A柱下加强板设计过程。

如图4-12所示,面1由侧围外板偏置0.7mm得到,端头缩进1mm;面2由面1端头拔模(即由已知的面及其边界按照一定的设计角度生成的设计面)而成;面3由面1偏置而成;面4由侧围胶条密封面偏置而成,偏置一般≥5.7mm;面5由侧围外板偏

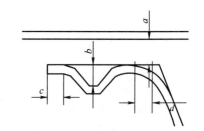

$a=3mm$
$b=2mm$
$c\geq5mm$
$d\geq5mm$

图4-10 涂胶槽的结构设计图示

置0.7mm而成;面6由面5偏置5mm而成;面7由侧围偏置5.7mm(侧围外板的厚度为0.7mm,电泳间隙为5mm)而成;面8由侧围偏置0.7mm而成。市场上主流车型的A柱下加强板一般采用高强钢或热成形材料,厚度为1.0~1.5mm。

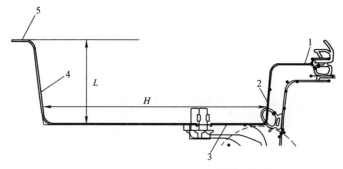

图4-11 A柱下侧围外板的设计图示

3)步骤三:前门上铰链安装板设计过程。

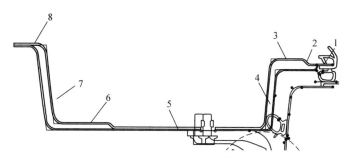

图 4-12 A 柱下加强板设计图示

如图 4-13 所示，面 1 由 A 柱下加强板面偏置一个料厚而成；面 2 由面 1 端点拔模（即由已知的面及其边界按照一定的设计角度生成的设计面）而成；面 3 由面 1 偏置 5mm 而成；面 4 由 A 柱下加强板偏置一个料厚而成；面 5 由面 4 端点拔模而成；面 6 由面 4 偏置 5mm 而成；面 7 由 A 柱下加强板面偏置 5mm 加一个料厚而成；面 8 由面 7 端点拔模而成；面 9 由 A 柱下加强板偏置一个料厚而成。

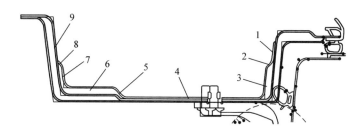

图 4-13 前门上铰链安装板设计图示

4）步骤四：A 柱下内板的设计过程。

如图 4-14 所示，面 1 由 A 柱下加强板偏置一个料厚而成；面 2 由面 1 拔模而成；面 3 由面 1 偏置一个距离 H 而成，保证断面尺寸，根据数据库及标杆车分析，H 值为 90～100mm；面 4 由面 3 拔模而成；面 5 由面 3 偏置一个距离而成；面 6 由面 5 拔模而成；面 7 与面 3 共面；面 8 由面 7 拔模而成；面 9 由 A 柱下加强板偏置一个料厚而成；A 柱内板一般采用高强钢，厚度为 1.0～1.5mm。

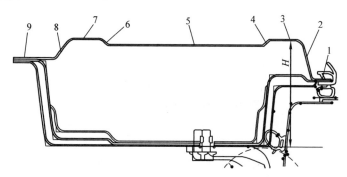

图 4-14 A 柱下内板的设计图示

5）步骤五：翼子板的设计过程。

如图 4-15 所示，面 1 由 CAS 与工作面相交而成；面 2 由面 1 拔模而成，角度一般为

45°；面 3 根据前门运动包络设计，与前门运动包络不干涉即可。

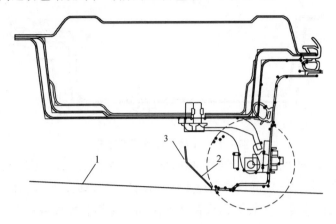

图 4-15　A 柱下翼子板设计图示

（4）断面 4 的设计过程（以带门槛装饰件为例）

1）步骤一：门槛处侧围外板设计过程。

此断面主要体现车身门槛处结构，需要收集的输入有门洞密封面、门槛装饰件的安装信息。如图 4-16 所示，面 1 由闭合件输入；面 2 与面 1 垂直，保证面 1 倒角后有效焊接边长度≥13mm；面 3 与面 1 平行，距离为 5mm；面 5 为密封面，由闭合件输入；面 4 与 Y 向拔模角一般为 5°~15°，面 4 的长度为≤80mm，注意与门内板间距≥8mm；面 7 与面 5 的距离≥5mm，根据门槛裙边的安装位置决定，保证焊接边长度。

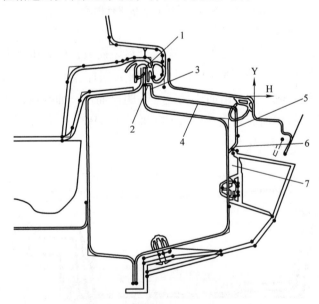

图 4-16　门槛处侧围外板设计图示

2）步骤二：门槛加强板设计过程。

如图 4-17 所示，面 1 由外板面 1 偏置 0.7mm（侧围板厚），上端点缩进 1mm；面 2 与外板面 4 平行，间距≥5mm；面 3 由外板面 7（见图 4-16）偏置 0.7mm；面 4 与 Y 向角度要考虑视野的不可见性，底盘较高的 SUV 车型，该角度可适当减小；面 5 根据下车体平台信息来定；门槛加强板的材质一般采用高强钢或超高强钢，目前行业通用厚度为 1.2 ~ 1.5mm。

3）步骤三：门槛内板设计过程。

如图 4-18 所示，面 1 由外板面 1 偏置 0.7mm + 门槛内外板厚度，上端点与门槛外板平齐；面 2 与面 1 角度一般为≥95°，保证成型性，根据成型情况可以放大；面 3 由前地板边界确定，一般与 Z 向平行；面 4 与 Y 向拔模角一般为 5°~10°；面 5 根据下车体平台信息来定；门槛内板的材质一般采用高强钢，目前行业通用厚度为 1.2 ~ 1.5mm。

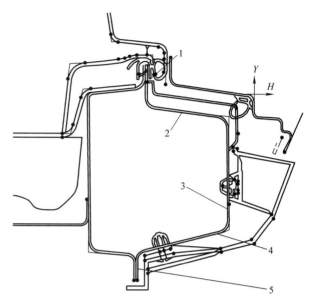

图 4-17 门槛加强板的设计图示

（5）断面 5 的设计过程　此断面主要体现车身与尾门配合的结构，主要考虑尾门的密封及运动校核，需要收集的输入有 CAS 面、尾门分组断面（尾门门洞线、尾门密封面、尾门过开包络）、头部包络，以及后视野线。

1）步骤一：顶盖外板设计过程。

如图 4-19 所示，面 1 由闭合件给出，校核焊接边长度，倒圆角后可满足焊接要求及胶条配合要求即可；面 2 由闭合件给出，与面 1 夹角为 90°~95°，保证焊接边长度≥16mm；面 3 为过渡面，保证工艺成型性要求即可，与 Z 向夹角≥5°；面 4 保证与 X 向夹角≥5°，保证水能顺利排出，且保证不与尾门发生干涉；面 5 与 XY 面垂直，保证与包络不干涉，与包络间隙最小为 2mm；面 6 为过渡面；面 7 与 XY 面垂直，长度一般为 4~6mm；面 8 为 CAS 面。

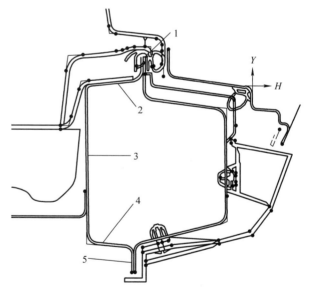

图 4-18 门槛内板的设计图示

2）步骤二：顶盖后横梁外板设计过程。

如图 4-20 所示，面 1 为外板面偏置外板料厚得到，右侧止口与外板圆角止口间距为

1mm；面2为过渡面，保证与外板空腔尖角处空间尽量大；面3由外板面偏置而来，偏置［(5～10mm)＋外板料厚］的厚度；面4由外板面偏置5mm＋外板料厚得到；面5由外板偏置得到，偏置［(5～10mm)＋外板料厚］的料厚；面6为过渡面，无特殊要求；面7为涂胶面，由外板偏置3mm＋外板料厚得到，涂胶面可参考3号断面的设计；面8为过渡面，无特殊要求；面9由外板偏置而来，偏置5～10mm。通过调研得知，市场上大

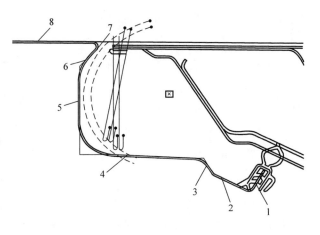

图4-19 顶盖外板设计图示

多数车型的顶盖后横梁外板采用普通钢板，部分车型采用高强钢，厚度一般为0.7～0.8mm。

3) 步骤三：顶盖后横梁内板设计过程。

如图4-21所示，面1为外板面偏置外板料厚＋加强板料厚＋内板厚度得到，右侧止口与外板圆角止口间距为1mm；面2为过渡面，保证与加强板空腔尖角处空间尽量大，与面1的夹角≥90°，且保证倒圆角后面1的焊接边长度≥16mm；面3为过渡面，设计成水平面，保证与加强板空腔间距≥5mm；面4要保证头部包络间隙满足需求（头部空间 + 内饰板厚度6mm + 线束及水管厚度10mm）；面5为过渡面，保证与面6圆角后焊接边足够；面6为焊接面，由后横梁面偏置后横梁料厚＋加强板厚度得到。市场上的车型一般采用普通钢板，厚度为0.7～0.8mm。

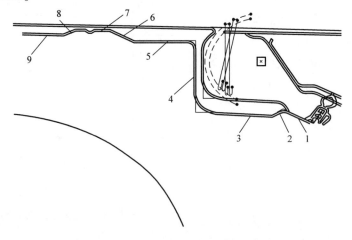

图4-20 顶盖后横梁外板设计图示

注：以上断面1到5中涉及的数值为行业或者标杆车数据库中的一般数值，仅作本章说明之用，各设计者在实际设计过程中可根据要求不同而采用不同的数值。同时，断面1～5在完成基本的结构设计之后，需要进行断面系数和断面性能计算校核，再根据具体结果对设计过程中的相关数值（如断面部件厚度、断面基本尺寸等）进行调整。

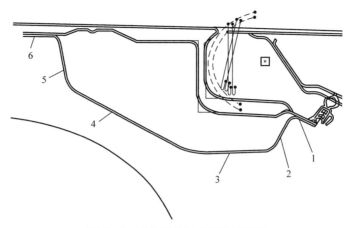

图 4-21 顶盖后横梁内板设计图示

> **提示** 以上为车身具有代表性的典型断面的设计过程介绍。要想真正具备车身断面设计能力,还需要参与到车身开发的设计实践中,通过大量的标杆竞品车、数据库的研究及设计经验的累积,只有这样才能设计出满足性能、布置及造型要求的车身断面。

4.2 车身结构详细设计与轻量化

在车身结构详细设计阶段要完成车身各个零部件的详细结构设计,达成车身性能目标、轻量化等目标,并进行同步工程(Simultaneous Engineering,SE),最终发布车身数据,进行后续的工装开发和车身试制工作。车身各零部件的详细结构设计主要基于车身概念数据进行详细结构设计,如部件细节结构设计、工艺性结构优化设计、性能结构优化设计和轻量化设计等。各个零部件的结构详细设计将在下一节集中介绍,本节重点介绍在车身结构详细设计阶段的轻量化设计原则和常用的设计方法。

4.2.1 结构轻量化设计

在车身结构详细设计阶段,主要的结构轻量化设计方法有去除结构冗余设计、零部件集成化设计、零部件小型化设计,以及基于灵敏度的零部件厚度优化设计等。

1. 去除结构冗余设计

去除结构冗余设计,就是对车身上的零部件从安装功能、结构性能等方面入手,查找结构冗余部分,在满足安装、结构性能要求的前提下,最大限度地去除冗余结构,实现零部件的轻量化。

车身上的零部件,特别是内板件、加强板件等,在满足刚度和强度要求的前提下,可通过设计减重孔、变断面尺寸设计、焊接搭接边长度规整、"锯齿"状焊接边等方法,实现零部件的轻量化。

(1) 减重孔、"锯齿"状焊接边设计 在不影响气密性、刚度、强度等性能的前提下,车身上的内板件可以通过设计减重孔来实现轻量化;在不影响刚度、强度等性能的前提下,部分内板件焊接边可以设计成"锯齿"状。图 4-22 为"锯齿"状焊接边设计以及减重孔设计的示意图。

（2）焊接搭接边规整 在确保焊接可行性的前提下，车身上各个零部件的焊接边应尽量减小焊接宽度。通常情况下，建议焊接边宽度为 13~15mm，在焊接工艺允许时，焊接边宽度尽量设计为 13mm。

（3）变断面尺寸设计 车身上部分传递碰撞载荷的梁类件，可以通过采用变断面尺寸设计来实现轻量化，即沿着碰撞载荷传递方向，碰撞力逐步减小，梁的断面尺寸同步减小。图 4-23 为途观 L 车型的前地板下纵梁变断面尺寸设计案例。

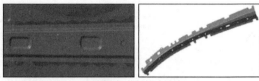
a) "锯齿"状焊接边设计

b) 减重孔设计

图 4-22 焊接边及减重孔设计示意图

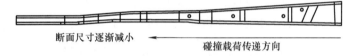

图 4-23 途观 L 车型的前地板下纵梁变断面尺寸设计案例

此外，目前越来越多的汽车配置了门槛护板，使得侧围外板下部的门槛护板区域的结构成为冗余。如图 4-24 所示，某车型通过采用半包式侧围外板设计，实现单车减重 3.79kg，同时大大降低侧围外板下部的成型难度。

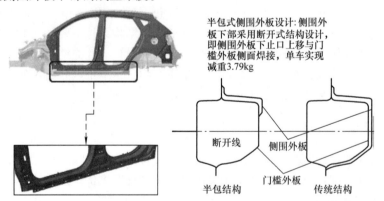

图 4-24 某车型半包式侧围外板设计案例

2. 零部件的集成化、小型化

车身零部件的集成化设计能减少车身零部件的数量，避免由于焊接等因素造成的部件刚度和强度下降，从而实现轻量化设计要求，并可取消一些不必要的零部件。对于钢制车身而言，车身零部件的集成化可以采用 TWB、TRB 等轻量化工艺技术，实现多个零部件的集成；也可以采用复合材料注塑或者铝合金、镁合金铸造获得集成化的部件，典型的应用是汽车的前端模块（Front End Module，FEM）、减振器塔等。如图 4-25 所示为某车型通过应用 FEM 技术，实现减重 2.5kg，轻量化率达 34.5%；铝合金铸造减振器塔案例见 1.4.2 的图 1-56。

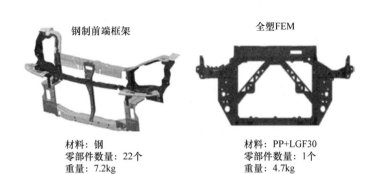

图 4-25 某车型的 FEM 案例

车身零部件的小型化是采用机械性能高的钢板材料，如超高强度钢，在满足构件功能要求（如刚度、强度、防腐、结构装配等）条件下，使零部件尺寸尽量减小，实现轻量化。

3. 基于灵敏度的零部件厚度、尺寸优化

在满足车身基本性能前提下，识别对刚度、模态等性能敏感度较低的零部件进行进一步轻量化，主要以车身重量为目标函数，以弯曲刚度、扭转刚度、模态频率等为约束条件，以零部件的结构参数和材料厚度参数为设计变量来优化车身结构。即在满足车身性能的情况下，分析零件减薄、取消、尺寸缩短等减重措施的可行性及影响度，最终实现满足性能条件的轻量化。此方法贯穿整个车身结构设计过程，在前面概念设计阶段中的 3.4.2 已有详细阐述，在此不做赘述。

4.2.2 工艺轻量化技术应用

在车身结构详细设计阶段，工艺轻量化技术主要与结构、材料轻量化技术相配合使用来实现车身的轻量化。现阶段常用的工艺轻量化技术有 TWB、热成形、液压成形、辊压成形、激光焊接技术等。

如前 1.4.2 介绍，TWB 通常会与高强度钢、超高强度钢、热成形钢等配合使用，来实现车身零部件的集成化和零部件厚度的减小，实现轻量化。热成形技术在前面已介绍，在此不做赘述，在应用时需要根据车型的成本目标适当选用。辊压成形和液压成形技术主要与超高强度钢匹配应用，通过提升材料强度等级，达到减小材料厚度的效果，实现轻量化。应用激光焊接技术，可有效降低车身零部件的焊接边长度，进而实现车身的轻量化。现阶段的热成形、液压成形、辊压成形、激光焊接技术，由于自身工艺较为复杂，且部分技术尚未规模化应用，故而应用成本较高。在选用热成形、液压成形、辊压成形、激光焊接技术时，除需满足车身零部件的性能外，还要考虑其技术应用成本。

4.2.3 材料轻量化技术应用

材料轻量化技术主要有应用轻质材料替换原钢制材料、应用高强度钢替换原低强度钢、应用复合材料替换原钢制材料等。其中，常用的轻质材料主要有铝合金、镁合金等；高强度钢主要有 DP 钢、CP 钢、QP 钢等；复合材料主要有玻璃纤维增强复合材料（GFRP）和碳纤维增强复合材料（CFRP）。

1. 轻质材料应用技术

对于轻质材料，铝合金材料已经在行业内有了较为广泛的应用，详见1.4.2。镁合金材料在汽车上应用尚有诸多问题需要解决，如耐蚀性问题，目前在汽车应用较少。不论是铝合金还是镁合金材料，在车身上应用时，都要关注应用成本。

以铝合金材料为例，应用铝合金材料替换原钢制材料时，一般可按照等弯曲刚度原则、等扭转刚度原则、等结构强度原则进行计算，具体要根据零部件的实际受力情况选择。1.4.2的图1-51给出了基于各种原则的计算公式和轻量化率，在进行具体的轻量化设计时可以选用。

2. 高强度钢

通过在关键传力、承力部位以及关键铰接点部位应用高强度钢及超高强度钢，在满足车身各项基本性能的情况下，有效地减小板件的厚度，减小车身断面横截面尺寸。

应用高强度钢替换低强度钢的厚度计算公式为

$$\frac{t_1}{t_2} = \sqrt{\frac{\sigma_{S2}^2}{\sigma_{S1}^2}} \tag{4-1}$$

式中，t_1 为零部件1的厚度；σ_{S1} 为零部件1的材料屈服强度；t_2 为零部件2的厚度；σ_{S2} 为零部件2的材料屈服强度。

在计算出高强度钢零部件的厚度后，则需要进一步进行断面校核，其校核公式为

$$A_2 \sigma_{S2} \geq A_1 \sigma_{S1} \tag{4-2}$$

式中，A_1 为零部件1的断面面积；A_2 为零部件2的厚度。

表4-2给出常用高强度钢替换普通钢板的轻量化效果。大量研究证明，板材厚度与屈服强度之间，以及车身断面横截面积与屈服强度之间具有如下关系：高强度钢应用比例每提升1%，重量降低0.7%~0.9%。

表4-2 高强度钢替换普通钢板的减重率对照表

钢种	牌号	高强度钢			普通钢板		减重率		平均减重率（%）
		屈服强度下限/MPa	屈服强度上限/MPa	厚度/mm	屈服强度/MPa	厚度/mm	屈服下限(%)	屈服上限(%)	
IF	B210P1	210	310	1	180	1.1 / 1.3	7	24	16
	B250P1	250	360	1	180	1.2 / 1.4	15	29	22
BH	B180H1	180	280	1	180	1.0 / 1.2	0	20	10
	HC300B	300	360	1	180	1.3 / 1.4	23	29	26
HSLA	HC260LA	260	330	1	180	1.2 / 1.4	17	26	21
	B340LA	340	460	1	180	1.4 / 1.6	27	37	32
	B410LA	410	560	1	180	1.5 / 1.8	34	43	39
	HC500LA	500	600	1	180	1.7 / 1.8	40	45	43

(续)

钢种	牌号	高强度钢			普通钢板			减重率		平均减重率(%)
		屈服强度下限/MPa	屈服强度上限/MPa	厚度/mm	屈服强度/MPa	厚度/mm		屈服下限(%)	屈服上限(%)	
DP	B340/590DP	340	500	1	180	1.4	1.7	27	40	34
	B400/780DP	400	590	1	180	1.5	1.8	33	45	39
TRIP	HC380/590TR	380	480	1	180	1.5	1.6	31	39	35
	HC450/980TR	450	700	1	180	1.6	2.0	37	49	43
CP	BR650/780CP	650	800	1	180	1.9	2.1	47	53	50
	BR720/950CP	720	920	1	180	2.0	2.3	50	56	53
MS	HC500/780MS	500	700	1	180	1.7	2.0	40	49	45
	HC950/1180MS	950	1200	1	180	2.3	2.6	56	61	59
热成形钢	B1500HS	950	1250	1	180	2.3	2.6	56	62	59
	BR1500HS	950	1250	1	180	2.3	2.6	56	62	59

4.3 车身各部位结构详细设计

如前所述，车身结构一般可分为发动机舱前围、前地板、后地板、后围、流水槽、侧围、顶盖、翼子板等部分，轿车车身一般较SUV车型多出衣帽架总成，MPV与SUV结构形式类似，细节结构略有差别。本章内容以SUV车型为例，介绍车身的详细结构设计，SUV的车身分块如图4-26所示。注：4.3中涉及的数值为行业或者标杆车数据库中的一般数值，仅作说明之用，各设计者在实际设计过程中会根据自身要求不同而有所不同。

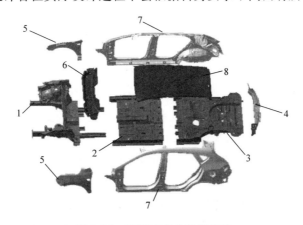

图4-26 SUV车身分块及名称

1—发动机舱前围总成 2—前地板总成 3—后地板总成 4—后围总成
5—左、右翼子板 6—流水槽总成 7—左、右侧围总成 8—顶盖总成

4.3.1 发舱前围结构详细设计

发舱前围即发动机舱与前围板形成的总成。发动机舱顾名思义是发动机与变速器的布置空间，是汽车的动力舱。前围板是动力舱与座舱隔板，将车身内部空间分为动力舱与座舱，从而保证座舱舒适性和安全性，如图4-27所示。

1. 发动机舱结构详细设计

发动机舱（简称发舱）主要由左发舱与右发舱组成。以左发舱为例，如图4-28所示，其结构又可细分为发舱上边梁、塔包和发舱纵梁。其中，发舱纵梁又可视作由前纵梁与后纵梁组成。上边梁主要为翼子板提供安装位置（各安装支架焊接在其上），连接减振器塔包，后部连接A柱，将正碰中的能量传递到侧围；塔包将车身内外分开，承担前减振器安装点，并连接前围；前、后纵梁为车身重要的结构组成，为悬置、蓄电池、前副车架、前端模块等提供相关安装点，是碰撞中力的重要传递路径。

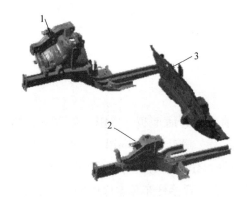

图4-27 发舱前围总成结构图
1—左发动机舱 2—右发动机舱
3—前围板总成

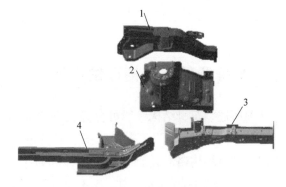

图4-28 左发舱结构图示
1—发舱上边梁 2—塔包
3—发舱前纵梁 4—发舱后纵梁

（1）发舱上边梁详细结构设计　发舱上边梁一般由上边梁内板与上边梁外板组成矩形梁结构。考虑翼子板安装支架焊接在上边梁上，及焊接的公差累计，为保证精度最优化，上边梁结构形式的设计一般选择上边梁外板上件靠后的原则，其结构形式如图4-29所示。边梁后部上边界由发动机舱盖铰链的布置、流水槽的位置决定，边梁前部的高度尽可能设计在碰撞区的高度范围内，并结合造型考虑翼子板的安装结构、前端模块的安装要求等因素的平衡；其截面尺寸（H、W）一般按照标杆竞品车或设计经验值先确定，再结合碰撞仿真分析及周边结构匹配进行调整。上边梁内外板上部外漏止口需要设计涂胶面，涂胶面宽度a按照涂装工艺要求设计。上边梁外板可设计减重孔进行轻量化设计。上边梁内板与外板材质定义一般选择抗拉强度为350MPa以上，厚度为1.2mm以上，可结合车身性能要求的CAE分析结果最终确认。

（2）塔包的详细结构设计

塔包主体部分一般由减振器塔安装板及前轮罩组成，前轮罩一般分为轮罩前板与轮罩后板两个部件，如图4-30所示，考虑结构强度与刚度，车身此处一般设计轮罩加强板与前加

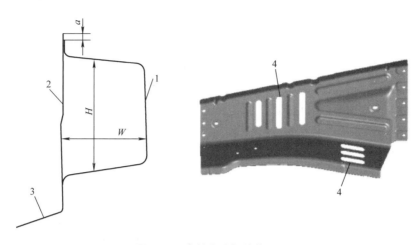

图 4-29 发舱上边梁结构图示

1—上边梁外板 2—上边梁内板 3—轮罩板 4—减重孔

强梁，其中，轮罩加强板主要起连接减振器塔安装板轮罩及发舱纵梁的作用，保证减振器安装处的强度；前加强梁主要起支撑轮罩及连接上边梁与发舱纵梁的结构作用，加强梁的结构形式因车型的不同有各种设计方式，或因各车身设计的经验传承不同有差异。

减振器塔安装板主要提供前悬架减振器的安装点，必须保证安装点的动刚度及其自身的结构强度。根据对市场主流车型的调研，减振器塔安装板材质一般采用屈服强度为340MPa以上，厚度为2.0mm以上。为保证减振器安装点的结构

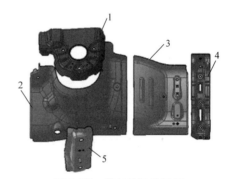

图 4-30 塔包的结构图示

1—减振器塔安装板 2—轮罩后板
3—轮罩前板 4—前加强梁 5—轮罩加强板

刚性，安装点处一般采用最小平面设计，设计"局部凸台或沉台"式特征，如图4-31所示。

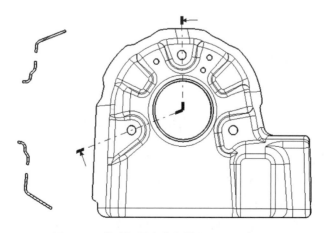

图 4-31 前减振器安装点最小平面设计图示

轮罩前后板的设计主要考虑前轮胎包络与前减振器包络,且需要保证足够的安全间隙要求,常见的分件形式有两种,形式一:将避让减振器包络部分全部放在轮罩后板;形式二:从减振器中间位置分开,如图 4-32 所示。形式二的结构将轮罩后板的成形难度大大降低。目前,市场上主流车型的轮罩后板一般采用 1.0mm 厚度,轮罩前板一般采用 0.8mm 厚度,材料的屈服强度一般选择 200MPa 以上,可结合其成形性要求及 CAE 的分析确认其材料选择。为了保证减振器安装点的精度,轮罩板与减振器安装板采用 Z 向滑动搭接的方式,且采用双排焊点连接。

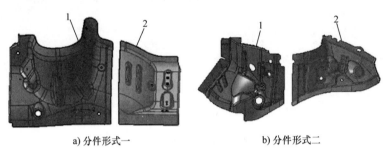

a) 分件形式一　　　　b) 分件形式二

图 4-32　轮罩前后板的分件类型
1—轮罩后板　2—轮罩前板

(3) 发舱纵梁的详细结构设计　前纵梁的结构形式一般有两种形式,形式一为较常见的结构形式,形式二一般运用在 MPV 车型上,如图 4-33 所示。相比形式二的结构,形式一的结构在布置、结构设计及其结构防腐性能方面均较优,所以形式一的结构被越来越多的主流车型设计采纳。其截面尺寸 H 与 W 是保证前纵梁性能的重要参数,一般参考标杆竞品车或数据库进行设计确定。无论形式一或形式二的纵梁结构,其上表面均应避免设计无法密封或容易进水的安装孔,如卡扣孔、总装闲置孔,若必须设计,需要考虑对应的密封设计。根据碰撞性能要求,前纵梁内、外板一般选择材质抗拉强度在 500MPa 以上,内板厚度选择在 2.0mm 以上,外板厚度选择在 1.8mm 以上。

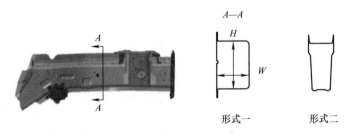

图 4-33　前纵梁的结构形式

后纵梁一般采用带法兰的"U 形"梁结构设计,如图 4-34 所示。前、后纵梁一般存在一定的高度差,其过渡段在前围板下部。为了保证碰撞力的有效传递,前、后纵梁的过渡区域设计加强板或采用其他加强方式,如将后纵梁分为前、后两段或采用激光拼焊板,前段采用高强度、厚度较高的材质进行加强设计,如图 4-35 所示。采用激光拼焊技术有助于车身的轻量化设计，后纵梁的材质一般采用抗拉强度≥500MPa，厚度在1.5mm以上的材质。

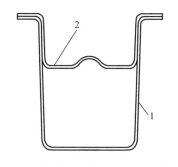

图4-34 发舱后纵梁的断面结构
1—发舱后纵梁 2—发舱后纵梁加强板

图4-35 激光拼焊板的后纵梁实例

（4）上边梁、塔包、发动机舱纵梁的连接结构设计 上边梁、塔包、前纵梁的连接结构形式如图4-36所示，减振器塔安装板通过加强板与上边梁加强连接，减振器塔安装板与轮罩板通过轮罩加强板与前纵梁相连（断面A所示），轮罩前板通过前加强梁与上边梁与前纵梁相连接。

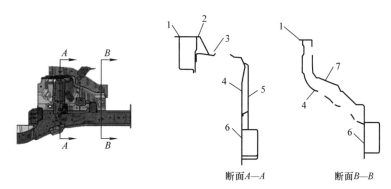

图4-36 上边梁、塔包、发动机舱纵梁的连接图示
1—上边梁 2—加强板 3—减振器塔安装板 4—轮罩后板
5—轮罩加强板 6—前纵梁 7—轮罩前板

（5）发舱后纵梁与周边连接结构 发舱后纵梁采用"插入式"搭接方式与发舱前纵梁搭接，形成发舱纵梁，如图4-37a所示，即后纵梁前部藏于前纵梁后部腔内；发舱后纵梁通过"双翼式"连接板与门槛和前地板纵梁进行连接，如图4-37b所示，可将碰撞力分散传递到门槛及前地板纵梁上。

（6）发动机舱中重要部件的安装结构

1）前端模块安装结构。目前，前端模块技术已被普遍应用，即前保险杠总成、前照灯、散热器等部件集成为一个前端模块，在装配线上一起安装在车身上。车身为前端模块提供安装点，必须保证能满足前端模块安装要求的刚度、强度。车身前端模块安装结构一般采用前端模块安装板、连接板与发舱前纵梁相连接，如图4-38所示，其中，前端安装板为保

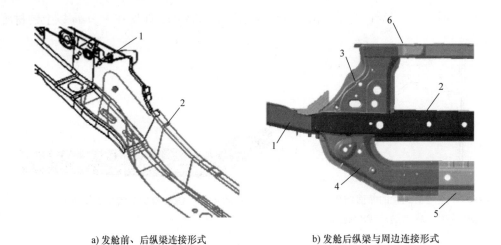

a) 发舱前、后纵梁连接形式　　　　b) 发舱后纵梁与周边连接形式

图 4-37　后纵梁与周边连接结构形式

1—前纵梁　2—后纵梁　3—后纵梁门槛连接板　4—后纵梁前地板纵梁连接板　5—前地板纵梁　6—门槛

证前端模块的安装精度，降低焊接公差累计，采取上件顺序靠后的拼焊方式。连接板与纵梁的搭接量 L 一般可容纳双排焊点。前端模块安装板及连接板一般采用抗拉强度在 400MPa 以上的材质，前端模块安装板厚度一般为 2.0mm 以上，连接板厚度一般为 1.8mm 以上。

图 4-38　前端模块安装结构

1—安装板　2—连接板　3—纵梁

2) 前副车架安装结构。副车架一般与车身有四点连接，前、后安装点的车身结构相似。以前安装点为例，一般采用螺柱或螺纹管安装，具体的结构如图 4-39 所示。考虑安装板与纵梁间距 a，前副车架安装结构有两种形式。安装板及固定板一般采用屈服强度 ≥ 350MPa 的材质，厚度为 2.0mm 以上。具体的材质结合强度、疲劳的 CAE 分析结果确定。

3) 悬置的安装结构。车体悬置安装结构需重点考虑安装结构的强度、刚度性能。传统动力汽车的左悬置安装结构一般为三点安装设计，其中，发舱前纵梁上设计两个安装点，另外在塔包结构上设计一个安装支架，如图 4-40 所示。成熟车型的左悬置安装结构，纵梁安装点处均设计了竖向支撑支架，支架与纵梁内腔三面匹配焊接（上、下、内侧面），安装螺纹管与支架通过二保焊（或凸焊）连接，形成高强度、高刚度的局部结构。其结构设计要点为发舱前纵梁上端面设计两个安装过孔，内部设计安装螺母或螺柱（从提高刚度角度，考虑设计安装螺纹管），二保焊与支撑支架连接，支撑支架与发舱前纵梁内腔三面设计焊点

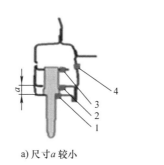 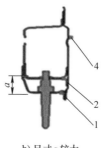

a) 尺寸 a 较小　　　　　　　　　b) 尺寸 a 较大

图 4-39　车身前副车架安装结构

1—副车架安装板　2—纵梁内板　3—副车架螺柱固定板　4—纵梁外板

连接；支撑支架一般选择屈服强度≥200MPa 的材质，厚度≥1.5mm。

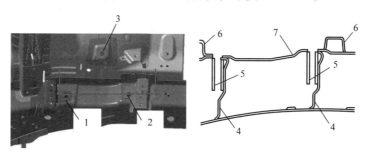

图 4-40　车身左悬置安装结构示例

1、2、3—左悬置安装点　4—支撑支架　5—安装螺纹管　6—蓄电池支架　7—发舱前纵梁

与左悬置安装结构相比，右悬置安装结构一般位于纵梁上部，通过设计安装支架与发舱右前纵梁相连。右悬置安装点通常设计为三点安装，车体常用支架设计结构形式如图 4-41 所示。此类结构设计要点为右悬置安装支架选择分体式结构，即在纵梁上部设计两个安装支架（凸焊螺母），安装支架周边与纵梁及塔包连接（经调研及相关标杆车研究得出支架的厚度一般为 2.5mm 左右），塔包处设计第三点安装支架，厚度一般为 2.0mm 左右；其材质一般依据 CAE 的强度分析结果确定。

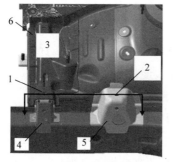 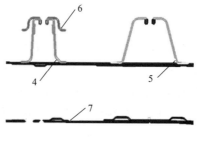

图 4-41　车身右悬置安装结构示例

1、2、3—右悬置安装点　4—安装支架 1　5—安装支架 2　6—安装支架 3　7—发舱前纵梁

4）蓄电池安装结构。蓄电池安装结构需重点考虑其强度性能，以市场上较成熟车型的一种蓄电池安装结构为例说明，如图4-42所示。其结构设计要点为：蓄电池布置时安装点及其重心位置尽量靠近发舱纵梁本体，保证力的传递最终分散在纵梁上；蓄电池托盘安装支架与纵梁的搭接边尽可能大，同时尽量增加连接焊点数量；主流车型的蓄电池安装板厚度均在1.5mm以上；支撑板的厚度在1.5mm以上，其材质依据强度的CAE分析结果确定。

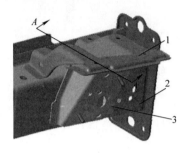 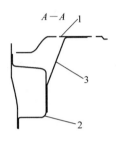

图4-42 蓄电池安装结构示意图

1—蓄电池安装板 2—发舱纵梁 3—支撑板

纵梁内的加强板或其他加强结构及纵梁及上边梁的细节结构依据车身碰撞性能优化要求进行设计，具体在第5章5.1部分讲解。

2. 前围板结构详细设计

（1）前围板总成的结构形式及组成部件　前围板总成是分割动力舱与乘员舱的重要结构部件，其设计要综合考虑人机、三踏板、转向管柱、空调主机等布置因素，以及轮胎包络的空间要求，碰撞入侵的结构强度，隔音、隔热等气密性要求。按照前围板是否分块，可将前围板总成分为整体式与分体式两种。

如图4-43所示，前围板为整体式，为了保证离合器踏板、制动踏板等安装点的刚度、强度及碰撞入侵量要求，前围左侧一般设计加强板，加强板的形状尺寸及材质厚度按照性能要求进行设计。右侧加强板设计的必要性及其尺寸、材质、厚度均依据碰撞要求设计。前围左、右连接板一般与前围前横梁呼应设计，并与侧围A柱连接且与发舱前纵梁后端对应，在碰撞中起着分散力的作用。也存在个别车型将前围前横梁设计在乘员舱内。中立柱起着连接流水槽的作用，可增加车身的刚度，也存在部分车型中立柱Z向的尺寸较短，从结构上仅连接前围板与流水槽的。歇脚板主要按人机要求设计。转向管柱安装板为转向管柱从乘员舱通向舱外提供支撑密封面。前围下加强板按照碰撞性能要求设计，保证与前地板中央通道连接成一体。前围下加强横梁与发舱后纵梁前地板连接板相连接，主要是为提升车身的刚度。是否设计空调支架依据空调的布置及要求决定。

分体式前围板总成，如图4-44所示。其前围板分成四块，其中前围板下部又是由内外板组成的梁式结构，其作用与整体式前围的横梁相同，在碰撞中起加强作用，其材质的选择可按前围横梁材质设计，但要综合其自身的成形性及碰撞性能的要求。分体式的前围板上部可实现平台化车型的通用，比整体式前围成形性更好，材质一般可依据碰撞要求采用强度较高延展性略差的材质。分体式的前围板总成较整体式前围板总成，因部件数量多，焊接层级

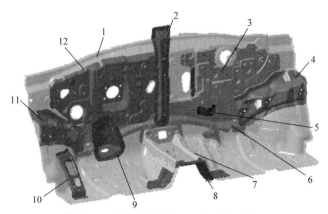

图 4-43　整体式前围板总成结构示意图

1—前围板　2—中立柱　3—右加强板　4—右连接板　5—空调支架　6—前横梁　7—下加强板
8—下横梁　9—转向管柱安装板　10—歇脚板　11—左连接板　12—左加强板

多，其对制造的精度要求更高。

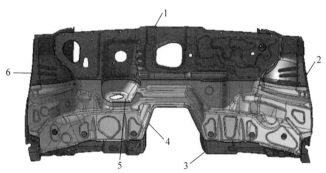

图 4-44　分体式前围板总成结构示意图

1—前围板上部　2—前围板右侧　3—前围板下部外板
4—前围板下部内板　5—转向管柱安装板　6—前围板左侧

（2）前围板的设计　前围板总成以前围板为主体，结构形式似"L形"，其"L形"的竖向（前围板立面）X 坐标依据踏板的布置、与发动机的间隙要求等因素确定。"L形"的横向（前围板底面），Z 坐标依据踵点及地毯厚度确定，如图 4-45 所示。若采用分体式前围板，基于前围板结构面确认后，再匹配周边结构按照分体式前围板总成的形式考虑前围板的分块设计。整体式的前围板材质一般采用延展性较好的材料，厚度为 0.8mm；分体式的前围板，因其成形

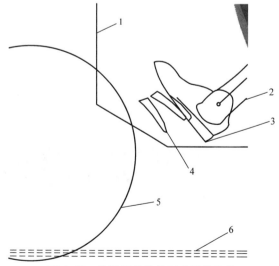

图 4-45　前围板的结构形式及其设计

1—前围板　2—假人　3—踵点　4—踏板　5—轮胎　6—地面线

难度较整体式低，安装三踏板的前围板上部可采用强度较高的材质，厚度为1.0mm，前围板下部内、外板依据碰撞的分析结果确认其材质料厚，如大众途观L车型，其前围板下部内、外板均采用热成形材料，厚度为1.4mm及1.2mm。

前围板因其具有相对较大的平面，所以其表面要设计足够多的加强筋，保障自身的刚性与规避局部模态，如图4-46所示，加强筋的布置间距及加强筋的深度决定板件的刚度，一般加强筋的深度设计为≥7mm。

图4-46 前围板加强筋图示

因前围板是汽车座舱内外的隔断，为了保障座舱的舒适性，前围板所有的过孔必须密封；为了保障足够的动刚度，前围板部分安装点一般采用加强特征（翻边、凸台或凹台）设计，如图4-47所示。

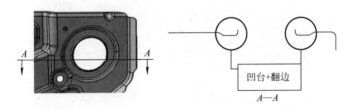

图4-47 加强特征图示

（3）前围横梁的结构设计 前围横梁作为前围板总成比较关键的部件之一，应贯通整个前围板，并与左、右侧围相连，两侧搭接结构尺寸尽量做大。前围横梁最小断面尺寸不应小于标杆车，即如图4-48所示的 H 与 L 的数值参照数据库或标杆车进行设计。前围横梁为碰撞传力的结构部件，一般采用超高强钢材质，厚度为1.0~1.2mm。如荣威RX5的前围横梁采用热成形材料。

图4-48 前围横梁的断面示意

前围横梁尺寸设计应均匀连续，避免有形状尺寸突变，尤其是在转向管柱处，如图4-49

所示。

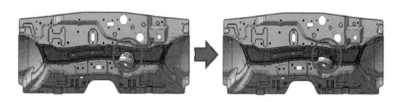

图 4-49　前围横梁形状尺寸设计示意图

前围横梁应与发舱纵梁连接，搭接重叠量要大于前围横梁高度的 2/3 以上，以便发生碰撞时前围横梁可有效地支撑前围板，减小前围的入侵量，并将碰撞力分散传递，如图 4-50 所示。

4.3.2　地板结构详细设计

1. 地板的功能及主要部件

地板是车身的主要组成部分，是整个乘员舱的基础，主要用于承载及安装前排座椅、后排座椅、备胎、油箱等部件。它支撑着驾驶员及乘员的重量，同时还承受汽车运动过程中产生的载荷、振动、冲击和扭矩，是车身下部非常重要的部件，因此，地板结构设计时，要考虑其刚度、强度、舒适性、方便性，以及地板结构的防振、隔音、隔热及密封性能。另外，因为地板位于车身下部，对防腐性能要求也很高。

图 4-50　前围横梁与发舱纵梁的连接示意图

地板一般分为前地板总成、中地板总成、后地板总成三部分，如图 4-51 所示。前地板总成主要安装前排座椅，支撑驾驶员及前排乘员重量；后地板总成主要安装后排座椅、备胎、油箱等部件；中地板总成主要起连接前、后地板的作用。

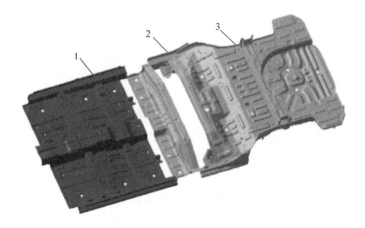

图 4-51　地板总成结构图
1—前地板总成　2—中地板总成　3—后地板总成

2. 前地板总成的结构设计

前地板总成一般由前地板、门槛内板、中央通道加强板、座椅横梁及地板下部纵/横梁六大部分组成，每一部分可能是一个单件或多个单件，也可能是一个焊接总成，如图4-52所示。

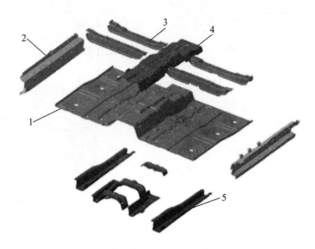

图4-52 前地板分块

1—前地板 2—门槛内板 3—座椅横梁 4—中央通道加强板 5—地板下部纵/横梁

（1）前地板结构设计 前地板一般为单层薄板结构，厚度一般为0.7mm或0.8mm，材质一般是DC系列的低碳钢，有整体式和分块式两种结构，如图4-53所示。整体式前地板是一个冲压单件，其优点是材料利用率高，结构简单，焊接工序少，密封性能好，缺点是冲压成形困难，中央通道部位需要增加加强板。分体式前地板是把前地板分成左、中、右三部分，三者之间通过点焊连接，其优点是前地板分块，降低成形难度，中央通道部位可以直接提高料厚或材质，减少了中央通道加强板；缺点是增加了焊接工序，焊接工艺复杂。部分车型中央通道部位做成纵梁的形状，可以代替中央通道侧纵梁，如图4-54所示。

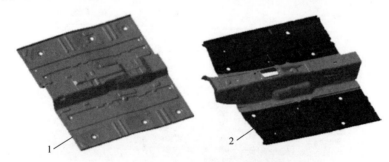

图4-53 前地板结构

1—整体式前地板 2—分块式前地板

前地板是乘员的主要活动空间，因此，前地板设计需考虑其刚度性能。通过在地板平面上增加加强筋，可减小大平面，从而提升刚度和局部模态，进而使地板的局部模态与声腔模

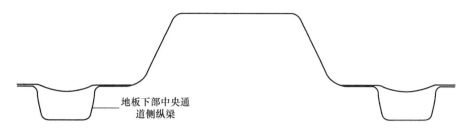

图 4-54　前地板中间部分结构图示

态、发动机激励等避开，降低噪声，提升乘员驾乘舒适性。通过研究表明，增加图 4-55 所示的弧面加强筋，对一阶模态的频率提升最明显，因此，前地板结构设计在条件允许的情况下首先考虑弧面加强筋设计。当受结构限制无法设计弧面加强筋时，可以考虑设计长条加强筋，如图 4-56 所示，一般加强筋的高度为 10mm 左右，间距为 50mm 左右，最终高度及间距需根据 CAE 分析结果进行优化设计，如宝骏 730 加强筋高度设计为 9mm，间距设计为 30mm。

图 4-55　弧面加强筋

图 4-56　长条加强筋

因前地板为单层板结构，直接与室外相通，其设计要考虑密封性能。前地板最低点位置需要设计漏液孔（电泳孔），并且漏液孔的形状尽量统一，以便减少孔塞类型数量，降低成本，提高生产线操作方便性，如图 4-57 所示。另外，与前地板与周边搭接部位可以通过点焊及焊缝密封胶保证密封性。

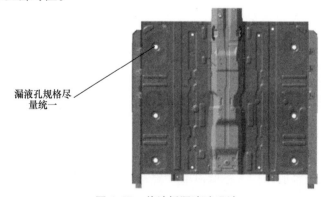

图 4-57　前地板漏液孔设计

（2）门槛内板结构设计　门槛内板是与侧围搭接的重要部件，如图 4-58 所示，在碰撞过程中起支撑乘员舱、防止变形的作用，并且对提升白车身刚度有明显贡献，厚度一般≥1.2mm，材料一般可选择高强钢、先进高强钢或热成形钢。

门槛内板因为直接与车内车外相连，所以有较高的密封性需求。门槛内板在前地板上部部分，尽量减少开孔，如大众途观 L，门槛上部全部通过支架形式提供线束、拉丝、内饰板等部件的固定孔，如图 4-59 所示，若开孔，必须保证其密封性，防止在涉水试验过程中水进入乘员舱内部，或者影响整车气密性，降低驾乘舒适性。

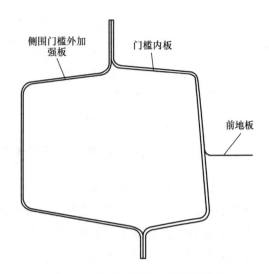

图 4-58　门槛内板与侧围搭接结构

图 4-59　门槛内板地板上部示意图

门槛内板与前地板的搭接形式，通常是门槛内板在侧面通过点焊与前地板连接，因为此处直接与车内外相连。通常，通过点焊密封胶或焊缝密封胶的形式保证密封，如图 4-60 所示。

门槛内板下部漏液孔设计，门槛内板与侧围外板加强板组成一个封闭的空腔结构，因此门槛内板下部需要设计一定数量和大小的漏液孔，保证电泳性能。漏液孔通常为圆孔或腰形孔，根据孔的大小不同，孔间距不等，如途观 L 漏液孔为腰形孔，大小为 $\phi 25mm \times 45mm$，孔间距为 400mm。

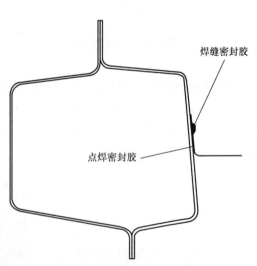

图 4-60　门槛内板与前地板搭接形式

（3）座椅横梁结构设计　座椅横梁直接承载座椅及驾乘人员的重量，因此必须保证具有足够的强度和刚度。另外，座椅横梁在侧碰过程中起支撑侧面结构完整的作用。座椅横梁一般有"工"字形结构和两根横梁平行布置两种结构，如图 4-61 所示，其中，"工"字形结构有利于后排人员脚部空间的设计，能够提高后排人员的舒适性。为了加强座椅横梁的强度，一般设计圆形加强筋，如图 4-61 所示。

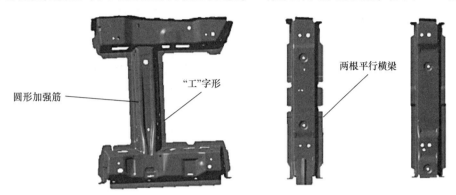

图 4-61　座椅横梁结构形式

座椅横梁与门槛内板搭接形式有两种，一种是搭接在门槛内板侧面，另一种是搭接在门槛内板上部，在侧碰过程中支撑驾驶舱，防止发生变形。无论何种座椅横梁形式，比较好的结构为搭接在门槛内板上部，防止碰撞过程中门槛内板发生翻转，如图 4-62 所示。

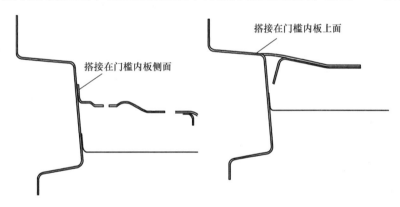

图 4-62　座椅横梁结构形式

座椅横梁直接承载座椅及乘员重量，因此，其安装点部位一般设计加强板，并且加强板一般与门槛连接，防止侧面碰撞时压溃，如图 4-63 所示。

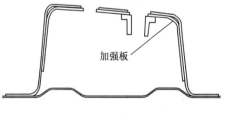

图 4-63　座椅横梁加强板

（4）中央通道加强板结构设计　中央通道加强板主要是在正面碰撞及偏置碰撞过程中吸收能量，一般在整体式前地板上部设计。分块式前地板中央通道部位结构简单，可以通过提高厚度和材料等级的办法满足变速拉丝、驻车制动手柄、副仪表台等部件安装及碰撞性能要求，不需要单独设计加强板。

中央通道加强板一般通过点焊焊接在前地板中央通道两侧，前部与前围板或其加强板搭接，后侧与中地板搭接，如图4-64所示。

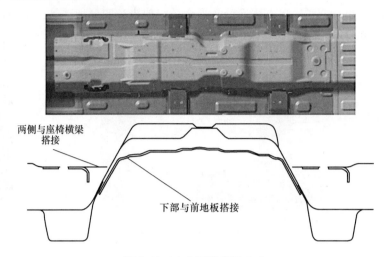

图4-64 中央通道搭接方式

（5）地板下部纵/横梁结构设计　地板下部纵/横梁承载着驾乘人员的重量，并且在碰撞过程中起到吸收能量作用，防止乘员舱发生变形，对人员造成伤害。另外，还起到安装排气系统等重要部件的作用。

底板下部外侧纵梁与发舱纵梁相通，与发舱纵梁的连接方式有点焊和螺栓联接两种形式，如图4-65所示。若为螺栓联接，需要考虑螺栓的防腐性能，若为点焊连接，需要在前地板上部增加焊接工艺过孔，保证焊接可行性。无论是螺栓联接，还是点焊连接，为保证强度均需设计两排焊点（或者两个螺栓），并且外侧纵梁的厚度一般大于等于1.6mm，材料屈服强度一般大于等于340MPa。另外，因为其与发舱纵梁后段相连，因此进入发舱纵梁的水，有可能进入地板下部外侧纵梁，所以在其最低点处需要设计排水孔，防止发生积水，产生锈蚀，如图4-66所示。

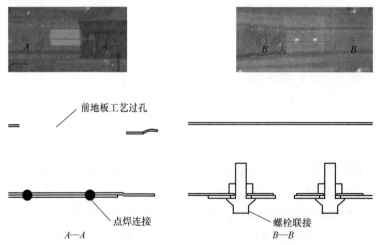

图4-65 发舱纵梁后段与地板下部外侧纵梁连接方式

地板下部中央通道侧纵梁有两种形式,一种是分体式前地板中间部分直接设计成"U"形梁形式,这样可以降低零部件种类及数量,但是会增加前地板中部成型难度;另一种是整体式前地板上比较常见的形式,在中央通道两侧单独设计两根纵梁,如图4-67所示。

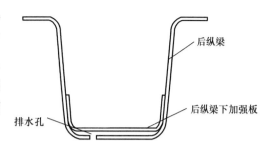

图4-66　后纵梁下加强板在排水孔处结构示意图

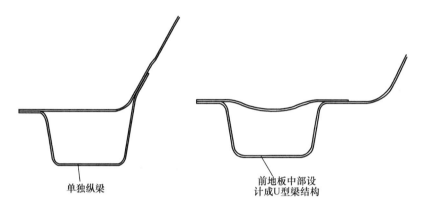

图4-67　中央通道侧纵梁形式

3. 中地板结构设计

中地板主要起前、后地板连接作用,一般由上、下两块板组成,并形成空腔,根据成形性可能采取分件措施。图4-68所示为中地板结构及断面,图中左侧中地板因为成型性要求分为左、中、右三部分。另外,中地板在侧面碰撞过程作用很大,根据2018版碰撞法规及地板模态要求,其厚度一般设计为≥1.0mm,材质一般选用高强度钢。为提高其刚度和增加侧碰过程中吸收的能量,通常在中地板上设计横向加强筋,如图4-69所示。密封性也是中地板设计需要考虑的一项重要指标。

图4-68　中地板结构形式

4. 后地板结构设计

后地板总成是白车身的主要总成之一,是内外饰、底盘、电子等部件的安装载体,后地板由后地板骨架总成和后地板面板总成组成,如图4-70所示。

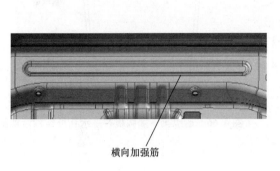

图 4-69 中地板设计横向加强筋

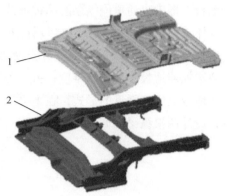

图 4-70 后地板总成分块

1—后地板面板 2—后地板骨架

（1）后地板面板总成结构设计 后地板面板总成一般由中地板上部、后地板、后地板上部横梁组成，如图 4-71 所示。考虑到强度及刚度性能要求，后地板上一般设计长条形加强筋来提高其刚度。

后地板一般分为整体式后地板和分体式后地板两种。分体式后地板又分为前、后两块地板式和左、中、右分块式。整体式后地板的优点是结构简单，减少了焊接工序，密封性能好，缺点是成型困难，材质提升困难，材料利用率低；分体式后地板的优点是成型简单，材料利用率高，材质提升容易，缺点是工艺复杂，密封性不好，如图 4-72 所示。

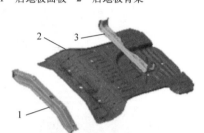

图 4-71 后地板面板

1—中地板上部 2—后地板
3—后地板上部横梁

a) 整体式后地板

b) 分体式后地板

图 4-72 后地板分类示意图

后地板与前地板一样，一般为单层板结构，直接与室外相通，漏液孔设计与前地板相似，在此不做过多赘述。材质一般选用 DC 系列低碳钢，厚度一般选用 0.7mm 或 0.8mm。因为其为薄板结构，因此一般通过加强筋结构提升后地板刚度。后地板与前地板不同，加强筋一般设计为长条形，筋的高度一般设计为 10mm，局部结构受限部位可以设计为 7mm，保证后地板刚度满足设计目标要求，具体高度最终需要根据 CAE 分析结果来确定，如图 4-73 所示。

后地板上部横梁与侧围 C 柱一起形成环状结构，对白车身扭转刚度有很大影响，如图 4-74 所示。因此，其需要具备一定的截面尺寸和厚度，尤其是两端与后轮包内板连接部位

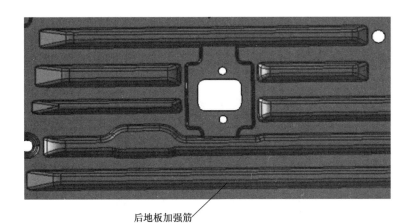

图 4-73　后地板上加强筋设计

为关键部位，一般设计厚度≥1.5mm，并且截面尺寸尽量大。通过标杆车调研得知，大部分车型横梁截面高度 H≥30mm，如图 4-75 所示。

图 4-74　C 柱环状结构及两端接头示意

（2）后地板骨架结构设计　后地板骨架总成由中地板下部、后地板左纵梁总成、后地板右纵梁总成、后地板横梁 4 部分组成，如图 4-76 所示。后地板骨架是后地板的主要受力载体，对白车身的刚度等性能影响较大。

后地板纵梁总成对尾部碰撞及白车身刚度性能影响较大。另外，后地板纵

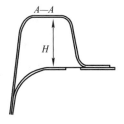

图 4-75　后地板上部横梁截面尺寸

梁的成型性也是设计过程中需要重点关注的。因为后地板纵梁的材质一般为屈服强度≥340MPa 的高强度钢，为保证刚度性能，其厚度一般≥1.6mm。同时，后地板纵梁需

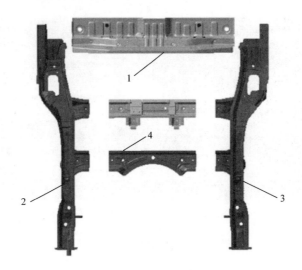

图 4-76 后地板骨架

1—中地板下部 2—后地板左纵梁总成 3—后地板右纵梁总成 4—后地板横梁

要安装后副车架和后悬架，其形状较为复杂且变化较大，因此，为保证后地板纵梁的成型性，需对后地板纵梁的截面尺寸进行控制。通常，通过控制如图 4-77 所示的关键尺寸来保证后地板纵梁的成型性。具体数值根据各厂家的设计水平和制造水平有所不同。如果通过以上尺寸控制仍然无法成型，后地板纵梁可采用分体式设计，分体式后纵梁如图 4-78 所示。

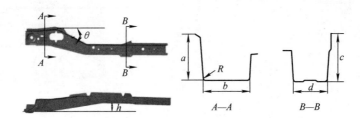

图 4-77 后地板纵梁成型关键尺寸

图 4-78 分体式后纵梁

后地板下部横梁与纵梁的搭接头形式如图 4-79 所示，最好设计为"八"字形结构，提升接头刚度性能。另外，对 X 向和 Z 向尺寸需要进行控制。

后地板下部横梁数量根据车型大小及性能要求不尽相同，截面大小也需根据性能分析结果最终确定，备胎前横梁（备胎池前部）根据其与备胎池之间的距离，一般设计成两种形式，一种是直接搭接在备胎池上，另一种是与备胎池不搭接，如图 4-80 所示。一般来说，

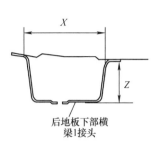

图 4-79 后地板下部横梁与纵梁的搭接头结构

横梁与备胎池搭接可以有效提升后地板的刚度。

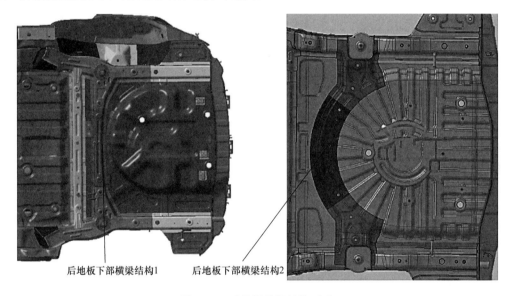

图 4-80 后地板横梁结构形式

(3) 后地板典型结构设计

1) 安全带限位筋设计。限位筋具体设计应根据安全带安装板现状进行匹配设计,以达到安装过程不能转动为目的。一般情况下,织带外侧固定点一般采用"八"字筋限位结构;中间安装板固定点一般采用长筋及凸包设计,如图 4-81 所示。设计限位筋时,为保证其有效性,高度一般设计为 $h \geqslant 5mm$,导角设计为 $r \leqslant 5mm$。

2) 后排座椅安全带固定点结构设计。安全带两侧安装点螺母板结构推荐采用多边搭接的盒状结构,与纵梁侧面及底面都形成连接。为满足法规要求,安全带安装板材质一般为屈服强度为 $\geqslant 340MPa$ 的高强度钢,厚度一般为 $\geqslant 1.5mm$。在安全带拉力试验中,安全带塑性应变需满足国标要求,如图 4-82 所示。

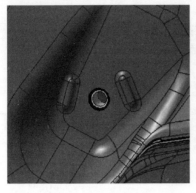 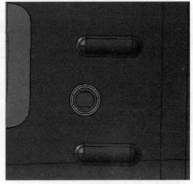

图 4-81 安全带固定点限位筋结构

中间安装点一般固定在地板下部横梁上方，并且在后地板下部设置加强板，加强板与地板下部横梁形成空腔；安全带加强板材质一般为高强度钢，材质屈服强度为 340MPa 以上，厚度一般为 ≥1.5mm，地板下部横梁屈服强度为 250MPa 以上，厚度一般为 ≥1.2mm。在安全带拉力试验中，安全带塑性应变满足国标要求，如图 4-83 所示。

3）后扭力梁安装点结构设计。为了保证后扭力梁安装点强度，此处一般采用多层板结构形式，车身采用通孔设计，避免螺母与安装板直接通过二保焊焊接。常用的结构、材质及料厚如图 4-84 及表 4-3 所示。

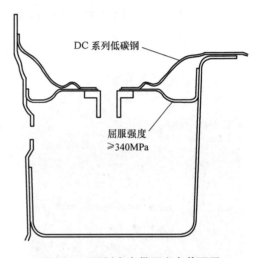

图 4-82 两侧安全带固定点截面图

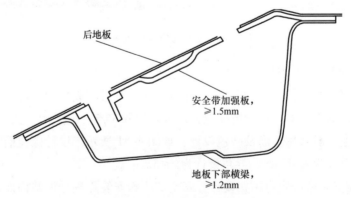

图 4-83 中间安全带安装点截面图

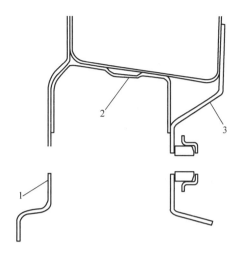

图 4-84 后扭力梁结构截面图

表 4-3 关键部件材质、料厚推荐

材质序号	屈服强度/MPa	厚度/mm
1	≥410	≥1.5
2	≥250	≥2.0
3	≥340	≥2.5

4.3.3 侧围结构详细设计

1. 侧围系统的介绍及分类

1) 侧围是车身的重要组成部分，侧围通常是周围部件的基准。在结构安全方面，侧围B柱、门槛及上框设计直接对整车侧面碰撞结果产生影响，侧围与其他车身系统各个连接接头的设计直接影响整车的模态及刚度。在外观效果上，侧围外板有很大一部分直接作为A面呈现在消费者面前，侧围外板设计过程需要充分考虑冲压工艺性来保证表面质量满足使用要求。侧围还是内饰、电器及前后门的安装载体，侧围设计应该保证其他系统安装的可靠性以及配合满足要求。侧围设计还直接关系到A柱障碍角、上下车方便性、驾驶员侧视野、头部空间等性能的优劣。

2) 按照焊接结构，侧围通常由侧围外板总成、侧围加强板总成、A柱内板总成、B柱内板总成和侧围后部总成五部分构成，如图4-85所示。

3) 按照部位，侧围通常分为A柱区域、B柱区域、C柱区域、门槛区域、轮包区域，如图4-86所示。

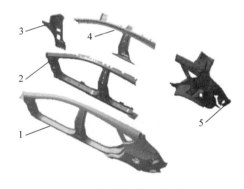

图 4-85 侧围总成组成

1—侧围外板总成 2—侧围加强板总成 3—A柱内板总成
4—B柱内板总成 5—侧围后部总成

2. 侧围外板总成结构设计

侧围外板总成一般由侧围外板、加油口座板、尾灯安装板总成、后门锁扣安装板总成和部分安装支架构成，如图4-87所示。

（1）侧围外板

1) 侧围外板的分块。侧围外板门槛处分为不带裙边和带裙边两种结构，如图4-88所示

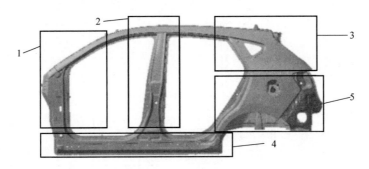

图 4-86 侧围分区图

1—A柱区域 2—B柱区域 3—C柱区域 4—门槛区域 5—轮包区域

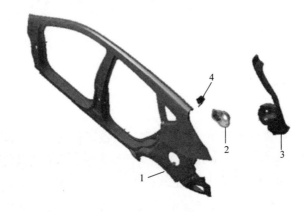

图 4-87 侧围外板总成组成

1—侧围外板 2—加油口座板 3—尾灯安装板总成 4—锁扣安装板总成

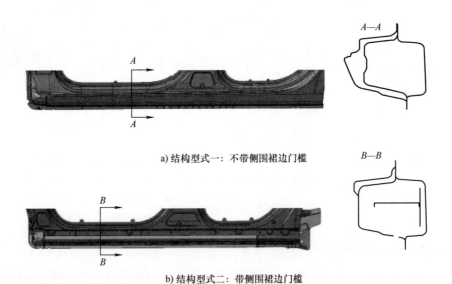

a) 结构型式一：不带侧围裙边门槛

b) 结构型式二：带侧围裙边门槛

图 4-88 侧围外板门槛处结构形式

示，结构形式一不带裙边，侧围外板向下延伸至门槛加强板下止口边；而结构形式二带裙边，由于有塑料裙边遮挡，侧围外板没有延伸至门槛加强板下止口边。结构形式一侧围外板和门槛加强板形成完整的空腔结构，但是可能存在侧围外板成形困难问题。结构形式二侧围外板成形简单，轻量化效果较好。根据成形性要求及轻量化要求，目前，侧围外板主流厚度为 0.7mm，材质为 DC 深拉延系列：DC04、DC06。

侧围外板后轮包处分为点焊结构和包边结构两种，包边又分为水滴形辊边和平角辊边两种，如图 4-89 所示。由于轮罩处结构多为弧面搭接，冲压件内外板在此处曲面匹配困难，点焊结构容易导致焊接后存在外表面焊点扭曲、不美观、涂装涂胶困难等缺陷，外观品质较差。近年来，轮罩辊边技术应用逐渐增多，如大众、吉利、江淮、路虎、东风 A60、日产轩逸等都采用了该技术。相比轮罩点焊结构，轮罩辊边技术有表面美观、涂装涂胶方便、车身不易进灰等优点，目前已经成为主流的结构形式。

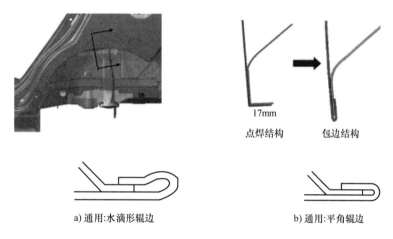

图 4-89　侧围外板后轮包结构示意

2）侧围外板成形性。侧围外板是车身最大的零部件，成形困难，需要多道工序方能成形，工艺复杂。

侧围外板门槛区域是侧围外板成形性最困难的区域之一，因此必须对门槛处侧围外板的成形深度 H 进行控制。基于拔模需要，侧围门槛上部拔模角 A 一般设计在 95°~105°之间，门槛裙边也需要设计一定的拔模角度 B，避免门槛下部孔塞被看到，影响美观性，如图 4-90 所示。

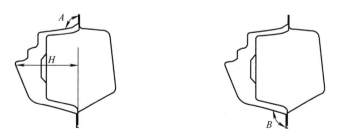

图 4-90　侧围外板门槛区域截面图

侧围 A 柱前段同样是成形困难区域，为保证其成形性，侧围外板 A 柱与前风窗玻璃深度设计需重点关注。侧围外板 A 柱前端有开口式和封闭式两种结构，不同结构通过控制 $A-A$ 断面深度 H_1，一般来说，深度越小越好，可以此来保证设计阶段侧围外板的成形性，如图 4-91 所示。

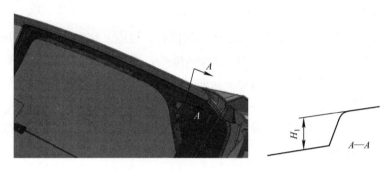

图 4-91　侧围外板 A 柱深度设计

3）侧围外板美观性。侧围外板 B 柱区域属于打开门后可见区域，因此 B 柱区域的美观性在设计时需要重点保证，B 柱区域尽量平缓过渡，不要设计过多加强筋，比如大众公司途观 L 车型，B 柱整体光滑平整。若考虑密封需求，必须设计加强筋时，需要对 B 柱上的加强筋高度 H 进行控制，H 值尽量小且与周边结构平缓过渡从而保证美观性，如图 4-92 所示。

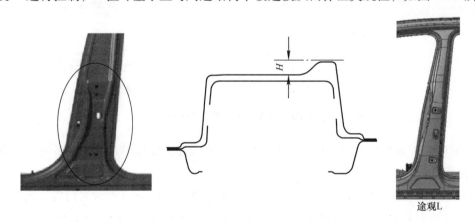

图 4-92　侧围外板 B 柱美观性设计

在侧围外板 C 柱防看穿台阶设计方面，为防止 C 柱与后三角窗区域出现老鼠洞，侧围外板 C 柱区域的防看穿台阶必须使外观设计连续至三角窗处，并对防看穿台阶的深度 a 及宽度 b 进行合理控制，保证后门关门过程不干涉，又能够起到遮挡缝隙的作用，如图 4-93 所示。目前市场主流车型 b 值在 10mm 以上。

侧围后端与行李舱盖（尾门）分缝间隙外观性设计，首先保证可视区域分缝外观效果连续，可采取以下两个方案保证缝隙的美观性：方案一，防看穿台阶设计连续均匀；方案二，不设计防看穿台阶，如图 4-94 所示。

4）侧围外板刚度性能。为保证侧围外板的刚度性能，侧围 A 柱、B 柱、C 柱等小曲面

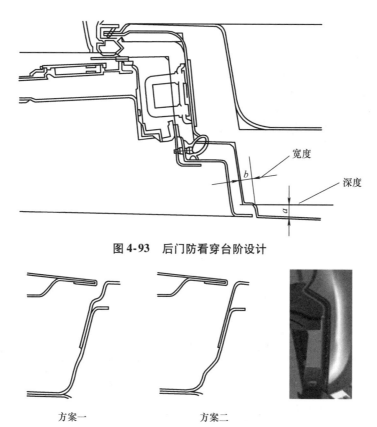

图 4-93　后门防看穿台阶设计

图 4-94　侧围外板尾门美观性

区域曲率有一定的要求，通常通过控制 ht/L 的值，以及侧围外板的曲率半径 R 来实现，如图 4-95 所示。

图 4-95　侧围外板刚度要求

注：t 为侧围外板厚度，图中不可见。

为保证侧围外板门槛处强度和刚度要求，通常通过控制门槛区域的宽度值 a 和门槛区域曲率半径 R 来实现，如图 4-96 所示。

（2）加油口座板　加油口座板是安装油管和加油口盖的部件，是极其重要的次外观面（每次加油时，顾客均能看到），在车身设计中较为重要。目前，根据加油口盖的材质不同，此处结构不同。一般，采用塑料加油口盖时，此处不需设计具体结构，仅仅需要侧围外板在此处匹配开孔即可；采用金属加油口盖时，需要车身在此处设计结构用以安装加油口盖和保证密封。

加油口座板与侧围外板及后轮罩外板等采用焊接连接，具有固定油箱油管、安装加油口

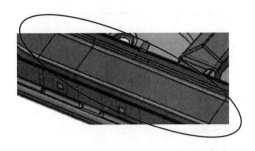
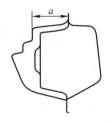

图 4-96 侧围外板门槛处刚度设计

盖等功能，如图 4-97 所示。

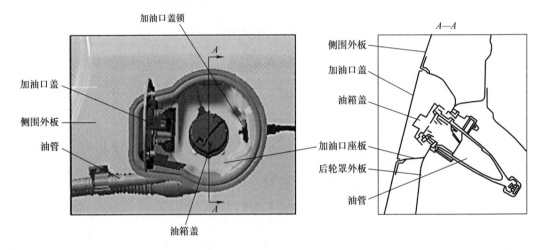

图 4-97 加油口座板示意图

加油口座板上有加油口盖安装功能面、油管安装功能面、加油口盖限位面，以及加油口盖锁止结构安装功能面，设计时要考虑每个功能面的功能要求。加油口座板是雨水经过的区域，因此，设计时要考虑其水路设计，一般采用斜面设计，防止发生积水，产生锈蚀，如图 4-98 所示。

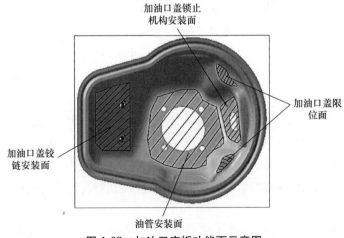

图 4-98 加油口座板功能面示意图

（3）尾灯安装板总成　尾灯安装板主要是用来满足尾灯、撑杆及后保险杠的部分安装功能。由于造型原因，通常此处结构较复杂，钣金件成形性差。因此，结构设计时通常考虑使用 DC 系列的低碳钢，由于流水原因，同时此处为外观面，因此需要充分考虑防腐性能和密封性能。

（4）前、后门锁扣安装板　为了保证此处设计的强度兼顾美观性，前、后门锁扣安装板通常采用隐藏式焊点设计，保证门锁钩处加强板与侧围外板之间有 2 个以上焊点，且焊点位于锁钩调节板中间，保证焊点不可见，如图 4-99 所示。

a) 美观　　　　　　　　　　　b) 不美观

图 4-99　前/后门锁扣处美观性设计

3. 侧围加强板总成结构设计

侧围加强板总成是指侧围外板内部 A 柱、B 柱、门槛、上框区域的加强板，根据具体车型碰撞要求及成形性因素，可以分成不同的部件，材质一般为热成形钢、超高强度钢等材质，如图 4-100 所示。目前，市场主流车型在此处使用单侧多个热成形件。但是个别车型使用热成形一体门环结构，该结构可以最大限度地提升侧面碰撞安全性能，但是成本较高，如图 4-101 所示。

图 4-100　侧围加强板示意图

（1）门槛加强板结构设计　门槛加强板一般有两种分件方式，一种是三段式，即分为前、中、后三段，另一种是两段式，即分为前、后两段。三段式是最常见的分段方式，如图

4-102所示，此种分段方式主要应用于带门槛裙边的结构中，比如江淮瑞风S3、大众ATECA等车型。两段式分件方式如图4-103所示，两段式的A柱下加强板直接下延至门槛下止口边，与门槛加强板中段采用焊接相连。两段式主要应用于不带门槛裙边的结构中，如江淮瑞风S2、大众途观L等车型。

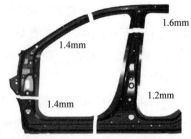

图4-101 侧围热成形一体门环

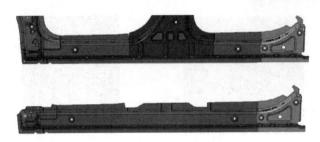

图4-102 三段式门槛加强板

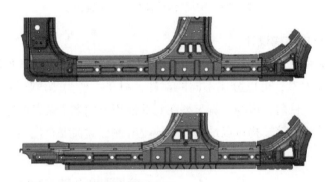

图4-103 两段式门槛加强板

（2）A柱加强板区域结构设计　为保证正面碰撞过程中力的传递效率，A柱加强板断面尺寸和形状在A-B区域不能有突变。A柱加强板分缝位置需避开A-B区域，如图4-104中间图示所示，即分件位置一般不可在A和B区域之间。A柱加强板分件形式如图4-104所示，有三种形式。当门槛加强板为三段式结构时，A柱加强板下部主要采用图4-104a、b两种结构形式；当门槛加强板为两段式结构时，A柱加强板下部采用图4-104c所示结构形式。A柱加强板上部和下部分件位置一般设计在前门上铰链安装点附近，如图4-104a和c所示，以保证碰撞过程力的传递效率。

（3）B柱加强板结构设计　B柱加强板是B柱的主要受力部件，对侧面碰撞安全性影响较大。发生侧面碰撞时，首先接触到的是B柱与门槛的倒T形区域，然后经门槛向前、向后以及向车右侧传递，同时经过B柱向上传递。同时，B柱加强板上下接头属于重要铰接点，与整车扭转及弯曲刚度强相关。因此，B柱设计一般为热成形件，料厚在1.2~2.0mm，同时，B柱加强板结构设计过程需要注意以下几点，如图4-105所示。

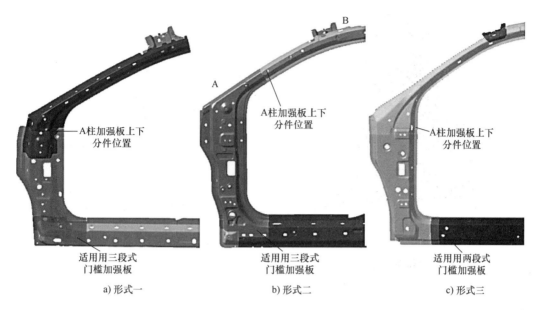

图 4-104　A 柱加强板分件形式

1）上接头尽可能采用 Z 字形结构，最大限度地发挥 B 柱的支撑作用。
2）下接头与门槛加强板采用多排焊点连接。
3）B 柱加强板上、下接头边界应尽可能超出门洞圆弧区域。

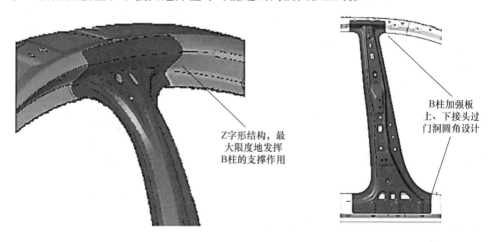

图 4-105　B 柱加强板设计

4. A 柱/B 柱内板总成结构设计

　　侧围 A 柱、B 柱内板总成通常由 A 柱内板、B 柱内板、B 柱上框内板（根据成形性及材料利用率可能分件）、顶盖横梁与侧围连接板等组成。主要是作为内饰、线束等功能件的安装载体，以及起抵抗碰撞变形的作用，材质一般为高强度钢，厚度一般≥1.0mm。

　　侧围 A 柱、B 柱内板下部一般采用平直化设计，避免剧烈的过渡，如图 4-106 所示，这样能够最大限度地提升铰接点处刚度，提升车身刚度。

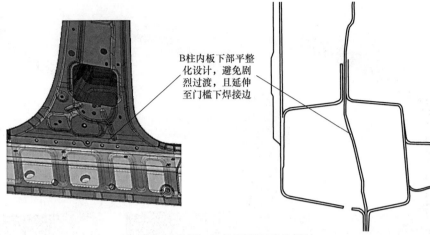

图 4-106 A 柱、B 柱下部平直化设计

5. 侧围后部总成结构设计

侧围后部总成由侧围后部内板总成、侧围后部外加强板总成、后轮包总成三部分组成，如图 4-107 所示。侧围内板和侧围加强板根据是否存在后三角窗，区分为三角窗前部为 C 柱，后部为 D 柱。

（1）侧围内板总成　侧围内板总成由侧围 C 柱、D 柱内板组成，主要是用来满足内饰、线束等内部零部件的安装要求，同时需要满足一定的强度和刚度要求。侧围内板根据其成形性、材料利用率及布置空间要求，可设计为一个零部件，也可设计为由多个零部件焊接而成，如图 4-108 所示。

侧围内板上 C 柱安全带卷轴器设计时需考虑其安装结构刚度，一般采用安全带卷轴器安装支架与加强板搭接形成连通结构，或在 C 柱内板上做加强筋的形式以增强 C 柱内板上安全带卷轴器安装支架周边的刚度，如图 4-109 所示。

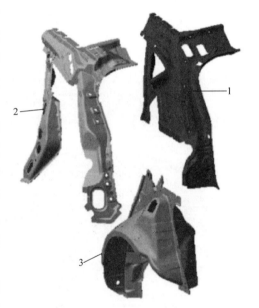

图 4-107 侧围后部总成分类
1—侧围内板总成　2—侧围后部外加强板总成
3—后轮包总成

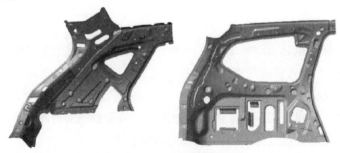

图 4-108 侧围内板分块

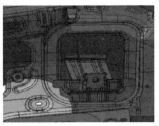

图 4-109　C 柱安全带卷轴器安装结构设计

侧围上安全带安装点的强度设计，需要满足国家强制法规要求，一般采用两层以上钣金件结构，要通过 CAE 分析其塑性变形是否满足国标要求，如图 4-110 所示。

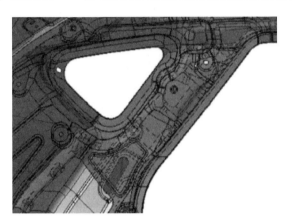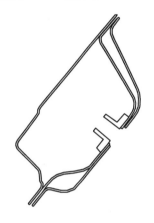

图 4-110　安全带安装点示意图

（2）侧围外加强板总成　侧围外加强板主要由 C 柱、D 柱加强板，以及 B 柱上框后部加强板等部件组成。根据分块不同，有 C 柱、D 柱单独设计加强板，也有 C 柱、D 柱合并设计一个加强板，如图 4-111 所示。材质一般为高强度钢，根据刚度、NVH 性能等要求最终确认具体材质及料厚。

图 4-111　侧围外加强板分块

在满足性能要求的前提下，可以开部分减重孔进行轻量化设计。

（3）后轮包总成　后轮包总成由轮包内板、外板及后减振器安装板等组成，如图 4-112

所示。根据强度、刚度等性能要求，局部地区会有进行加强设计。轮包内、外板为薄板结构，设计时需要注意刚度和性能要求。

轮罩内、外板厚度一般为 0.7mm 或 0.8mm；为保证一定的刚度和强度，其上部通常设计有一定数量的加强筋，如图 4-113 所示，加强筋在内板上尽量采用平缓过渡，避免产生应力集中。

图 4-112 后轮包总成

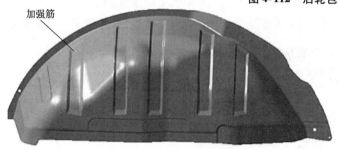

图 4-113 轮罩内板加强筋示意

4.3.4 流水槽结构详细设计

1. 流水槽结构分类及组成

本节以前围流水槽为例，按照结构形式可分为整体式和拼接式。整体式流水槽如图 4-114 所示，拼接式流水槽按照连接方式可分为螺栓联接式和焊接连接式，具体结构形式如图 4-115所示。

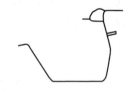

图 4-114 整体式流水槽

流水槽总成一般由流水槽、流水槽上盖板、加强支架、流水槽加强板（部分车型有）构成，如图 4-116 所示。流水槽是流水槽总成的主要部件，流水槽上盖板主要是满足前风窗玻璃的安装固定所需，加强支架及流水槽加强板主要是提升流水槽总成刚度、NVH 性能，部分车型流水槽加强板位于流水槽前部的下方，比如大众途观 L 车型。流水槽各部件材料一般采用普通材质，也可根据成形要求选择不同材质；厚度主要根据整车刚度分析进行选择。

2. 流水槽结构设计

（1）流水槽排水设计　雨水、洗涤液等从前风窗玻璃上流下，经过前围装饰板流入流

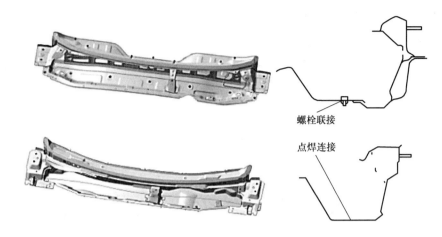

图 4-115 拼接式流水槽

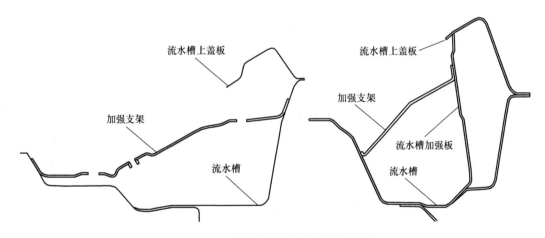

图 4-116 流水槽总成的主体结构形式

水槽内。为使进入流水槽内的液体能够快速地向两侧排出，流水槽在横向断面上应设计为"中间高，两端低"的结构，如图 4-117 所示，弧形结构有利于液体流动。目前，通常平均落差 $\Delta h_1 \geq 70$mm，可参考表 4-4 所示各参考车型 Δh_1 值进行设计。

图 4-117 流水槽结构

表 4-4 各车型流水槽落差值　　　　　　　　　　（单位：mm）

落差值	车型 1	车型 2	车型 3	车型 4	车型 5	车型 6
Δh_1	70	80	71	76	87.5	69.5

对于拼接式流水槽，拼接件搭接位置应避免成为流水通道，即搭接位置应高于 Z 向位

置最低的流水通道，如图 4-118 所示。

螺栓联接式流水槽搭接钣金件用海绵条进行密封，保证水汽不进入发动机舱；焊接连接式流水槽钣金件搭接处需采用点焊密封胶和焊缝密封胶进行防锈密封。

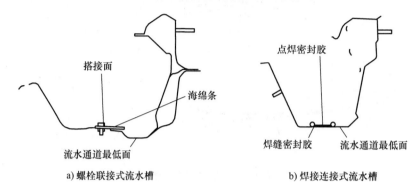

a) 螺栓联接式流水槽　　　　b) 焊接连接式流水槽

图 4-118　拼接式流水槽

（2）流水槽空调进风口处防水能力结构设计　空调进风口一般设计在车身右侧流水槽与前风窗横梁之间。由于顶盖前端及玻璃上的水均从流水槽排出，空调进风口处于有水环境，故流水槽结构设计需考虑空调进风口处的防水能力设计。

1）空调进风口与侧围水路一的 Y 向距离 a 值。如图 4-119 所示，水路一及水路二的水沿玻璃与侧围间隙流到流水槽内，当水量较大时，可能沿空调进风口被空调吸入，故 a 值越大，空调进风口处防水能力就越好。

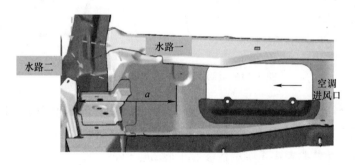

图 4-119　空调进风口处水路示意图

2）空调进风口与前风窗 X 向距离 b 值。如果水路一的水不能被有效阻挡，则会沿前风窗前止口流下，存在被空调吸入的风险，空调进风口与前风窗 X 向距离 b 值越大，水被吸入的风险越小，如图 4-120 所示。

3）空调进风口与流水槽底面的 Z 向距离 c 值。当水量较大时，流水槽内的水不能及时排出，水位高度高于空调进风口（水路二），水会被空调吸入，故 c 值越大，空调进风口防水能力越好，如图 4-121 所示。

3. 流水槽加强板结构设计

流水槽总成内部的连接加强板、刮水器安装支架及两端的铰链安装板总成应设计流水通过结构，防止积水，使流水顺利排出。加强板、支架与流水槽底面贴合以平面搭接，利于排水和提高密封性，如图 4-122 所示。

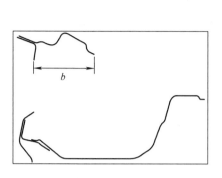

图 4-120　空调进风口与前风窗 X 向距离

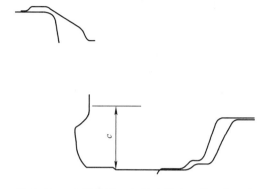

图 4-121　空调进风口与流水槽底面的 Z 向距离

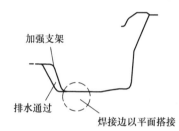

图 4-122　流水槽断面

4. 流水槽与周边搭接设计

（1）流水槽两端与 A 柱内板总成搭接结构　目前，流水槽两端与 A 柱内板总成搭接有以下两种形式，如图 4-123 所示。

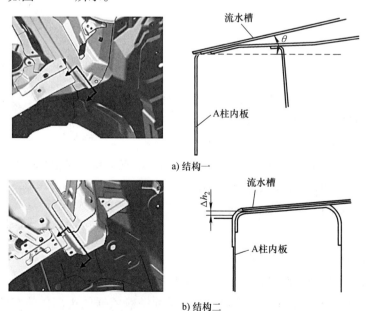

图 4-123　流水槽两端与 A 柱内板总成搭接结构

结构一：流水槽两端与A柱内板总成搭接位置倾斜搭接，利于流水，防止端部积水，同时，A柱内板搭接翻边向内斜上方翻边，可防止流水通过搭接处渗入乘员舱内。

结构二：流水槽两端与A柱内板总成搭接位置倾斜搭接，与结构一一致，由于结构限制，A柱内板搭接翻边无法实现向内翻转，在倾斜的端部与A柱内板翻边搭接处可做沉台处理，需保证一定的沉台深度 Δh_2。

（2）流水槽与前围板搭接面结构设计　流水槽与前围板搭接面有三种搭接形式，如图4-124所示，此处搭接需打焊缝密封胶，设计时需要考虑打胶时的可视性。

a) 沉台面搭接　　　b) 水平面搭接　　　c) 凸台面

图4-124　流水槽与前围板搭接面结构

4.3.5　后围详细结构设计

1. 后围总成结构组成

后围又称作尾横梁，起到连接左、右侧围与地板的作用，一般由后围内板与后围外板组成，如图4-125所示，其内板因成形性、NVH性能及重量的综合要求，又分为三块，即后围内板及左、右连接板；后围外板一般为连接左、右侧围的整体式部件。后围还需承担尾门锁扣的安装功能，保证安装点的可靠性及装配的可调性，一般由尾门锁扣加强板、尾门锁扣螺母板组成。后围总成还需给后保险杠提供安装位置，一般设计成两个通用支架，部分车型也采用三个支架。为了提高车身的扭转刚度，一般在后围左、右侧设计支架，与后围内外板（或者内板连接板与外板）相连接，具体的位置可依据刚度分析进行确认。

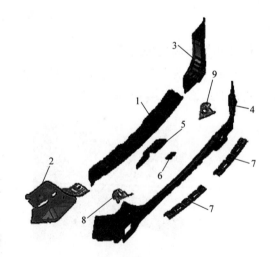

图4-125　后围总成结构图示
1—后围内板　2—后围左连接内板
3—后围右连接内板　4—后围外板　5—尾门锁扣加强板
6—尾门锁扣螺母板　7—后保险杠支架
8—后围左支架　9—后围右支架

后围一般有两种结构形式，如图4-126所示，形式一为后围外板下端延伸至地板，与地板连接；形式二为后围内板下端延伸至地板与地板连接。后围内板与后围外板形成的空腔尺寸一般依据周边部件的布置，如行李舱空间、尾门密封、后保险杠结构等因素并结合标杆车综合确定,即 H 与 W 值。

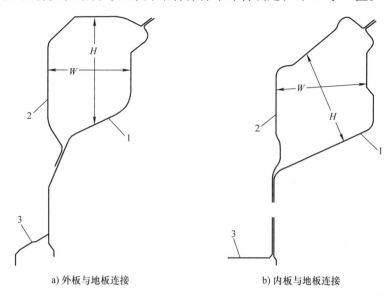

a) 外板与地板连接　　　　　b) 内板与地板连接

图 4-126　后围的结构形式

1—后围外板　2—后围内板　3—地板

2. 后围内外板设计

后围外板主流设计方案一般为整体式,连接左、右侧围及后地板。个别车型设计成横梁结构形式,如大众途观 L 车型。其材质一般采用普通钢板,厚度一般为 0.7~0.8mm。

因后围部分为尾门胶条的安装止口,且后围处于尾门流水槽下方,为车身重要的水路之一,为了避免雨水顺着尾门胶条根部流入后保险杠支架上部,造成后保险杠支架与后围内板焊接贴合面及止口锈蚀,一般除了采用必要的涂胶等防锈措施外,后围外板在尾门胶条止口段设计导水槽,导水槽设计要避开后保险杠支架,如图 4-127 所示。

图 4-127　后围导水槽结构

为了满足性能、轻量化及材料利用率等相关要求,后围内板的结构设计,一般设计成左、中、右三块。后围内板的左、右连接板连接后围与侧围,如图 4-128 所示,后围内板左、右连接板位于尾门框下拐角,是保证尾门框刚度的重要结构部件,且其对整车的扭转刚度也有着关键作用。经调研,市场上主流车型后围内板左、右连接板厚度一般为 1.2~1.5mm,其材质可依据强度分析结果设计。后围内板厚度一般采用 0.7~0.8mm,材质一般选用普通钢板。

3. 尾门锁扣安装连接结构设计

为了保证尾门锁扣安装点的可靠性，尾门锁扣加强板结构设计如图4-129所示，与内外板在上下两端连接。其材质设计一般依据强度的CAE分析结果确定。

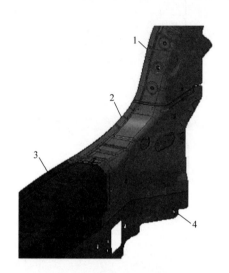
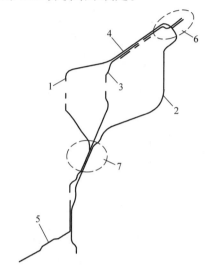

图4-128　后围与侧围连接图示

1—侧围D柱　2—后围内板连接板
3—后围内板　4—后围外板

图4-129　尾门锁扣安装点处断面结构

1—后围内板　2—后围外板　3—尾门锁扣加强板
4—尾门锁扣螺母板　5—后地板
6—锁扣加强板上支撑位置（尾门止口）
7—锁扣加强板下支撑位置

4. 后围与周边连接设计

后围与地板的连接形式设计较简单，重点是与后地板纵梁处的连接结构。除了后地板纵梁区域外，通常仅后围内板或后围外板与后地板产生连接关系。如图4-130所示，后围通过后围外板与后地板纵梁产生连接。

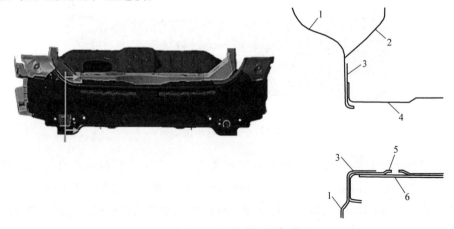

图4-130　后围与后地板纵梁的连接结构

1—后围外板　2—后围内板　3—后地板纵梁封板　4—后地板　5—后地板纵梁连接板　6—后地板纵梁

后围总成一般先于侧围总成上件,侧围合拼一般采用 Y 向上件,如图 4-131 所示,为保证精度,侧围与后围的搭接处要保证 Y 向滑动搭接。

因为侧围上件后与后围形成完整的空腔,无法焊接,所以一般在后围左(右)连接内板上设计焊接过孔,保证侧围 D 柱外板与后围外板的可焊接性。焊接过孔一般要保证直径 ≥25mm,此尺寸由各公司的制造工艺水平决定。而后围左(右)连接内板与 D 柱内板的连接一般通过二氧化碳保护焊(简称二保焊)以缝焊或塞焊的形式进行焊接连接,如图 4-132 所示。

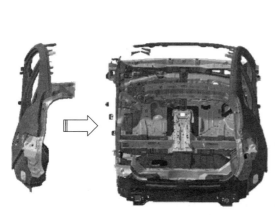

图 4-131　侧围上件图

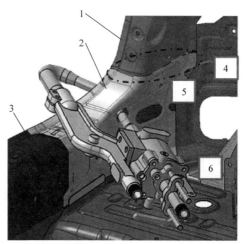

图 4-132　后围与侧围连接图示

1—侧围 D 柱内板　2—后围左连接内板
3—后围内板　4—二保焊缝焊
5—焊接过孔　6—焊枪

4.3.6　顶盖结构详细设计

1. 顶盖总成的分类及组成

顶盖是车身结构的重要组成部分之一(除敞篷车)。乘用车的顶盖,按车型不同,分为三厢式及两厢式;根据车型配置天窗不同,分为无天窗顶盖、单天窗顶盖和全景天窗顶盖三种类型。带天窗顶盖与无天窗顶盖的区别主要是顶盖外板天窗开口处顶盖外板内部加强结构由横梁改为加强框的结构。目前,市面上汽车的全景天窗可以分为天窗两侧有外板和无外板两种,如图 4-133 所示,全景天窗顶盖 2 类型的结构相对简单,所以本书不介绍其结构设计。

顶盖外板为外覆盖件,其大面完全由造型决定。顶盖中间横梁在结构上的作用主要为支撑顶盖外板,且满足顶压、顶盖刚度等性能要求。顶盖前、后横梁是车身前风窗开口、尾门开口的一部分,起到组成前、后风窗或尾门环的作用。天窗加强框(包含单天窗与全景天窗)主要是满足天窗的配置结构,不仅为天窗提供安装或支撑结构,同时也具有支撑顶盖外板的作用,同时保证顶盖天窗开口处的刚度、强度性能。

车身的顶盖总成需要匹配结构设计的相关部件较多,如前风窗、顶饰条、顶行李架、天

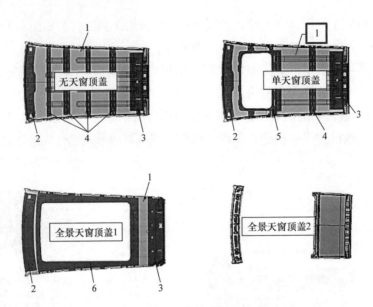

图 4-133 顶盖的类型及组成
1—顶盖外板 2—顶盖前横梁 3—顶盖后横梁 4—顶盖（中间）横梁 5—单天窗加强框 6—全景天窗加强框

窗、内饰顶篷等，所以在顶盖总成设计前必须收集相关分组的数据，顶盖总成的设计输入如表 4-5 所示。

表 4-5 顶盖总成配合设计的相关部件

序号	分组	输入内容（断面、数据、安装、要求等）
1	造型分组	外造型面
2	外饰分组	前风窗玻璃、顶饰条、顶行李架、顶灯、阅读灯等
3	内饰分组	天窗及其运动包络、遮阳板、顶扶手、顶篷等
4	闭合件分组	尾门铰链位置及尾门运动包络、尾门洞线等
5	电子电器分组	鲨鱼鳍天线、尾门线束等

2. 顶盖外板的结构设计

（1）无天窗顶盖外板的结构设计 顶盖外板的前部设计要点主要为与前风窗玻璃配合处的结构，需根据外饰前风窗玻璃的输入设计，并满足冲压成形要求；根据外饰输入确定玻璃的定位孔位置及大小。顶盖外板由造型面来决定，其翻边角度取决于冲压成形性要求。为了保证前风窗玻璃与顶盖的间隙，翻边角度越接近 Z 向 0 度越好。此处结构设计可参考 4.1.4 典型断面设计过程中 2 号断面的设计介绍。

顶盖外板后部大部分的结构设计要点可参见 4.1.4 典型断面设计过程中 5 号断面的设计过程。此处需要补充顶盖的成形性设计及防腐结构设计要求。顶盖外板后部因避让尾门开启包络，须设计成向内凹的结构形式，如图 4-134 所示。但是其向内凹的 X 向尺寸越大，顶盖外板的成形越困难，所以在顶盖设计时，此处尺寸要结合尾门铰链布置设计综合考虑。

顶盖后部为车身的重要水路途径，尾门铰链安装、线束安装等过孔均处于此水路中。为

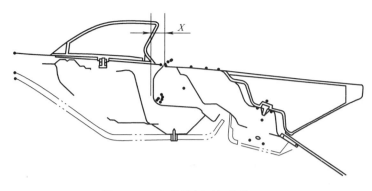

图 4-134　顶盖外板后部结构图示

了避免水流经这些孔时从钣金件进入车身内部，一般将孔设计在凸台上，或设计在顶盖外板后部 X 方向的立面上，如图 4-135 所示。

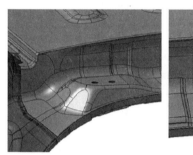 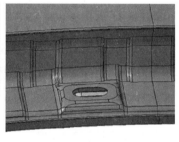

图 4-135　车身顶盖后部开孔结构设计

顶盖的侧面分为两种情况，采用普通的点焊焊接工艺，顶盖与侧围搭接边需要用顶饰条遮挡。当采用激光焊时，外观美观不需遮挡，如大众车型基本采用此种连接形式。本文重点介绍采用普通点焊方式的顶盖侧面结构。除了顶饰条外，部分车型配置了顶行李架。

顶饰条安装的结构设计要结合顶饰条的输入要求，车体结构一般有两种形式：翻边式与开孔式，车身结构与顶饰条配合的结构如图 4-136 所示。

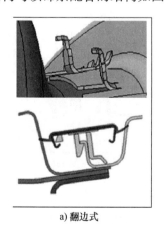 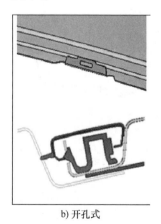

a) 翻边式　　　　　　　　　　　b) 开孔式

图 4-136　车身的顶饰条安装结构

相对于"开孔式"结构,"翻边式"结构安装的可靠性及精度的控制均较优,目前"翻边式"是主流的设计结构。"翻边式"结构设计的关键参数如图4-137所示,此结构关键尺寸设计要综合顶饰条安装方便性、侧围轮廓度、顶盖面轮廓度、焊缝密封胶涂胶厚度等进行设计。翻边根部需要设计工艺缺口,有助于翻边成形;翻边根部与侧围外板搭接量 e 值的设计要考虑焊接公差及密封进行设计,其他尺寸依据顶饰条结构要求设计。

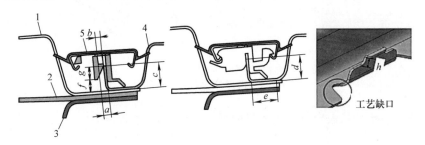

图4-137 顶饰条的安装结构

1—侧围外板 2—侧围加强板 3—侧围内板 4—顶盖外板 5—顶饰条

根据顶行李架安装结构的要求不同,顶盖侧面与顶行李架配合结构分为两种形式:一种为安装支架式,即顶盖外板上增加顶行李架的安装支架和螺栓,如图4-138a所示;另一种为安装过孔式,即顶盖外板上设计顶行李架的安装过孔,如图4-138b所示。

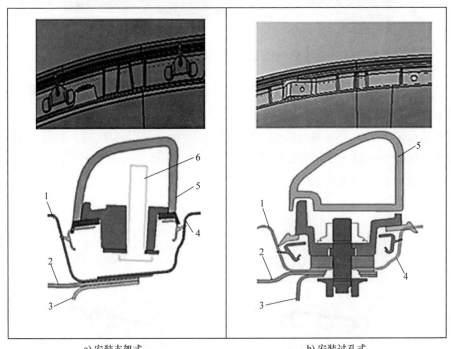

a) 安装支架式　　　　　　　　b) 安装过孔式

图4-138 顶行李架安装的车身结构

1—侧围外板 2—侧围加强板 3—侧围内板 4—顶盖外板 5—顶行李架 6—凸焊螺栓

以安装过孔式顶行李架的安装结构为例进行此处安装结构设计，此处设计的核心要点为涂胶的可靠性，保证实际使用过程中不会因为涂胶缺陷导致车身漏水。图4-139所示为顶行李架安装的车身结构处关键尺寸。综合考虑焊接搭接边长度、顶盖涂胶面尺寸、工艺圆角尺寸、顶行李架配合面尺寸、螺栓安装过孔尺寸以及精度控制等要求，以最终满足涂胶工艺操作要求为目标，综合得出顶盖与侧围底部凹槽最小宽度尺寸 $L \geqslant R3+a+b+c+d+R3$，才能满足工艺设计基本要求，以此尺寸配合冲压工艺最终可以对顶行李架的宽度进行校核，确定顶行李架宽度；如受造型限制，顶行李架支架安装结构按照对称结构设计在顶盖与侧围底部凹槽的中间位置；如顶行李架宽度无法满足要求，可以采用顶行李支架安装结构非对称偏心设计，通过计算可得出偏心距离 $\geqslant (a+b-d)/2$。注：以上过程及公式仅为说明之用，各公司根据车型的设计要求和考虑点不同，设计过程可能会存在不同之处。

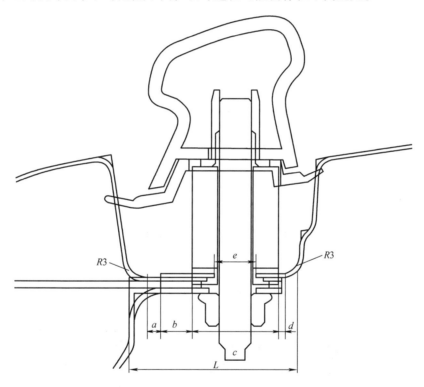

图4-139　顶行李架安装的车身结构关键尺寸图示

为了解决顶盖的成形问题，一般顶盖的侧面需要设计"二次拉延台阶"，如顶盖侧面断面如图4-140a所示，顶盖侧面后部设计三角面可以解决顶盖前后四个拐角局部成形问题，如图4-140b所示。

顶盖表面分为有加强筋设计和无加强筋设计，加强筋可提高顶盖的刚度和模态，但是顶盖加强筋的有无由造型决定。如果顶盖设计了加强筋，为了保证加强筋可以有效地提高顶盖的模态和雪载等相关性能，顶盖加强筋高度 h，加强筋数量 n 设计均要有一定的要求，目前主流车型加强筋高度 $h \geqslant 7mm$，如图4-141所示。

（2）单天窗顶盖外板的结构设计　单天窗顶盖外板，相比无天窗顶盖外板，增加了与

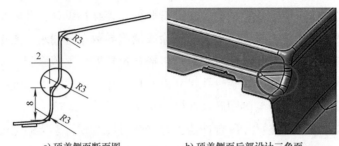

图 4-140　顶盖成形优化的结构设计

a) 顶盖侧面断面图　　b) 顶盖侧面后部设计三角面

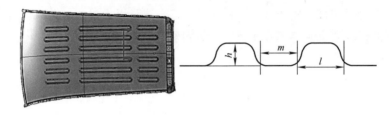

图 4-141　顶盖加强筋

m—加强筋间距　l—加强筋宽度　h—加强筋高度

天窗的配合设计，其顶盖外板的周边结构与无天窗顶盖外板一致。根据输入的天窗密封条密封面，确定顶盖外板开口的尺寸及翻边位置，单天窗顶盖外板在天窗开口的前侧与侧面结构设计相同，如图 4-142 所示。为避免天窗关闭时胶条刮擦钣金件止口，顶盖翻边处需设置凸台，即尺寸 $A1$；顶盖前侧与左、右两侧的加强框与顶盖外板为点焊，保证足够的焊接边长；为了美观性考虑，顶盖外板止口需高出加强框止口，即尺寸 $A2$，保证在焊接后的结构不会出现锯齿形。

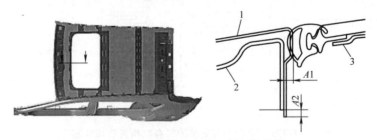

图 4-142　单天窗开口前、侧部结构图

1—顶盖外板　2—天窗加强框　3—天窗

顶盖外板前部拐角处的翻边最小长度 B，需考虑密封和防止刮擦，该值由天窗设计输入，如图 4-143 所示。

天窗开口后拐角处，为避免刮擦胶条，顶盖外板止口需向内折边，折边长度 $C1$ 及角度 $C2$ 由天窗设计输入要求，$C3$ 尺寸必须为正值，即顶盖外板止口低于天窗加强框的止口，如图 4-144 所示。

如图 4-145 所示，为避免天窗开启和关闭时顶盖天窗钣金件后部止口刮擦密封条，天窗后部设计为包边结构。在满足密封条贴合面积前提下，H 尺寸越小越可减少天窗运动异响，

图 4-143　单天窗开口前圆角部位结构图示
1—顶盖外板　2—天窗加强框

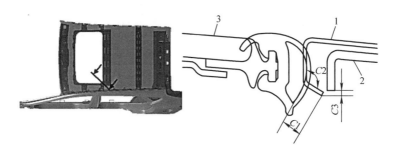

图 4-144　单天窗开口后圆角部位结构图示
1—顶盖外板　2—天窗加强框　3—天窗

故 H 值及 $R1$、$R2$ 应尽可能小。密封面依据天窗胶条要求设计，$D1$ 为天窗加强框止口距包边圆角距离。$D2$ 与 $D3$ 的尺寸依据包边工艺要求，一般有 $R1 = R2 = R3$。

（3）全景天窗顶盖外板的结构设计

前文介绍了全景天窗顶盖有两种结构形式，现针对类型 1 进行结构详细设计

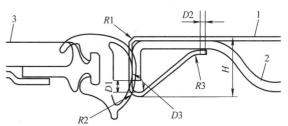

图 4-145　单天窗开口后部结构图示
1—顶盖外板　2—天窗加强框　3—天窗

的说明。从外形上看，此种全景天窗的顶盖与单天窗顶盖结构相似，差别在于全景天窗的开口尺寸比单天窗大。与单天窗顶盖外板相同，全景天窗顶盖四周的结构同无天窗顶盖外板，差异在与全景天窗配合处的结构设计。与单天窗顶盖外板相比，差异在于全景天窗开口处周围结构形式不同。按照实施的工艺不同，与全景天窗配合的车身结构，有三种结构形式：二保焊形式、包边形式和点焊形式，如图 4-146 所示。三种结构形式的顶盖外板与全景天窗加强框在顶面均需要采用结构胶连接，差异在与天窗配合的翻边处采用的工艺不同。目前，三种结构形式均有应用，其差异是：二保焊形式的焊缝长度需设计得短小，如过长可能导致顶盖的变形过大，精度难以控制；包边形式主要是对制造工装投入要求较高，但其精度、可靠性较好；点焊形式在天窗配合处的翻边结构较长，不利于车身轻量化，且天窗开口的四个圆角因成形性限制，无法采用点焊，为保证可靠性，仍需采用二保焊连接，且此种顶盖外板在天窗配合处翻边成形工序易对顶盖的外 A 面品质产生影响。

针对全景天窗的顶盖外板，为了保证可靠性，需要对顶盖的最窄宽度进行确认，如图

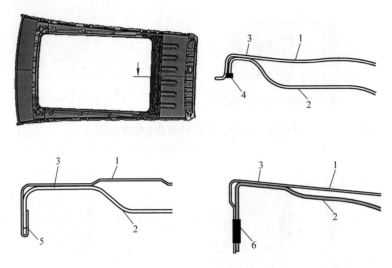

图 4-146　全景天窗顶盖开口处结构

1—顶盖外板　2—全景天窗加强框　3—结构胶　4—二保焊　5—包边　6—点焊

4-147所示。此宽度 L 尺寸不能过小，尺寸过小可能导致顶盖局部抗扭强度不足，可能发生可靠性问题，且顶盖外板在成形过程中可能会发生缺陷。若因造型与天窗的布置原因，导致局部尺寸过小，可通过增加造型筋加以改善。

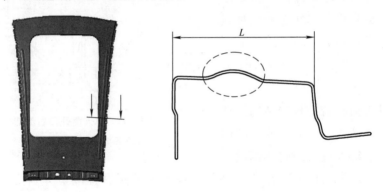

图 4-147　全景天窗顶盖加筋结构

（4）顶盖外板的材质设计　顶盖外板的材料一般选用拉延性能较好的钢板，市场上主流车型顶盖外板的厚度一般设计为 0.7mm 或 0.8mm。

3. 顶盖横梁的结构设计

顶盖横梁按照位置可分前横梁、后（尾）横梁及中横梁。顶盖中横梁主要是起支撑顶盖、抵抗侧面碰撞、增加整体车身刚度的作用，其中与 B 柱连接的横梁较其他中横梁在抵抗碰撞方面要求更高一些。无天窗车型一般与 B 柱连接的中横梁需重点设计，如图 4-148 所示。

前面介绍了顶盖横梁是为支撑顶盖外板，提高顶盖外板的刚度、模态及雪载强度等，顶盖设计加强筋可辅助改善顶盖的相关性能，所以顶盖横梁的布置设计可考虑顶盖是否有加强

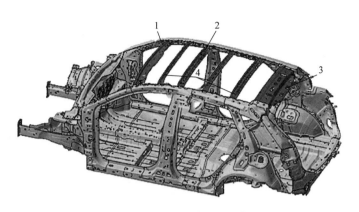

图 4-148 顶盖横梁的分类

1—顶盖前横梁 2—B 柱横梁 3—顶盖后（尾）横梁 4—其他中横梁

筋而进行差异化设计。有加强筋的顶盖横梁，其横梁布置的间距可较无加强筋的顶盖大一些，但最终要经过 CAE 分析确认。

顶盖上贴增强垫可代替横梁解决顶盖刚度、模态等问题。大众汽车公司的部分车型只有顶盖前、后横梁，前、后横梁之间贴大面积的增强垫，以满足顶盖的相关性能要求。此种方法的轻量化效果较好，但成本较高，对设备及操作工艺要求也较高。

（1）顶盖前横梁的结构设计　顶盖前横梁的结构设计在 4.1.4 典型断面 2 号断面的设计过程中已详细讲解。图 4-149 为顶盖前横梁与周边部件配合断面图示。注意：顶盖前横梁与周边件配合的间隙必须满足要求，如顶盖前横梁与前顶灯、顶盖前横梁与天窗电机的最小间隙。

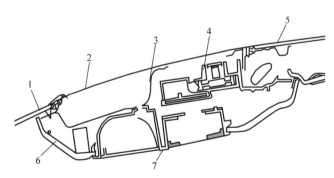

图 4-149 顶盖前横梁与周边部件配合断面图示

1—前风窗 2—顶盖外板 3—前横梁 4—天窗电机 5—天窗 6—顶篷 7—前顶灯

顶盖前横梁后边与顶盖采用隔振胶连接，涂胶槽布置数量及胶槽长度 E、隔振胶间距 F 为关键设计参数之一，保证顶盖前横梁对顶盖前部的支撑，涂胶槽的布置设计如图 4-150 所示；涂胶槽尺寸断面设计如图 4-10 所示，此结构适用车身任意处隔振胶涂胶槽的结构设计。

顶盖前横梁的截面尺寸，如 4.1.4 中的图 4-9 所示，其 H 与 L 一般参考数据库或标杆设计，并接受总布置的空间约束。前横梁还可以采用变截面设计，即采用两端 L 值大，中间 L 值小的均匀过渡设计，以实现轻量化设计。

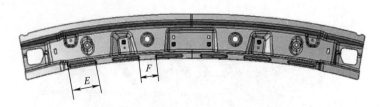

图 4-150　隔振胶涂胶槽的布置设计图示

（2）顶盖后横梁的结构设计　顶盖后横梁的结构设计在 4.1.4 典型断面 5 号断面的设计过程讲解得较详细。顶盖后横梁的截面尺寸如图 4-151 所示，L、$L1$、H 等关键尺寸设计一般结合标杆、尾门布置及头部空间综合确定。

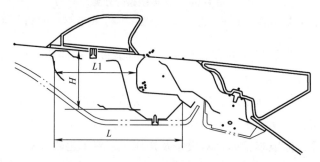

图 4-151　顶盖后横梁的截面尺寸图示

（3）顶盖中横梁的结构设计　B 柱中横梁在所有中横梁中对顶盖的支撑作用较大，对顶盖的刚度、雪载、碰撞等性能贡献度较大。一般，B 柱中横梁的厚度一般为 1.5mm 及以上，其他中横梁厚度一般为 0.8mm 左右，材质一般选择抗拉强度≥300MPa，可结合 CAE 的分析最终确认。其截面结构形式如图 4-152a 所示，其他中横梁结构形式如图 4-152b 所示。一般，B 柱中横梁的断面尺寸要大于其他中横梁。顶盖中横梁的高度越大，顶盖中横梁其自身刚度越好，支撑顶盖的效果越好，但高度尺寸的设计受到周边布置空间的限制，如头部空间、天窗的运动间隙等。具体尺寸设计时要参考数据库或标杆车，综合布置相关约束确定。通过调研，市场上主流车型的顶盖中横梁截面深度 H 一般在 14mm 左右。

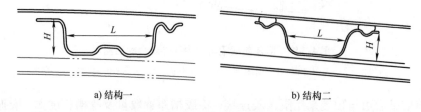

a) 结构一　　　　　　　　b) 结构二

图 4-152　顶盖中横梁的结构

顶盖中横梁与侧围的搭接部位结构有两种形式："缺口式"与"完整式"，如图 4-153 所示。"缺口式"中横梁可避免四层焊但横梁与侧围无直接连接，不利于增强中横梁与侧围的连接强度，不利于车体框架结构完整性；"完整式"中横梁与侧围直接由焊点连接，增加车体框架结构完整性，但增加四层焊，对焊接的工艺要求较高。

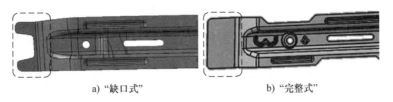

a) "缺口式" b) "完整式"

图 4-153　顶盖中横梁端头结构形式

顶盖外板与顶盖中横梁连接处通过膨胀胶连接，顶盖中横梁的两侧应避免 Y 向同时布置胶槽。胶槽在布置时应尽量在 Y 向错开，如图 4-154 所示。

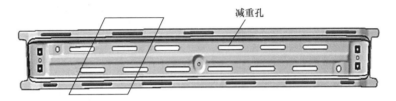

图 4-154　涂胶槽错位布置

顶盖中横梁之间的差异性很小且中横梁自身左右接近对称。为了规避生产时上错件，一般需要设计防错标识，如图 4-155 所示。也可以采用定位孔的位置与大小与定位夹具的配合进行防错设计。

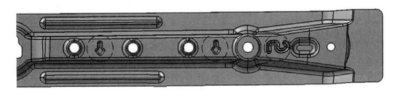

图 4-155　顶盖中横梁的防错设计实例

注意：顶盖中横梁一般采用开孔的形式进行轻量化设计，类型有长腰形孔，如图 4-154 所示，也有采用沉台+孔的形式，如图 4-155 所示。

4. 天窗加强框的结构设计

（1）单天窗加强框的结构设计　单天窗加强框与顶盖外板在天窗开口处的结构在单天窗顶盖外板处已说明，此处不做赘述。单天窗加强框与侧围的搭接结构有两种结构形式：一种是"一体式"，即天窗加强框与侧围直接搭接，另一种是"分体式"，即天窗加强框通过支架与侧围连接。两种结构的原因主要是基于天窗加强框材料利用率的设计考虑，如图 4-156 所示。

单天窗加强框与侧围搭接部位的结构尺寸以"分体式"为例说明，如图 4-157 所示，连接支架的宽度 H、天窗安装点距侧围搭接距离 G、天窗加强框自身宽度 B 为结构的关键尺寸，设计时必须要重点进行类比确认。一体式设计同部位的类似值可等同设计。

加强框横梁后部截面与 B 柱横梁类似，横梁宽度尺寸 L 为设计的关键尺寸。为提升车

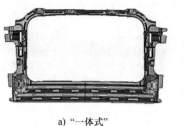 

a)"一体式"　　　　　　　b)"分体式"

图 4-156　单天窗加强框的类型

身刚度，防止水、灰尘等进入车身内部，单天窗加强框后侧一般设计金属结构胶，宽度要求均匀，其涂胶宽度 C 也为关键尺寸，如图 4-158 所示。市场上主流车型的单天窗加强框料厚一般为 1.5mm，材质优先根据成形需要选择。

（2）全景天窗加强框结构设计　全景天窗加强框按结构形式可分为两种：整体式与分体式。整体式又可分为等料厚与激光拼焊式。整体式即由一块胚料（或激光拼焊的胚料）一体冲压成形；分体式由 4 个零部件拼焊成全景天窗加强框，如图 4-159 所示。目前，一般车型加强框材质的抗拉强度≥300MPa，加强框前、后边框料厚采用 1.2～1.6mm，侧边框厚度采用 1.6～1.8mm。激光拼焊式加强框较等料厚加强框可实现轻量化，且材料利用率较高；分体式加强框虽然可实现料厚差异化设计，但其精度较整体式加强框差，且重量较整体式加强框高，故采用激光拼焊的整体式全景天窗加强框方案目前较为流行。

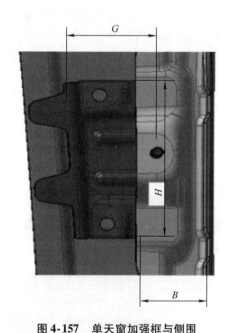

图 4-157　单天窗加强框与侧围搭接结构尺寸图示

G—为天窗前安装点距侧围搭接距离
H—为连接支架的宽度
B—为天窗加强框的宽度

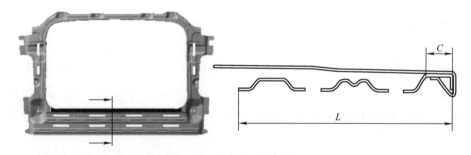

图 4-158　单天窗加强框后部结构图示

全景天窗加强框在天窗开口处的结构设计在全景天窗顶盖外板处已做说明，此处不再赘述。全景天窗与侧围的连接结构采用点焊及安装支架连接组合的结构形式，如图 4-160

车身结构详细设计 第4章

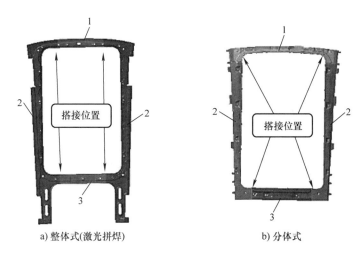

a) 整体式(激光拼焊)　　b) 分体式

图 4-159　全景天窗加强框的结构形式

1—加强框前边框　2—加强框侧边框　3—加强框后边框

所示。

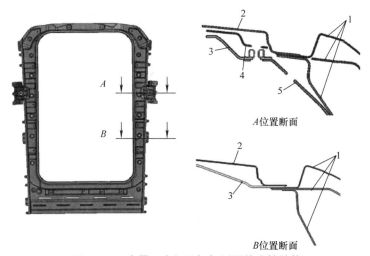

图 4-160　全景天窗加强框与侧围的连接结构

1—侧围　2—顶盖外板　3—全景天窗加强框　4—加强框加强板　5—连接支架

为了保证连接的结构强度，全景天窗加强框与顶盖外板在顶面采用结构胶连接。如图 4-161 所示，其涂胶面宽度 C 需要保证一定的长度，且天窗开口周圈连续涂胶连接。

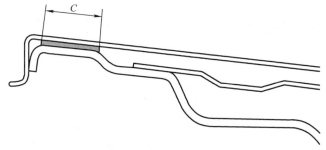

图 4-161　全景天窗加强框与顶盖外板涂胶结构要求

全景天窗加强框与顶盖前、后横梁的连接有两种形式：一种为支架连接，如图4-162所示，即在天窗加强框四角采用支架通过螺栓把加强框与顶盖前、后横梁连接；另一种为结构胶连接，即采用结构胶代替焊点连接，如图4-163所示。

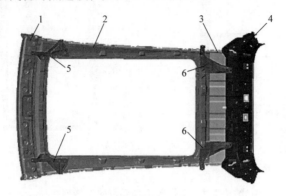

图4-162　全景天窗加强框与顶盖前、后横梁支架连接
1—顶盖前横梁　2—天窗加强框　3—顶盖外板　4—顶盖后横梁　5—前连接支架　6—后连接支架

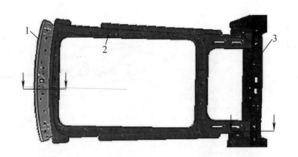

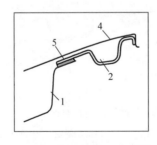 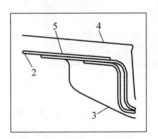

图4-163　全景天窗加强框与顶盖前、后横梁涂胶连接
1—顶盖前横梁　2—天窗加强框　3—顶盖后横梁　4—顶盖外板　5—结构胶连接部位

4.3.7　翼子板结构详细设计

1. 翼子板分类

翼子板按照材质可分为钢制翼子板与塑料翼子板，其中，塑料翼子板是汽车轻量化技术发展中"以塑代钢"的典型案例，可实现车身减重。

按照翼子板造型分类，翼子板常见的造型分缝方式有三种，如图4-164所示。

1）类型一：翼子板与发动机舱盖分缝在侧面，即 Z 向分缝，与侧围门槛分缝竖直，如

图4-164a所示；

2）类型二：翼子板与发动机舱盖分缝在上面，即 Y 向分缝，与侧围门槛分缝竖直，如图4-164b所示；

3）类型三：翼子板与发动机舱盖分缝在上面，即 Y 向分缝，与侧围门槛分缝水平，如图4-164c所示；

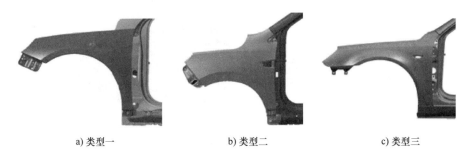

a) 类型一　　　　　　b) 类型二　　　　　　c) 类型三

图4-164　翼子板造型的常见类型

2. 翼子板的结构设计

翼子板为车身主要外覆盖件之一，且为安装部件，一般由单个零部件组成，特殊结构的翼子板由2个或多个部件组成，下文中会进行介绍。翼子板周边的配合部件较多，涉及发动机舱盖、前保险杠、前照灯、侧围A柱、前门、轮罩等。所有翼子板除了与周边件配合设计外，还需涉及适用法规设计、自身安装点布置设计等内容。

（1）翼子板适用法规设计　根据GB 7063—2011《汽车护轮板》中的要求，护轮板位于车轮中心向前30°和向后50°的两个辐射平面所形成的区域内，如图4-165所示，翼子板的宽度（q）必须足以遮盖整个轮胎的宽度 b（b 为制造厂规定的轮胎或车轮组件的最大宽度）。如属双胎，则轮胎宽度（t）应为两个轮胎的安装总宽度。在可行性分析阶段，必须校核翼子板是否满足此项法规要求。

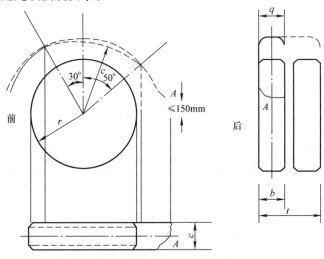

图4-165　护轮板要求示意图

根据 GB/T 24550—2009《汽车对行人的碰撞保护》要求，翼子板设计过程中还需考虑行人保护要求。若翼子板位于行人保护区域，翼子板的安装支架一般需要设计为溃缩结构或弱化结构，如图 4-166 所示。

图 4-166　翼子板支架适应《汽车对行人的碰撞保护》法规的结构设计

（2）翼子板与周边部件的配合设计　翼子板与前轮罩（前轮护板）的配合设计时，为了保证美观，翼子板与前轮罩之间的安装结构在轮胎上部区域配合面一般以 30°的倾斜面为基准设计，在视觉上可以遮住安装时的螺钉头或卡扣头部。在 30°的倾斜面范围设计中，前侧 30°倾斜面截止位置和前保险杠之间的分缝线需要保持一定的距离，后侧 30°倾斜面截止位置和前门的分缝线需要保持一定的距离，如可选择在 200mm 左右，参照图 4-167a 所示。

翼子板 30°倾斜面处的断面结构如图 4-167b 所示，与前轮罩配合的部分最小搭接量控制在 7mm 左右，翼子板外 CAS 面和护轮板顶端间隙可设计为≥5mm。注：以上数值为行业一般设计要求，此处仅做说明用，不同公司的设计要求可能存在不同。

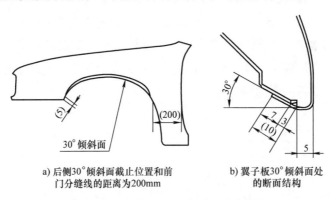

a）后侧 30°倾斜面截止位置和前门分缝线的距离为 200mm

b）翼子板 30°倾斜面处的断面结构

图 4-167　翼子板与前轮罩配合结构图

翼子板与轮眉装饰件的安装结构如图 4-168 所示，重点要考虑前轮罩与轮眉装饰件的卡扣间隙要求，即间隙尺寸 A。除了图示的这种结构外，依据造型，轮眉装饰件与翼子板的配合还有一种"面贴面"的配合方式，即翼子板不设计沉台，轮眉装饰件与翼子板表面贴合。

翼子板与裙边的配合设计主要考虑翼子板与裙边的安全间隙，翼子板下止口距离裙边最小间隙 A、翼子板与裙边的配合间隙 B 如图 4-169 所示。如造型没有裙边，则翼子板下部安装点需要校核，其安装空间如图 4-170a 所示，如安装空间不足，可按图 4-170b 在翼子板上设计避让特征。

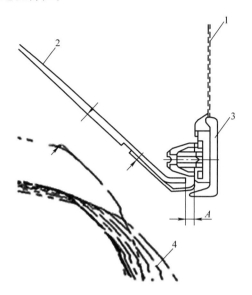

图 4-168　翼子板与轮眉装饰件安装结构图
1—翼子板　2—轮罩　3—轮眉　4—轮胎包络

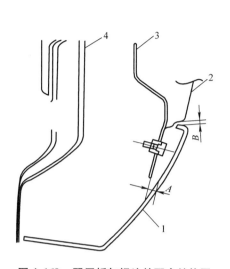

图 4-169　翼子板与裙边的配合结构图
1—裙边　2—翼子板　3—翼子板支架　4—侧围

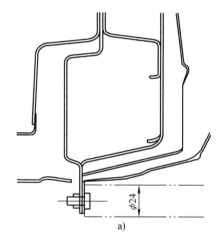

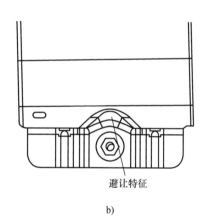

图 4-170　翼子板下安装点安装空间结构设计

　　翼子板与发动机舱盖的配合，在 4.1.4 典型断面 1 号断面的设计中已经较清晰地进行了讲解，本节需要补充一点，从外观缝隙的美观角度考虑，翼子板与发动机舱盖的配合处需避免可透过其分缝看见翼子板安装螺栓，这需要有针对性地进行校核。例如可以采用一定比例的假人站在距离翼子板外侧边缘一定距离的位置处，以看不见内部螺栓等部件为目标，如图 4-171 所示。

3. 翼子板自身的安装点设计

　　翼子板的安装点设计主要是翼子板安装点的布置设计，依据翼子板的造型合理地布置翼子板安装点。为了方便翼子板装调，翼子板的安装孔一般设计为 $\phi 12mm$ 的圆孔，特殊部位

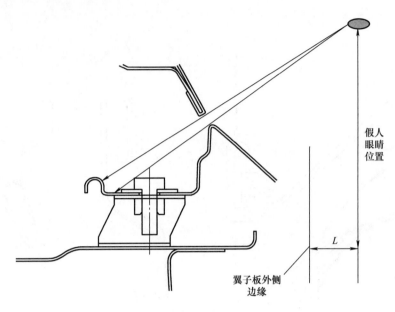

图4-171 翼子板安装螺栓可见性校核图示

可以设计成直径为12mm的腰形缺口。

按照翼子板的造型分类,当翼子板为类型一时,其安装点的布置如图4-172所示。部位1处一般设计1个安装点;部位2处一般在中部设计1个安装点;部位3处一般设计1个安装点,且尽可能靠近翼子板后部拐角;部位4处一般设计2~3个安装点,两端各1个,中间根据情况而定;部位5处一般设计2个安装点。

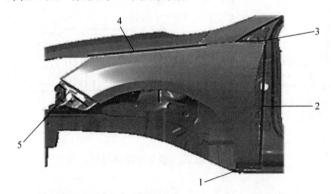

图4-172 类型一的翼子板安装点布置图示

当翼子板的造型为类型二时,安装点位置分布如图4-173所示:位置1处一般在中间设计1个安装点;位置2处一般根据后边沿长度,在上端及中间各布置1个安装点;位置3处一般设计1个安装点;位置4处一般在靠近A柱处设计1个安装点,当长度过长时,在两端各设计1个安装点;位置5处一般在两端设计2个安装点,距离较长时,可在中部增加1个安装点;位置6处一般设计2个安装点。

当翼子板造型为类型三时,安装点位置分布如图4-174所示:位置1处一般在中间设计

1个安装点；位置2处一般根据后边沿长度，均布2个安装点；位置3处一般设计1个安装点；位置4处一般在两端设计2个安装点，中间根据长度适当进行布置1或2个安装点；位置5处一般设计2个安装点。

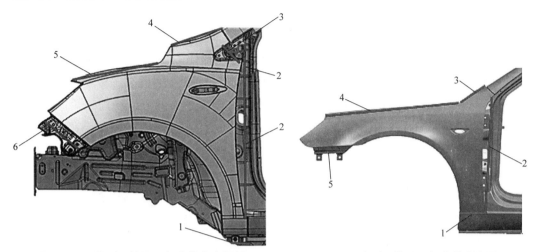

图4-173 类型二的翼子板安装点布置图示　　图4-174 类型三的翼子板安装点布置图示

以上为翼子板安装点布置设计的原则，仅供设计时参考。为了保证翼子板的性能及功能性要求，针对安装点的布置设计作如下补充说明。

1）位置1处的翼子板下部安装点数量的布置要结合翼子板下部的宽度，若宽度过宽时，一般设计2个安装点，如图4-175所示。

图4-175 翼子板位置1处安装点设计图示

2）位置2处上部的安装点，为了保证翼子板尖角处足够的刚度，翼子板后边沿上角部位设计一个安装点，安装点与翼子板后部边沿上角距离 $L1$ 必须控制得足够小，如图4-176a所示；当位置3处有安装点与翼子板后边沿上角部位距离如图4-176b所示 $L2$ 值足够小时，位置2处的安装点与翼子板后边沿上角间距 $L3$ 可适当放大。

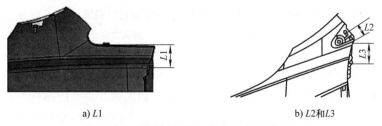

a) $L1$　　　　　　　　　　　　b) $L2$和$L3$

图4-176 翼子板位置2处安装点设计图示

3）位置 3 处配合条件较复杂，主要有两种：与三角窗盖板配合及与三角窗玻璃配合。安装点的设计要考虑后期的维修方便性。三角窗区域安装件为三角窗盖板时，三角窗盖板为可拆卸零件，翼子板维修时可以先拆除三角窗盖板，翼子板安装点设计在三角窗盖板的内部，使用螺栓安装。同样，安装点与翼子板 A 柱处尖角的距离尽量控制在一定的距离（L）内，三角窗区域翼子板特征结构如图 4-177 所示。

当三角窗区域安装件为三角窗玻璃时，玻璃为用胶粘贴固定，粘贴后无法拆下，翼子板安装螺栓需要设计在三角窗玻璃的下方，同时需要设计三角窗装饰件将翼子板安装螺栓进行遮盖。为了保证翼子板与 A 柱配合处的刚度，需要将翼子板与 A 柱分缝线与三角窗玻璃下沿的距离 L 控制在一定的尺寸范围；为保障翼子板安装工具操作空间，塑料盖板宽度可满足翼子板正常维修拆卸即可。三角区域为三角窗时的结构如图 4-178 所示。

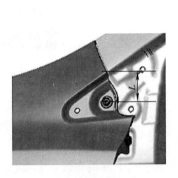 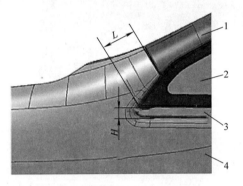

图 4-177　三角窗区域翼子板特征结构　　图 4-178　三角区域为三角窗时结构

1—侧围外板 A 柱　2—前三角窗
3—三角窗装饰件　4—翼子板

4）位置 4 处安装点与翼子板最后端的距离 $L1$ 在设计上要控制尺寸，在结构允许的情况下越小越好，如图 4-179 所示。

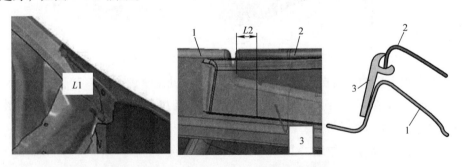

图 4-179　翼子板位置 4 处安装点设计图示

1—侧围外板 A 柱　2—翼子板　3—前风窗装饰条

5）位置 5 处如图 4-180 所示，为了保证翼子板前端尖角的刚度，安装点与翼子板最前端的距离 L 的设计过程也要控制；翼子板前尖角角度越大越好。若因结构及造型限制，安装点与翼子板前端距离过大或前尖角角度过小时，需要在尖角部位内部增加加强板，涂结构胶或膨胀胶进行支撑，如图 4-181 所示。

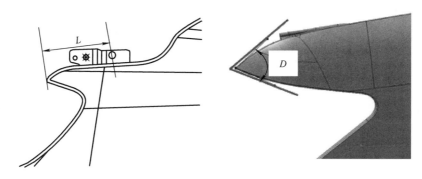

图 4-180 翼子板位置 5 处安装点设计结构要求

4. 翼子板的材质设计

因为翼子板的造型及结构均较为复杂，是车身成形最复杂困难的部件之一。市场上主流车型翼子板材质一般采用拉延性能较好的材料，如 DC05 或 DC06，市场上的车身翼子板厚度普遍采用 0.7~0.8mm。某些汽车厂商基于轻量化考虑在成本允许的条件下采用烘烤硬化钢，厚度采用 0.65mm 或 0.6mm。

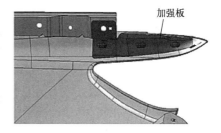

图 4-181 翼子板前端加强板结构

第 5 章 性能驱动的车身结构一体化设计

5.1 碰撞安全性能结构一体化设计

车辆发生碰撞事故时，车身结构的主要作用是吸收能量和抵抗变形，起到保护车内乘员的目的。车身结构吸收能量设计目的是降低碰撞强度，结构抵抗变形设计目的则是为约束系统正常工作提供保证。由此可见，车身结构碰撞安全性能设计是乘员保护的基础。车身碰撞安全性能结构一体化设计就是在设计前期针对不同工况的碰撞性能进行车身结构和性能的同步设计，大大提高车身性能的开发效率。本节针对车身正面碰撞、侧面碰撞和顶压性能，重点从车身结构和性能一体化设计基本理论、设计方法、车体关键结构设计案例三个方面进行介绍。

5.1.1 正面碰撞结构一体化设计

车身正面碰撞结构一体化设计的重点在于通过前舱的能量吸收设计和乘员舱的载荷传递设计，实现乘员舱的碰撞加速度峰值最小化和结构完整性。

1. 正面碰撞车身结构性能设计基本理论

车辆在与刚性墙（壁障）的正面碰撞中，碰撞前以一定的初始动能撞击刚性壁障，直到车辆相对壁障处于相对静止状态，由能量守恒定律可得车辆初始动能完全转化为车辆各个部件应变能，如图 5-1 所示，车身钣金变形的应变能占总能量 90% 以上，剩余能量由外饰、底盘等部件变形吸收。

正面碰撞中，为了确保乘员约束系统能够正常发挥作用，同时避免车身结构变形直接与乘员接触，因此车身结构性能设计原则通常要求乘员舱区域尽量不变形，远离乘员的车身前部发动机舱变形最大化，如图 5-2 所示。

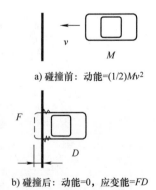

图 5-1 正面碰撞中能量转化过程

针对发动机舱吸能结构设计，通常需要根据整车级承载力目标进行分解，整车级承载力目标如图 5-3 所示。依据以往车型的数据库和各个结构的特点，比如断面尺寸大小等，合理分配各个载荷传递路径结构的承载力和能量吸收目标，如图 5-4 所示，针对承载力目标对各个结构进行详细设计。

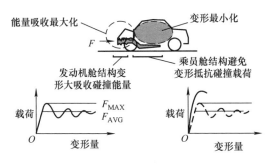

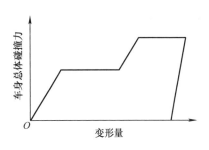

图 5-2　正面碰撞中车身结构性能设计要求

图 5-3　整车级车身承载力目标示意

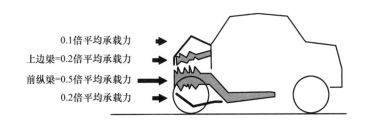

图 5-4　发动机舱吸能结构承载力分配设计

针对乘员舱抵抗变形结构设计，通常要求其最大承载能力大于前端吸能结构传递过来的载荷，以此进行其承载力目标设定和详细的结构设计，如图 5-5 所示。

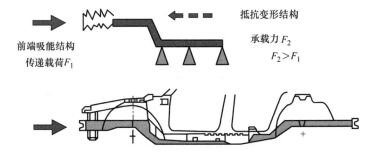

图 5-5　乘员舱抵抗变形结构承载力设计

2. 正面碰撞车身结构性能设计方法

（1）正面碰撞车身结构性能指标　为了确保整车碰撞性能达到要求，车身结构必须满足耐撞性指标。针对不同的整车安全性能指标，车身结构耐撞性指标也会略有差异，表 5-1 为大部分汽车主机厂开发 C – NCAP 五星车型的车身结构耐撞性指标。车身结构耐撞性指标主要包括两类：结构侵入量指标和车身加速度指标。结构侵入量指标主要是确保乘员舱的完整性，为乘员约束系统的正常工作提供基础；车身加速度指标主要是确保乘员舱整体承受较低的碰撞强度，更有利于后期乘员约束系统的匹配。针对结构侵入量指标，不同主机厂的要求大同小异。针对车身加速度指标，常用的评价指标主要包括车身加速度峰值、通用汽车使用的有效加速度（Effective Acceleration，EA）、沃尔沃采用的汽车波形指数（Vehicle Pulse Index，VPI）和天合汽车提出的乘员承载指数（Occupant Load Criterion，OLC），每个主机厂采用的指标略有不同，国内多数汽车主机厂采用车身加速度峰值指标。

表 5-1 车身结构耐撞性指标

工况	指标	测点说明		性能指标要求
正面碰撞 /偏置碰撞	前围侵入量	A 区	动态 最大值	<180mm
		B 区		<180mm
		C 区		<80mm
		D 区		<80mm
	A 柱侵入量	上门框		<25mm
		下门框		<25mm
	车身加速度	左	最大值	<40g
		右	最大值	<40g

（2）车体不同区域碰撞性能设计要求　正面碰撞中，按照车体结构在碰撞过程中所起的作用，主要分为能量吸收区、载荷过渡区和乘员保护区三个部分，如图 5-6 所示。

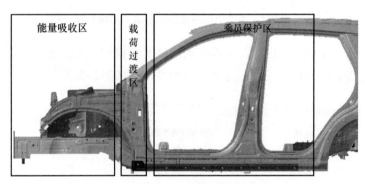

图 5-6　车体结构在碰撞中的不同区域

针对三个不同区域设计，基于其在碰撞中的作用不同，其设计原则也略有差异，车体不同区域的设计思路见表 5-2。

表 5-2　车体不同区域设计思路

序号	区域名称	涉及区域	主要作用	设计原则
1	能量吸收区	前纵梁最前端至前围	碰撞能量吸收最大化，最小化碰撞加速度的峰值	合理设计多条载荷路径，通过梁结构轴向变形吸能（效率最高）或是弯曲变形进行能量吸收。结构发生塑性变形较大，材料选择强度适中、伸长率大的高强度钢材料，如双相钢等

(续)

序号	区域名称	涉及区域	主要作用	设计原则
2	载荷过渡区	前纵梁后端、前围和A柱下端	将前部载荷有效向后传递，需要具有较高的强度，变形最小化	尽量减少变形，梁结构尽量采用大截面和多层板设计。该区域会产生少量变形，选择强度高的材料，如双相钢、热成形钢
3	乘员保护区	乘员舱	为乘员约束系统提供良好的基础，需要具有较高的强度，确保乘员舱变形最小化	抵抗结构变形，尽量避免塑性变形，需要设计多条传递路径承载过渡区的载荷。选择强度高的材料，如双相钢、热成形钢

(3) 车体载荷传递路径设计　为了实现正面碰撞中不同区域结构的作用，需要合理设计载荷传递路径，通过塑性变形和承载实现能量吸收和载荷传递，具体载荷传递路径设计如图 5-7 所示，不同区域各个结构载荷传递路径如图 5-8 所示。

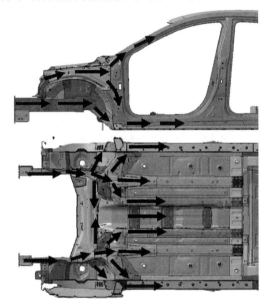

图 5-7　车体载荷传递路径示意图

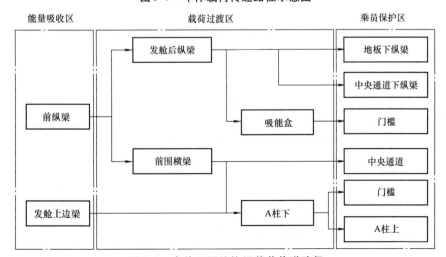

图 5-8　车体不同结构间载荷传递路径

针对能量吸收区，车身通常设计两条载荷传递路径：前纵梁和发舱上边梁；而在过渡区通常会设计多条路径进行载荷传递，主要包括发舱后纵梁和前围横梁；乘员保护区通常也采用多载荷传递路径设计，主要包括门槛、地板下纵梁、中央通道等。具体的载荷传递路径设计见表5-3。

表5-3 车体碰撞载荷传递路径设计

序号	区域名称	载荷传递路径个数	载荷传递路径
1	能量吸收区	2个	①前纵梁；②发舱上边梁
2	载荷过渡区	6个	①发舱后纵梁，将前纵梁载荷向地板下纵梁、中央通道下纵梁和门槛三条路径传递；②前围横梁，将前纵梁载荷向中央通道、门槛和A柱三条路径传递
3	乘员保护区	5个	①地板下纵梁；②中央通道下纵梁；③中央通道；④门槛；⑤A柱

针对能量吸收区两条路径，前纵梁是车身最重要的能量吸收部件之一。100%完全正面碰撞中，前防撞梁、吸能盒和前纵梁能量吸收比例通常占碰撞总能量的35%~40%，前纵梁能量吸收占碰撞总能量的25%左右。40%偏置碰撞中，前防撞梁、吸能盒和前纵梁能量吸收比例通常占碰撞总能量的15%~20%，前纵梁能量吸收占碰撞总能量的10%左右。为了实现前纵梁的能量吸收目标，通常要求前纵梁具有足够的变形空间。对于C-NCAP五星车型开发，通常要求前纵梁和前防撞梁总体吸能空间最大化，目前市场主流车型的有效吸能空间要求不小于500mm。图5-9所示为C-NCAP五星车型江淮瑞风S3的前纵梁和前防撞梁吸能空间设计，前纵梁前端和后端总体吸能空间为280mm，前防撞横梁最前端至纵梁最前端吸能空间为230mm，总体有效吸能空间为510mm。

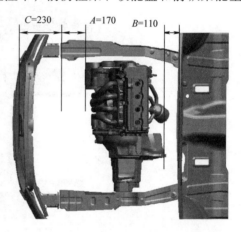

图5-9 江淮瑞风S3前纵梁吸能空间设计

由于车身空间布置和载荷分配策略差异，不同车型的能量吸收区、载荷过渡区和乘员保护区载荷传递路径可以考虑多方案设计，如目前部分车型采用最大化门槛载荷传递路径的方式，图5-10所示为本田缤智车身乘员舱载荷传递路径设计，乘员舱下部无地板下纵梁和中央通道下纵梁设计，前纵梁后端梁直接向后略微延伸与门槛相连，将碰撞载荷直接向门槛传递。

目前纯电动汽车快速发展，由于电动汽车地板下部需要布置电池，乘员保护区下部的载荷传递路径设计与传统燃油车存在差异。大体上分为两类，一类是乘员舱下部设计地板下纵梁，如图5-11所示，下纵梁与门槛并排设计在一起，下纵梁未按照前纵梁载荷传递方向进行设计，但是仍能起到一定的承载作用。

另一类是乘员舱下部未设计地板下纵梁，如图5-12所示，该方案主要是为了进一步实

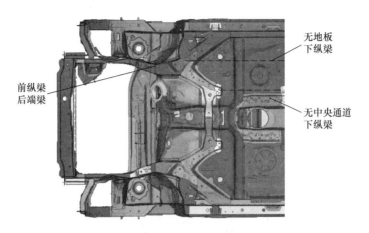

图 5-10　本田缤智车身乘员舱载荷传递路径设计

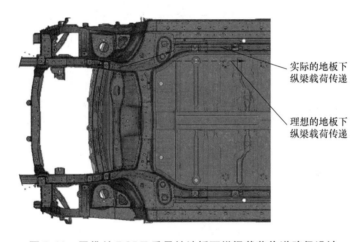

图 5-11　雪佛兰 BOLT 乘员舱地板下纵梁载荷传递路径设计

现电池包最大化设计,该方案前纵梁后端载荷直接通过前围横梁和前围横梁两侧加强件结构直接、全部传递到门槛。该载荷传递路径也能实现整车在各项碰撞测试中获得优秀的正面碰撞性能,该载荷传递路径设计的重点主要集中在前围横梁及其两侧加强件的设计上。

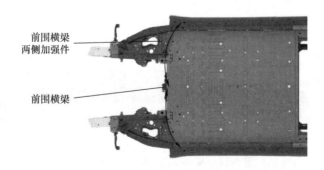

图 5-12　特斯拉 MODEL 3 车身过渡区载荷传递路径设计

结合能量吸收区关键路径能量吸收目标和吸能空间设计，前期能够初步确定能量吸收区的承载能力，从而按照载荷传递从前部能量吸收区至后部乘员保护区的顺序，初步确定各个传递路径上的载荷分布，为结构设计提供参考。图 5-13 所示为 C – NCAP 五星车型和悦 A30 的车身碰撞载荷路径设计，车体能量吸收区载荷分配比例为发舱上边梁 7%，前纵梁 60%，副车架 33%，前纵梁是最主要的能量吸收部件；乘员保护区上、下车体载荷分配比例分别为 16% 和 84%，各传递路径载荷分配比例尽量按照承载能力大小进行分配，门槛结构截面大，承载能力强，尽量分配较大比例的碰撞载荷。

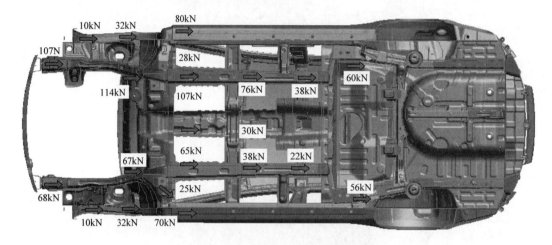

图 5-13　和悦 A30 车身碰撞载荷分配设计

3. 车体关键结构设计案例

各区域载荷传递路径结构设计是实现正面碰撞中能量吸收和载荷传递的保证。针对关键结构设计将从其在碰撞中所起的作用、断面形状、细节结构和与周边件的连接方面进行介绍。

（1）前纵梁碰撞性能设计　针对承载式车身，前纵梁是最重要的能量吸收部件。在 100% 正面碰撞中，通常要求前纵梁的能量吸收比例至少达到 25% 以上。针对前纵梁能量吸收最大化设计，通常设计纵梁前端轴向压溃，确保前端能量吸收最大；中后段侧向略微折弯的变形模式，避免较大的加速度峰值，如图 5-14 所示。为了实现前纵梁能量吸收最大化设计，结构设计需要重点关注总体布置、断面、材料、细节特征以及搭接等几个方面。

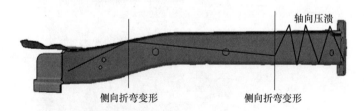

图 5-14　某车型前纵梁变形模式设计

1）前纵梁布置尽量保证整体平直化设计，侧向的内外表面，高度方向的上下表面尽量保证平直，避免设计较大的特征。图 5-15 所示为某 C – NCAP 五星车型的前纵梁平直化设计。如果梁结构局部过渡不连续，在受到较大轴向力的情况下，梁结构很容易出现较大的弯曲变形，不利于控制纵梁的变形模式，会大大降低纵梁的能量吸收和承载能力。如图 5-16 所示，某车型前纵梁后端结构不连续，导致纵梁后端严重上翘，支撑不足，纵梁前端吸能不足，发动机严重挤压前围结构，造成乘员舱侵入量较大。

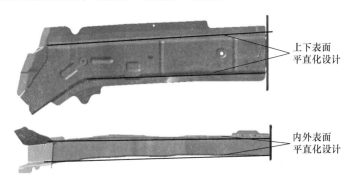

图 5-15 某车型前纵梁平直化设计

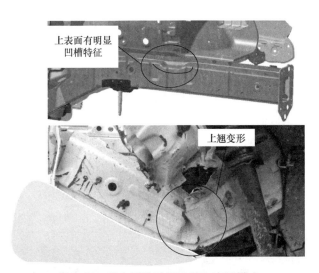

图 5-16 某车型前纵梁设计和变形模式

针对前纵梁的高度方向布置，高度位置对完全正面碰撞基本没有影响，主要对 40% 偏置碰撞有一定的影响，为了确保前纵梁能够与可变性壁障前端充分接触，通常设计前纵梁上表面高度低于壁障前端上表面的高度，即试验状态下前纵梁上表面高度最好能够低于 530mm，如图 5-17 所示。

2）前纵梁断面尺寸最大化设计。前纵梁前端通常要求截面轴向平均压溃力不小于

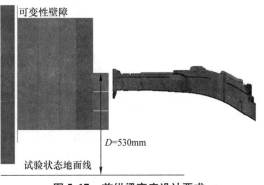

图 5-17 前纵梁高度设计要求

180kN，根据具体车型能量分配适当调整。为了实现目标要求，根据统计分析，通常情况下整车整备质量为 1000~1200kg，前纵梁断面高×宽尺寸为（100~105）mm×（70~75）mm；整车整备质量为 1200~1500kg，前纵梁断面高×宽尺寸为（105~110）mm×（75~80）mm；整车整备质量为 1500~1800kg，前纵梁断面高×宽尺寸为（110~120）mm×（75~85）mm。图 5-18 所示为三款 C-NCAP 五星车型的前纵梁前端截面尺寸。

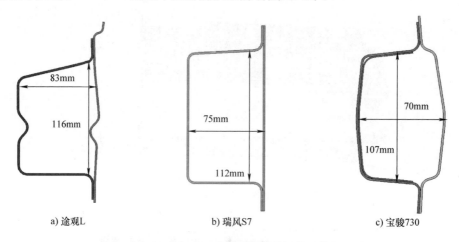

a) 途观L　　　　　　　b) 瑞风S7　　　　　　　c) 宝骏730

图 5-18　C-NCAP 五星车型的前纵梁前端截面尺寸

为了进一步提高前纵梁的承载能力，某车型前纵梁采用了六边形的截面形状，如图 5-19 所示。部分车型还采用了更为复杂的截面形状，图 5-20 所示为马自达 CX-5 采用的十字形前纵梁截面形状，采用该截面形状的梁结构比方形截面形状的梁结构能量吸收提升 20%。

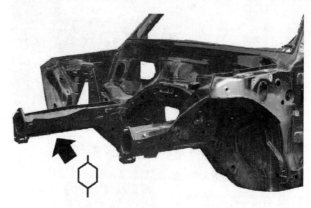

图 5-19　前纵梁采用的六边形截面形状

随着近几年铝合金车身的广泛应用，同时也考虑到铝合金挤压梁结构具有更稳定的轴向变形吸能效果，更多的车型前纵梁采用铝合金挤压件设计，前纵梁截面形状通常采用"日""目"或"田"字形设计，以提高梁结构的能量吸收能力，图 5-21 所示为奥迪 Q7 和蔚来 ES8 的铝合金前纵梁的截面形式。

3）除了截面形状和大小之外，前纵梁的材质和厚度也是决定前纵梁承载力的关键因素

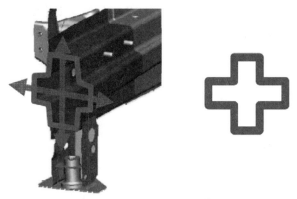

图 5-20 前纵梁采用的十字形截面形状

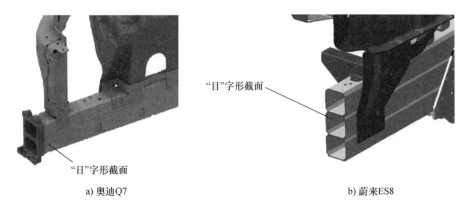

a) 奥迪Q7　　　　　　　　　　　　　　b) 蔚来ES8

图 5-21 铝合金前纵梁的截面形式

之一。碰撞过程中前纵梁会出现较大的塑性变形，通常要求前纵梁材质具有较高的强度和伸长率，因此通常采用低合金高强度钢或双相钢材料，如 B340LA、B410LA、DP600 和 DP700 等材料。相比低合金高强度钢，双相钢具有更高的屈强比和更高的抗拉强度，相同变形量下能够吸收更多的能量，因此目前前纵梁普遍采用双相钢材料，前纵梁内外板厚度主流设计不低于 1.6mm，具体尺寸结合实际车型前纵梁吸能情况适当调整。图 5-22 所示为三款 C - NCAP 五星车型的前纵梁材质和厚度。

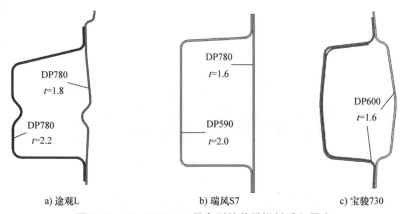

a) 途观L　　　　　　　　b) 瑞风S7　　　　　　　　c) 宝骏730

图 5-22　C - NCAP 五星车型的前纵梁材质和厚度

针对前纵梁的厚度设计，为了更好地平衡结构性能和重量，通常也会采用变厚度设计。图 5-23 所示为丰田凯美瑞前纵梁采用变厚度激光拼焊设计，确保前纵梁前端变形吸能，后端提供足够支撑，前纵梁主体厚度从前至后依次为 1.6mm、2.0mm 和 2.6mm。

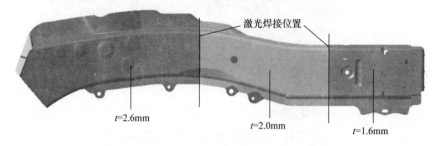

图 5-23 凯美瑞的前纵梁变厚度激光拼焊设计

针对采用铝制材料的前纵梁设计，为了更好地变形吸能，通常要求铝合金材料抗拉强度大于 215 MPa，材料伸长率大于 10%。前纵梁通常采用 6 系铝合金材料，如 6063、6082 等牌号，也有部分车型如凯迪拉克 CT6 前纵梁采用 7 系铝合金材料，如 7003 牌号的材料。

4）为了实现前纵梁更好的变形稳定性，确保能量吸收最大化，通常也会考虑局部诱导槽、弱化孔和加强筋设计。在纵梁前段变形区设计诱导槽和弱化孔能够有效控制变形的稳定性，中后段承载区设计轴向加强筋可提高结构的轴向压溃和侧向弯曲承载能力。如图 5-24 所示，丰田凯美瑞前纵梁前端设计了诱导槽和加强筋。

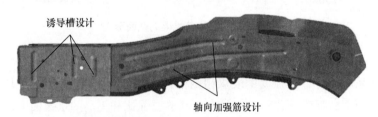

图 5-24 凯美瑞前纵梁诱导槽和加强筋设计

图 5-25 所示为福特锐界前纵梁前端弱化孔设计和后端诱导槽设计。针对前纵梁后端诱导槽设计，通常在确保前纵梁前端充分变形吸能的前提下，通过合理设计后端诱导槽实现特定的前纵梁变形模式，增加前纵梁的吸能量，控制车身加速度水平。

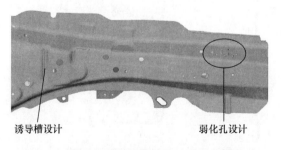

图 5-25 福特锐界前纵梁弱化孔和诱导槽设计

5）前纵梁自身的连接、前后连接区域设计也是确保纵梁稳定变形的前提。前纵梁焊点间距通常设计为 25~35mm。前纵梁前端主要通过纵梁连接板与吸能盒连接板相连，纵梁连接板需要具有足够的强度，确保前纵梁前端均匀承受载荷，避免纵梁内、外板局部提前失稳变形。通常，前纵梁前端连接板采用双相钢设计，钣金件厚度建议在 2.0mm 以上。如图 5-26 所示，大众途观 L 前纵梁前端纵梁连接板一和连接板二通过二保焊垂直焊接，连接板二通过两排焊点与纵梁连接，有效提高了前纵梁前端的稳定性。

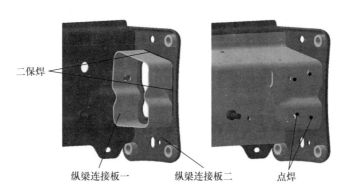

图 5-26　途观 L 前纵梁前端连接板设计

前纵梁后端连接强度设计是实现纵梁载荷向后传递的基础，需要重点关注前纵梁与发舱后纵梁、前围横梁以及前围侧边梁的连接强度最大化。如图 5-27 所示，前纵梁后端与发舱后纵梁只通过焊点相连，搭接距离为 130mm，通过发舱后纵梁将载荷向后传递，发舱后纵梁是最重要的支撑结构。

目前，多数车型为了将前纵梁载荷直接向 A 柱下和门槛传递，重点加强了前纵梁后端与前围横梁的连接设计，前围横梁及其两侧加强梁分别与中央通道、A 柱下相连，给纵梁后端提供了更强的支撑。如图 5-28 所示，宝骏 730 前纵梁和发舱后纵梁设计成整体结构，前纵梁后端与前围横梁、侧边梁搭接量采用最大化设计，该方案对前纵梁后端起到了更强的支撑作用，更有利于控制前围入侵量。

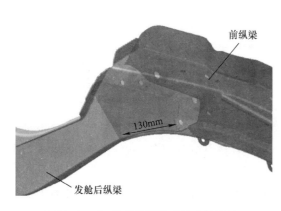

图 5-27　凯美瑞前纵梁后端连接设计

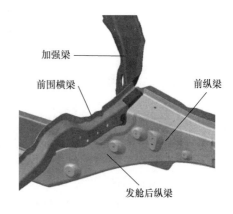

图 5-28　宝骏 730 的前纵梁后端支撑设计

如图 5-29 所示，大众途观 L 的前围横梁及其两侧加强梁采用了整体设计，两端直接与门槛、A 柱下相连，断面尺寸加大，该方案进一步发挥了前围横梁的支撑作用。

前围横梁的连接设计最大程度发挥了门槛在碰撞中的载荷传递效果。如图 5-30 所示，沃尔沃 XC60 的前纵梁和发舱后纵梁为整体式设计，直接与 A 柱下、门槛相连，将纵梁载荷直接通过 A 柱下、门槛结构传递，最大限度地发挥门槛的作用，一定程度弱化了发舱后纵梁的载荷传递能力，该策略在电动汽车的车身设计中更是得到了充分利用。图 5-31 所示为特斯拉 MODEL 3 电动汽车前纵梁后端整体式设计，前纵梁后端载荷直接通过前围横梁、前围侧边梁向 A 柱下、门槛传递。

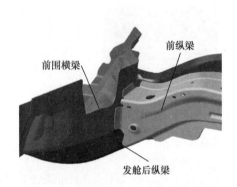

图 5-29　途观 L 前围横梁整体式设计

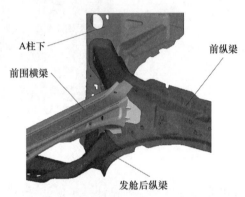

图 5-30　沃尔沃 XC60 前纵梁后端整体式设计

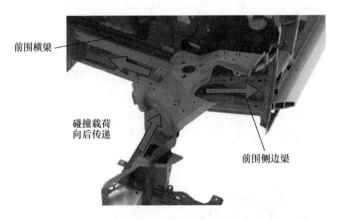

图 5-31　特斯拉 MODEL 3 电动汽车前纵梁后端连接设计

（2）发舱上边梁碰撞性能设计　发舱上边梁是正面碰撞中第二个能量吸收部件，尤其在 40% 偏置碰撞和 25% 小偏置碰撞中发挥较大作用。发舱上边梁断面尺寸较小，很难实现理想的褶皱变形模式，通常设计为部分压溃或是多点弯曲的变形模式，图 5-32 所示为本田思域的上边梁多点弯曲变形模式。

1）为了充分发挥发舱上边梁在 40% 偏置碰撞中的作用，实现碰撞过程中发舱上边梁与可变性壁障充分接触，通常建议发舱上边梁前端不高于 850mm，如图 5-33 所示。

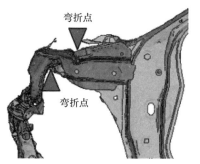

图 5-32 本田思域发舱上边梁多点弯曲变形模式

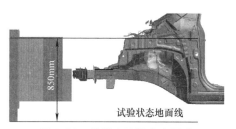

图 5-33 发舱上边梁高度要求

2) 目前按照在结构形式和在碰撞中发挥的作用，发舱上边梁的结构大体分为两类。第一类为短直类型，如图 5-34a 所示，发舱上边梁结构较短，前端与纵梁未形成梁结构搭接，结构简单，在碰撞中起到的吸能效果极其有限。第二类为象鼻子类型，如图 5-34b 所示，发舱上边梁整体结构向前延伸，前端通过梁结构与纵梁侧面形成较强的连接，该类型一方面能够提升自身的能量吸收能力，另一方面在 25% 小偏置中能够带动前纵梁一起变形吸能。为了提高 25% 小偏置碰撞性能，多数车型采用了象鼻子类型的发舱上边梁结构方案，如图 5-35 所示。图中沃尔沃 XC90 和本田雅阁采用了分件焊接的结构形式，菲亚特 Pacifica 和福特福克斯采用了整体液压成形的结构形式。

a) 短直类型

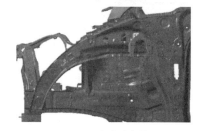

b) 象鼻子类型

图 5-34 发舱上边梁结构类型

a) 沃尔沃 XC90

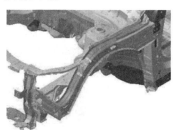

b) 本田雅阁

c) 菲亚特 Pacifica

d) 福特福克斯

图 5-35 象鼻子类型的发舱上边梁

3）发舱上边梁作为能量吸收部件，通常采用低合金高强钢或双相钢，内、外板板件厚度一般设计为 1.2~1.5mm。

4）为了确保前段充分变形吸能，发舱上边梁后端与侧围的连接需要进行重点设计，以确保足够的连接强度。结构连接要求上边梁外板与 A 柱下加强板连接在一起，不能单纯只与侧围外板相连。如图 5-36 所示，上边梁通过点焊或是螺栓不仅与 A 柱下加强板相连，同时还与内部加强支架连接在一起，确保了较高的连接强度和载荷传递效果。

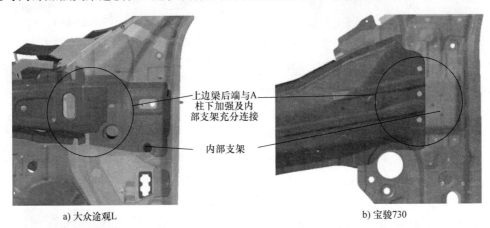

a) 大众途观L　　　　　　　　　　b) 宝骏730

图 5-36　发舱上边梁后端连接设计

（3）发舱后纵梁碰撞性能设计　发舱后纵梁是将纵梁后端载荷向地板下纵梁传递的重要部件，要求具有较大的抗弯性能，碰撞过程中尽量不变形或是少变形，其变形大小直接影响乘员舱入侵程度。针对该结构，总体采用断面尺寸和材质最大化设计。

1）为了确保发舱后纵梁较大的承载能力，目前主流车型在布置上通常要求其前后高度、侧向尽量平直，高度差不要超过 250mm，侧向偏差不大于 100mm，断面高度不能小于 80mm，与水平方向夹角尽量不要超过 30°，具体要求如图 5-37 所示。

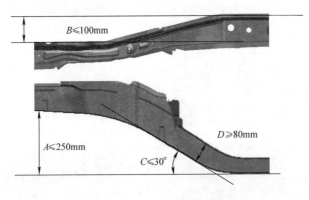

图 5-37　发舱后纵梁设计要求

2）根据与前纵梁的连接形式不同进行分类，发舱后纵梁分为整体式设计和分体式设计两种。所谓整体式设计就是前纵梁和发舱后纵梁整体化设计，该形式具有较好的结构连续性，如图 5-38a 所示。反之，分体式设计就是前纵梁和发舱后纵梁通过点焊连接在一起，如图 5-38b 所示，针对分体式设计应确保足够的连接强度。

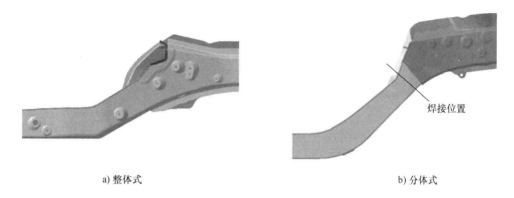

a) 整体式　　　　　　　　　　　　　　b) 分体式

图 5-38　发舱后纵梁结构形式

碰撞过程中，发舱后纵梁往往会承受较大的弯曲载荷，为了提升其抗弯性能，通常会采用多层加强板设计。如图 5-39 所示，发舱后纵梁内部多采用 U 形和 W 形加强板设计，通常情况下，W 形加强板具有更好的加强效果。

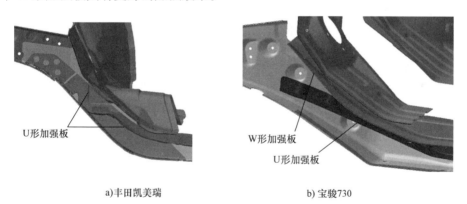

a) 丰田凯美瑞　　　　　　　　　　　　b) 宝骏730

图 5-39　发舱后纵梁内部加强板设计

为了有效提高发舱后纵梁上侧受压面的承载能力，部分车型在发舱后纵梁上面设计加强板。如图 5-40 所示，瑞风 S7 发舱后纵梁上部设计了两层加强板，内部未设计加强板，碰撞过程中结构变形较小。

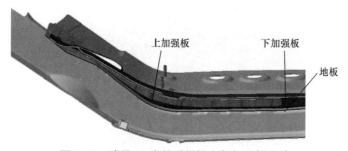

图 5-40　瑞风 S7 发舱后纵梁上部加强板设计

3）发舱后纵梁通常采用双相钢设计，如 DP800 材料。为了实现承载能力最大化设计，部分车型针对发舱后纵梁主体结构和加强板采用热成形材料，如图 5-41 所示。

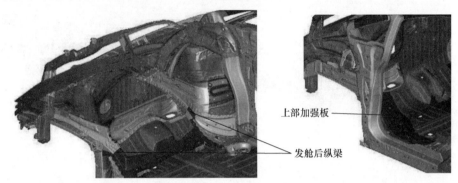

图 5-41 雪佛兰 BOLT 发舱后纵梁采用热成形材料

（4）前围横梁碰撞性能设计　前围横梁是过渡区载荷传递的关键部件，一方面能够将纵梁后端载荷有效向门槛和中央通道传递，另一方面能够有效控制纵梁的稳定性，避免侧向弯曲。通常要求前期布置前围横梁贯穿左、右 A 柱下结构，截面和材料强度采用最大化设计，结构连续。实现较高的抗弯性能，与前纵梁后端、中央通道、A 柱下和门槛搭接量最大化设计实现较高的连接强度，确保载荷的向后传递。

1）前期布置预留足够的 X 向空间，确保整体结构连续，具有较大截面，有效连接左、右 A 柱下结构，高度方向确保与前纵梁后端搭接量最大化。目前，多数车型将前围横梁主体结构布置在前围前侧发动机舱内，通常在乘员舱内部还会设计前围横梁加强件。如图 5-42 所示，两款车型前围横梁均位于前围前侧，横梁具有较大的截面，横跨左、右 A 柱下结构，与纵梁后端直接搭接。

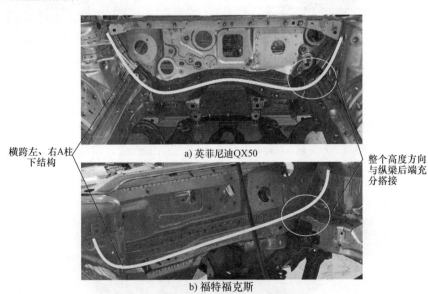

图 5-42 两款车型的前围横梁

2）前围横梁结构主体采用整体式或是分体式的结构设计，与前围板形成封闭梁结构设计。同时为了加强横梁两侧的连接强度，提高横梁与 A 柱下连接处的旋转刚度，进一步提高横梁抵抗变形的能力。很多车型在横梁两侧乘员舱内部设计前围横梁加强件，如图 5-43 所示。

a) 福特福克斯　　　　　b) 雪佛兰 BOLT　　　　　c) 本田雅阁

图 5-43　前围横梁两侧加强梁

为了最大化前围横梁的承载能力，部分车型直接将下横梁作为前围的一部分结构进行整体设计，该类型结构能够更好地实现横梁截面最大化，与 A 柱下、门槛、中央通道连接强度最大化设计，两侧往往不需要再设计加强结构，如图 5-44 所示。

内外板整体设计形成封闭的横梁结构

图 5-44　大众途观 L 前围横梁

针对一些纯电动汽车，其前围横梁承载能力更是进行最大化设计，前纵梁载荷直接通过前围横梁向 A 柱下和门槛传递，由于中间没有中央通道支撑，横梁自身需要具有更高的承载能力。如图 5-45 所示，特斯拉 MODEL 3 电动车型采用外横梁 + 内横梁整体加强件设计，有效保证了横梁的自身强度，确保碰撞载荷向两侧进行传递。

3）前围横梁是典型的抵抗变形结构，通常采用双相钢设计或热成形材料设计。如图 5-44 所示的大众途观 L 的前围横梁设计，前围内外板均采用了热成形材料。

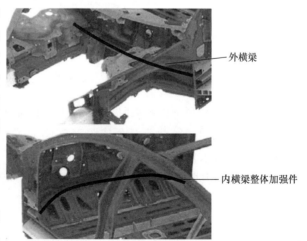

外横梁

内横梁整体加强件

图 5-45　特斯拉 MODEL 3 车前围横梁

4）为了实现前围横梁有效的载荷传递，除了上文已经介绍的保证与纵梁后端的搭接量最大化，同时也要确保前围横梁与 A 柱下、门槛和中央通道较高的连接强度。前围横梁两侧加强件与 A 柱下搭接，确保搭接量最大化，A 柱下结构内部设计支撑支架，避免梁结构出现较大局部变形。图 5-46 所示为前围横梁两侧加强件与 A 柱下设计较大的搭接区域，A 柱下内部设计支架进行局部加强。

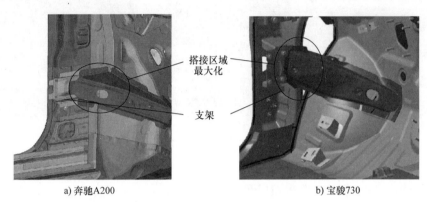

a) 奔驰A200　　　　　　　　b) 宝骏730

图 5-46　前围横梁两侧加强梁与 A 柱下连接设计

针对前围横梁与中央通道连接设计，尽量让中央通道直接与横梁搭接，避免出现较大的高度偏差。如图 5-47 所示，列举了前围横梁与中央通道较好和较差的两种连接形式。

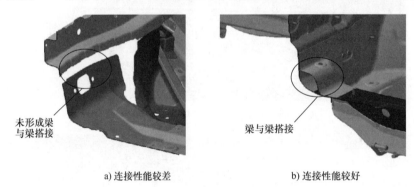

a) 连接性能较差　　　　　　　　b) 连接性能较好

图 5-47　前围横梁与中央通道连接形式

(5) 门槛结构碰撞性能设计　门槛在正面碰撞过程中主要承受轮胎、A 柱下端、扭矩盒以及地板横梁的碰撞载荷，尤其在 25% 小偏置碰撞过程中，门槛承受极大的碰撞载荷。通常在结构上要求采用大截面和高强度钢材料设计，在整个长度方向保证较好的结构连续性，总体结构及其断面形状如图 5-48 所示。图 5-49 所示为两款 C – NCAP 五星车型的断面尺寸。

1）通常，门槛由内外板组成，内外板采用整体设计，结构从 A 柱下延伸至 C 柱下，结构连续性较好。为了保证门槛内外板的连接强度，要求门槛上部焊接边处焊点间距为 30 ~ 40mm，下部焊接边处焊点间距为 40 ~ 50mm。提升门槛碰撞性能，通常从整体材料加强和局部结构加强两个方面进行。如图 5-50a 所示的车型门槛内外板均采用了热成形材料，门槛内

图 5-48 门槛结构总体设计

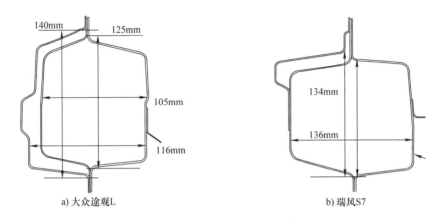

a) 大众途观L   b) 瑞风S7

图 5-49 门槛断面尺寸设计

部无加强板和小支架设计；图 5-50b 所示的车型门槛采用马氏体钢设计，内部设计了小支架和加强板。

a) 整体加强设计   b) 局部加强设计

图 5-50 门槛结构加强设计

2）门槛一方面承受轮胎传递的轴向载荷，另一方面承受 A 柱下结构的弯曲载荷，因此门槛与 A 柱下的连接设计至关重要。目前主要有两种类型连接形式，每种形式都要确保较高的连接强度。类型一门槛延伸至最前端，A 柱下结构与其上面和侧面搭接，该类型能够较好地保证门槛结构的整体性设计；类型二 A 柱下接头整体设计，接头下部结构承担门槛的作用，与门槛水平搭接，如图 5-51 所示。类型一门槛前端略微向前延伸，门槛先与轮胎接触承受碰撞载荷，门槛主要承受轴向载荷；类型二 A 柱下结构先与轮胎接触承受碰撞载荷，门槛承受较多的弯曲载荷。

3）门槛作为抵抗变形结构，通常采用双相钢、马氏体钢和热成形钢等材料。

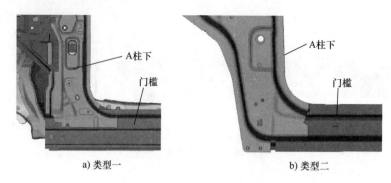

图 5-51 门槛与 A 柱下连接设计

（6）A 柱结构碰撞性能设计　A 柱是上车体最重要的载荷传递路径。A 柱主要承受上边梁、A 柱下端传递过来的载荷，碰撞过程中不能有明显的塑性变形。结构上通常要求 A 需要具有足够的断面大小，建议采用超高强度钢材料设计，A 柱内板和加强板延伸至顶盖前横梁后端，整个长度方向的结构采用连续性设计。

1）为了实现碰撞承载力要求，需要具有足够的断面尺寸。图 5-52 所示为 C – NCAP 五星车型的 A 柱截面。

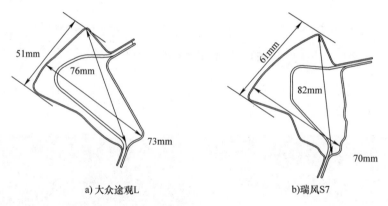

图 5-52　C – NCAP 五星车型 A 柱截面示意

2）在结构方面，A 柱加强板和内板整体设计，从 A 柱下端一直延伸至风窗横梁后端，形成较为连续的承载结构，目前也有多数车型将 A 柱加强板和内板整体化设计，一直延伸至 C 柱，结构承载效果更好，如图 5-53 所示。也有部分车型将 A 柱内板和加强板整体采用了液压成形管件设计，具有更好的结构连续性，如图 5-54 所示。

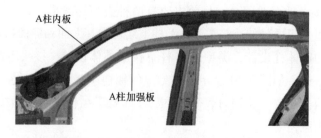

图 5-53　大众途观 L 的 A 柱结构整体设计

图 5-54　福特锐界 A 柱液压成形管件设计

3）在材料方面，随着对 A 柱承载力要求的不断提高，A 柱结构通常采用双相钢、热成形钢等超高强度钢设计。

（7）前门环结构设计　近年来随着 25% 小偏置碰撞试验的广泛推广以及车身结构的减重要求，部分车型将 A 柱、A 柱下结构、门槛和 B 柱进行整体设计，形成了前门门环的设计，该方案能够更有效地确保结构的连续性设计，确保更好的碰撞载荷传递，如图 5-55 所示。

a) 菲亚特 Pacifica　　　　b) 本田 Pilot　　　　c) 沃尔沃XC90

图 5-55　前门门环设计

5.1.2　侧面碰撞结构一体化设计

车身侧面碰撞结构一体化设计的重点在于侧围的能量吸收设计和乘员舱的抵抗变形设计，实现侧围侵入速度和侵入量最小化。针对车身侧面碰撞结构一体化设计，将从车身结构性能设计理论、设计方法、车体关键结构设计案例三个方面进行详细介绍。

1. 侧面碰撞车身结构性能设计理论

侧面碰撞过程中，移动壁障撞击车辆、车身侧面结构撞击乘员是多个动量转化的过程，如图 5-56 所示。以车门为研究对象，由牛顿第二定律可以得出乘员的受力状态，得式（5-1）。

$$F_d = F_{MDB} - F_s + d(M_d \times V_d)/dt \quad (5-1)$$

式中，F_d 为乘员承受的外力；F_{MDB} 为移动壁障的碰撞力；F_s 为车身结构承载力；M_d 和 V_d 分

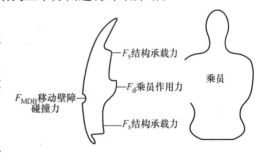

图 5-56　侧面碰撞受力分析

别为车门的重量和入侵速度。乘员受伤的严重程度主要取决于其承受外力大小。由式（5-1）

可以得出，降低移动壁障的碰撞力，增加车身结构的承载力，减小车身侧面的侵入速度都能够有效降低乘员所承受的外作用力，从而降低乘员损伤，因此车身侧面碰撞结构一体化设计重点关注侧面结构的承载力最大化设计和侵入速度最小化设计。

2. 侧面碰撞车身结构性能设计方法

（1）侧面碰撞车身结构性能指标　为了确保整车碰撞中乘员损伤指标满足目标要求，车身结构必须满足耐撞性指标。针对不同的整车安全性能指标，车身结构耐撞性指标也会略有差异，表5-4为大部分汽车主机厂开发 C-NCAP 五星车型的车身结构侧面碰撞耐撞性指标。

表5-4　车身结构侧面碰撞耐撞性指标

测点位置		性能指标
B柱侵入量	上/中/下测点	<150mm
B柱侵入速度	上/中/下测点	<8m/s
前门侵入量	上/中/下测点	<150mm
前门侵入速度	上/中/下测点	<8m/s
后门侵入量	上/中/下测点	<150mm
后门侵入速度	上/中/下测点	<8m/s

（2）车体不同区域碰撞性能设计要求　侧面碰撞中，按照车体结构在碰撞过程中所起的作用，主要分为乘员保护区和下部吸能区两个部分，如图5-57所示。侧面碰撞吸能空间较小，能量吸收区通常设计在远离乘员的位置，因此 R 点以下的车身结构通常设计为吸能区，主要是 B 柱下端结

图 5-57　侧面碰撞不同区域碰撞性能设计

构。吸能区的合理设计不仅可以有效降低 B 柱中、上部关键位置的侵入速度，还可以实现更好的结构变形模式，同时也能够减少各载荷传递路径上的碰撞载荷，降低结构设计难度。R 点以上车身结构设计为乘员保护区，乘员保护区要求采用结构抵抗变形能力最大化设计，确保侧面侵入速度和侵入量最小。

（3）车体载荷传递路径设计　为了实现侧面碰撞中不同区域结构的作用，需要合理设计载荷传递路径，实现能量吸收和载荷传递，确保侧面整体结构侵入速度和侵入量最小化。相比车身正面碰撞性能设计，侧面载荷传递路径设计相对比较简单，以 B 柱为核心，总体设计上下两条载荷传递路径，上部载荷传递路径为 B 柱上—顶盖侧边梁—顶盖横梁；下部载荷传递路径为 B 柱下—门槛—地板横梁，如图5-58所示。

3. 车体关键结构设计案例

各区域载荷传递路径结构设计是实现侧面碰撞中能量吸收和载荷传递的保证。针对关键结构设计将从其在碰撞中所起的作用、断面形状、细节结构和与周边件的连接方面进行

介绍。

（1）B柱结构碰撞性能设计

1）在抵抗碰撞破坏的作用方面，B柱是侧面碰撞中最重要的抵抗变形的部件，它的承载能力设计对侧面侵入速度和侵入量指标具有决定性影响。B柱结构本身主要是抵抗变形的部件，为了能够进一步降低其中、上部的侵入指标，实现更理想的变形模式，通常将其下部设计成吸能区域，碰撞过程中，通常将B柱变形模式设计成反"S"形，B柱最大变形控制在侧面碰撞假人H点以下区域，如图5-59所示。

图5-58 侧面碰撞载荷传递路径

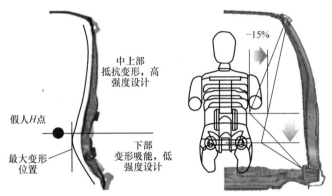

图5-59 B柱变形模式设计

2）在截面设计方面，需要重点关注B柱上、中、下的截面尺寸设计。中、上部截面Y向尺寸采用最大化设计，各个截面过渡连续，避免出现较大突变。为了确保足够的弯曲性能，通过分析目前市场上的C-NCAP五星车型，通常要求上、中截面Y向分别尺寸不能低于50mm和80mm，X向尺寸分别不能低于100mm和140mm，图5-60所示为瑞风S7车型的B柱截面设计。

针对B柱中截面设计，该处截面承载力越大越好，按照内板的形式差异，通常有两种类型，如图5-61所示，类型一加强板Y向尺寸较小，内板较大；类型二加强板Y向尺寸较大，内板较小。考虑到B柱加强板的材

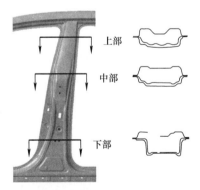

图5-60 瑞风S7 B柱上、中、下截面设计

料强度设计比内板高出许多，因此在截面总体尺寸相同的情况下，类型二截面能够使B柱中具有更高的抗弯性能。

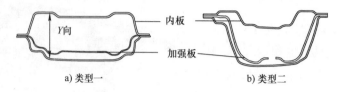

图 5-61 B 柱中间位置截面形式

3）在结构设计方面，为了确保 B 柱在碰撞过程中获得理想的变形模式，对 B 柱加强板设计存在多种方案，总体思路都是实现 B 柱中、上部较高的承载能力设计，下部较低的承载能力设计。根据 B 柱加强板的形式不同分为两种类型，类型一为加强板整体设计，该类型通过下部局部结构弱化、软区设计等方式实现较好的变形模式，如图 5-62 所示；针对结构局部弱化通常采用开孔和增加横向加强筋的方式实现，相比软区设计结构简单，但是下部软区设计能够实现更多的能量吸收，变形稳定性好。类型二为加强板分件设计，中上部材料强度较高，厚度较高，下部材料强度略低，不同板件之间通过点焊拼焊连接，如图 5-63 所示。

图 5-62 沃尔沃车型的 B 柱加强板整体设计

针对 B 柱加强板设计，为了追求更精细的 B 柱变形模式，在 B 柱上接头处适当弱化，B 柱在碰撞中轻微变形，从而实现更优的 B 柱侵入指标，同时有效平衡结构性能与轻量化设计，部分车型采用了变厚度板设计，如图 5-64 所示，图中福特福克斯采用了 8 段变厚度设计，可以看出中间区域板厚最大为 2.7mm，往两端接头处厚度逐渐降低，在接头过渡处降低为 2.1mm。

4）在搭接方面，B 柱上、下端与周边件的连接强度设计是为了确保 B 柱有效传递载荷。B 柱上、下接头处尽量采用大圆角过渡，上部与顶盖侧边梁搭接长度控制在 300mm 左右，采用多面焊接的形式，下部与门槛梁

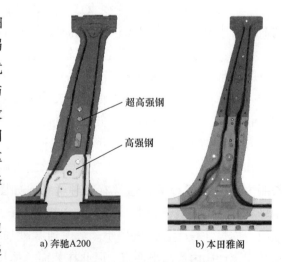

图 5-63 B 柱加强板分件设计

搭接长度控制在 500mm 左右，采用单面焊接的形式，至少设计两排焊点。图 5-65 所示为大众途观 L 的 B 柱上下搭接设计，上端与顶盖侧边梁三面连接，连接强度较好。

5）在材料应用方面，B 柱上加强板普遍采用热成形材料，局部软区材料略微偏低，B 柱内板通常采用低合金高强度钢或双相钢等材料设计。

（2）门槛结构碰撞性能设计　门槛是支撑和传递 B 柱下部载荷的关键部件，在侧面碰撞中承受侧向压缩、弯曲和扭转等多种载

a) 福特福克斯　　　　b) 宝马3系

图 5-64　B 柱加强板变厚度板设计

荷，需要具有较高的抗弯、抗扭性能。在侧面碰撞中，通常要求门槛不能有明显的折弯变形。侧面碰撞性能设计通常会在门槛内部设计各种小支架、加强板、加强梁等结构，从而提高其各项碰撞性能。

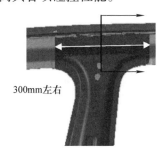
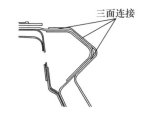
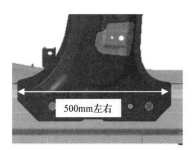

图 5-65　大众途观 L 的 B 柱上下搭接设计

1）在布置方面，门槛高度与 AE-MDB 在高度方向重叠量最大化设计，确保壁障与门槛提前接触，直接传递碰撞载荷，如图 5-66 所示。

2）在内部结构设计方面，门槛内部设计支架和加强板，提高其抗扭和抗弯性能。通常，增加"几"字形支架结构，能够较好地提高门槛的侧向压缩性能，如图 5-67 所示。

通常，门槛内部设计纵向加强板或是隔板，隔板四面与门槛相连，可

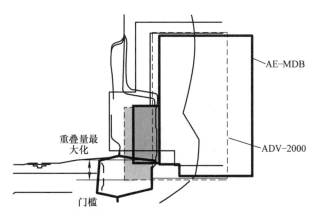

图 5-66　门槛高度布置

以有效提高门槛的抗扭转性能。图 5-68 所示为大众途观 L 门槛内部的小支架设计，设计了两个加强板和两个支架，支架一和加强板一主要用于提高门槛的抗扭性能，加强 B 柱下两端的连接强度，支架二形成盒装结构主要用于提高门槛的侧向压缩能力，加强板二主要用于

245

提高门槛下局部抗弯性能。

针对某些电动车门槛设计，由于侧面门槛距离电池包距离较近，吸能空间较小，门槛需要更高的承载能力，因此会考虑增加较大的梁结构进行支撑。如图5-69所示，特斯拉MODEL 3电动车门槛内部设计加强梁结构，采用了铝合金挤压件设计。

（3）地板横梁结构碰撞性能设计 地板横梁是支撑门槛结构，将碰撞载荷向另一侧传递的重要部件，通常情况下要求横梁不能出现较大变形。

图5-67 福特翼博的门槛"几"字形支架设计

1) 在布置方面，通常要求布置两根座椅横梁对门槛进行支撑。目前也有一些车型采用"工"字梁的结构形式，如图5-70所示。两种形式都能够起到很好的传递侧向载荷的作用。

图5-68 大众途观L门槛内部加强设计

图5-69 特斯拉MODEL 3门槛内部加强梁结构

a) 两横梁设计

b) "工"字梁设计

图5-70 地板横梁设计

2) 在断面设计方面，为了实现较高的轴向承载力，通常要求截面具有较大的尺寸，宽度方向尺寸不低于100mm，高度方向尽量保证与门槛平齐。除了设计大截面尺寸以外，通常使用高强度钢材料来进一步提升结构承载能力，普遍采用双相钢或低合金高强度钢设计。

3) 横梁与门槛和中央通道的搭接设计是侧向载荷传递的保证。横梁与门槛平齐搭接，尽量不要设计高度差,确保横梁主要承受轴向载荷,尽量减少承受弯曲载荷。如图 5-71 所示,如果主体横梁结构与门槛存在高度差,可在接头位置设计过渡结构加强横梁对门槛的支撑效果。

a) 瑞风S7　　　　　　　　b) 瑞风S1　　　　　　　　c) 风光580

图 5-71　地板横梁与门槛搭接设计

为了确保横梁载荷向另一侧的有效传递,左右横梁之间在中央通道内部尽量设计支撑梁,确保载荷传递的连续性。如图 5-72 所示,座椅横梁两侧与中央通道下横梁两侧通过点焊连接,以确保足够的连接强度。

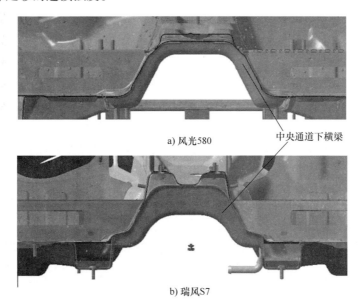

图 5-72　中央通道下横梁设计

5.1.3　车顶强度性能结构一体化设计

车顶强度性能结构一体化设计的重点在于乘员舱上部侧面结构承载力最大化设计。针对车顶强度性能结构一体化设计,将从车身结构性能设计基本理论、设计方法、车体关键结构设计案例三个方面详细介绍。

1. 车顶强度设计理论

车顶强度测试中,刚性压板以一定速度压缩车辆顶部,车顶的受力分析如图 5-73 所示,压板承载力峰值越大,车顶强度性能越好,车顶结构设计要求采用承载力最大化设计。针对车顶进行受力分析,车身 A 柱上、B 柱上、顶盖侧边梁和顶盖横梁等结构提供支撑作用,因此需要对以上结构进行承载力最大化设计。

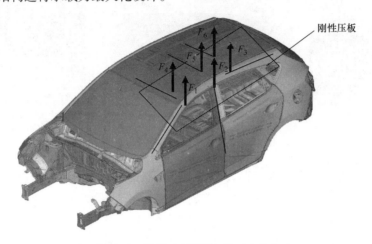

图 5-73 车顶强度测试中的受力分析

2. 车顶强度设计方法

(1) 车顶强度性能指标 针对车顶强度性能指标,中国保险汽车安全指数规程有明确的评价指标,各个汽车主机厂基本都是以此为目标进行设计。车顶强度性能主要通过静态测试评估,加载装置的刚性压板以约 5mm/s 的速度给试验车辆施加载荷,加载位移≥127mm,压板位移量在小于 127mm 范围内测得的峰值载荷与整备质量状态下的车重之比(SWR)评价车顶抗压强度等级。车顶抗压强度评级分为优秀、良好、一般、较差四个等级,依次用 G、A、M、P 表示。具体车顶抗压强度评级如表 5-5 所示。

表 5-5 车顶抗压强度评级

载荷-质量比(SWR)	评级
SWR≥4	G
4>SWR≥3.25	A
3.25>SWR≥2.5	M
2.5>SWR	P

(2) 车体载荷传递路径设计 为了实现较高的车顶强度性能,需要根据刚性压板施加载荷合理设计车身载荷传递路径,通常载荷传递路径设计如图 5-74 所示。针对压板进行受力分析,A 柱、B 柱、C 柱和 D 柱以及顶盖横梁均是相应的车身载荷传递路径。

为了进一步识别关键的载荷传递路径,对载荷-质量比(SWR)大于 4 的三款车型车身受力情况进行了分析,如图 5-75 所示。分析结果显示位置 1 处 A 柱结构和位置 2 处 B 柱结构的承载力达到 90% 左右,其余位置总贡献为 10% 左右。

3. 车体关键结构设计案例分析

车顶强度性能设计中，A 柱和 B 柱结构承载能力设计是关键，顶盖横梁的承载能力设计也起到了一定的补充设计，下文将针对 A 柱、B 柱和顶盖横梁的抗压性能进行介绍。

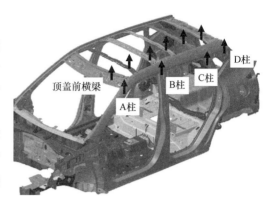

图 5-74 车顶强度载荷传递路径设计

（1）A 柱结构的抗顶压性能设计 在车顶强度测试中，A 柱结构起到抵抗侧向载荷的作用，整个梁结构需要实现侧向抗弯性能最大化设计，通常需要确保较大的截面尺寸，材料强度采用最大化设计。

a) 途观L

b) 瑞风S4

c) 瑞风S7

图 5-75 不同车型车顶强度载荷分析

1）总体结构方面，结构采用连续化设计，A 柱内板和加强板均从 A 柱下延伸至 C 柱上接头实现整体化设计，结构上避免开大的孔洞，避免设计过渡不连续的特征，比如凹台等。如图 5-76 所示大众途观 L 的 A 柱设计，A 柱加强板和内板一致延伸至后

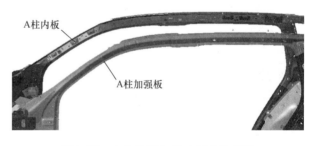

图 5-76 大众途观 L 的 A 柱结构设计

部，结构连续性较好，加强板上无较大的开孔设计，A 柱前端跨过接头与 A 柱下结构搭接，保证了较高的接头刚度性能。

2）在断面设计方面，断面尺寸采用最大化设计，尤其在受力方向要确保较大的尺寸，平均斜向尺寸通常不低于 70mm。图 5-77 所示为载荷 - 质量比（SWR）大于 4 的两款车型的 A 柱断面设计。

3）在材料方面，A 柱加强板通常采用热成形材料，内板通常采用低合金高强度钢、双相钢和 QP 钢等材料。

（2）B 柱结构的抗顶压性能设计 在车顶强度测试中，B 柱结构起到抵抗侧向载荷的作用，尤其是 B 柱上端结构。整体结构和材料设计要求基本与侧面碰撞相同，该部分将重点关注 B 柱上端易折弯区域的断面设计。B 柱上部断面尺寸采用最大化设计，尤其在 Y 方向要确保较大的尺寸，通常 B 柱中 Y 向尺寸不低于 80mm，B 柱最上端 Y 向尺寸不低于 40mm，

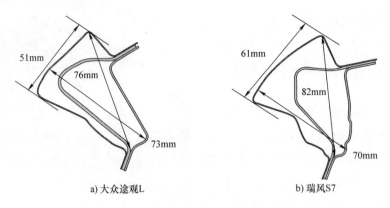

a) 大众途观L b) 瑞风S7

图 5-77 两款车型的 A 柱断面设计

中间断面采取连续过渡。图 5-78 所示为大众途观L的B柱断面设计。

（3）顶盖前横梁结构的抗顶压性能设计　在车顶强度测试中，顶盖前横梁起到了一定程度的承载作用。整个梁结构需要实现侧向抗弯性能最大化设计，通常需要确保一定的截面尺寸。

1) 在总体结构方面，结构采用连续化设计，结构上避免开大的孔洞，避免设计过渡不连续的特征，比如凹台等，图 5-79 所示为大众途观L的顶盖前横梁结构设计。

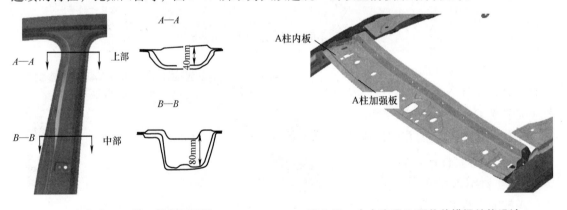

图 5-78　大众途观 L 的 B 柱断面设计　　　图 5-79　大众途观 L 顶盖前横梁结构设计

2) 在断面设计方面，断面尺寸采用最大化设计，尤其要确保受力方向有较大的尺寸。一般，断面长度为 120 ~ 130mm，断面高度为 30 ~ 40mm。图 5-80 所示为载荷 - 质量比（SWR）大于4的两款车型的顶盖前横梁断面设计。

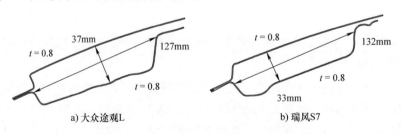

a) 大众途观L b) 瑞风S7

图 5-80　两款车型的顶盖前横梁断面设计

3) 在材料方面，针对顶盖前横梁内板通常采用低合金高强度钢或双相钢等材料设计。

5.2 刚度性能结构一体化设计

对于承载式车身来说，车身刚度性能具有举足轻重的作用。车身刚度性能结构一体化设计直接影响车身的安全性、NVH 性能和可靠性等关键指标。按照结构分类，车身刚度性能分为整体刚度和局部刚度。整体刚度主要是指车身整体结构的特性，重点关注车身框架、梁和接头的设计。例如，作为设计重难点的整体扭转刚度性能设计，需要重点关注受力分析及各个框架的面内剪切刚度性能设计，如图 5-81 所示，一般的轿车结构，7 个面的面内剪切刚度以串联形式构成了整体的扭转刚度性能，前期设计需要均衡设计各个面内刚度。局部刚度主要是指局部结构的特性，重点关注局部板件和支架。本书第 3 章 3.4 节对车身整体刚度性能设计作了详细的介绍，本节将重点介绍车身局部刚度性能设计。

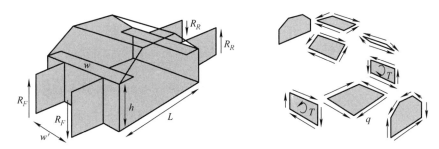

图 5-81 车身整体扭转刚度工况下受力分析

5.2.1 车身局部板件刚度性能设计

1. 车身局部板件刚度设计理论

在承受均匀压力的情况下，矩形平板的最大变形量可由式（5-2）计算得到。

$$\frac{W_\mathrm{m}}{t} = \frac{C_\mathrm{w} q \left(\dfrac{L_1}{t}\right)^4}{E\left[\left(\dfrac{L_1}{L_2}\right)^2 + 1\right]^2} \qquad (5\text{-}2)$$

式中，W_m 为板件的最大变形量；t 为板件厚度；L_1 和 L_2 分别为矩形板的短边和长边；E 为弹性模量；C_w 为变形系数；q 为施加的均匀压力。由式（5-2）可以看出，板件尺寸和厚度对最大变形量都有较大影响。工程中通过增加加强筋能够更为经济有效地提高板件的刚度。加强筋存在多种形式，按照形状可分为长条形、弧面形、环形和不规则形等形式，如图 5-82 所示。

2. 车身局部板件刚度设计案例

车身板结构指通过焊接或其他连接方式与梁相连而形成封闭的车身。板结构主要包括前围板、顶盖、地板、备胎槽和轮包等。车身板结构类似扬声器的膜，当受到激励时，板产生

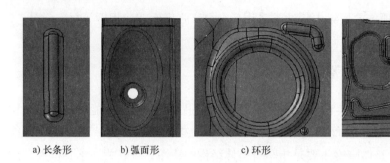

a) 长条形　　b) 弧面形　　c) 环形　　d) 不规则形

图 5-82　不同形式的加强筋

振动并辐射声音。车身板模态和声腔模态耦合时会产生车内轰鸣声，其刚度和模态性能对车身 NVH 性能具有重要的影响。板的模态主要表现为沿着法线方向的面外弯曲运动。工程上，为了提高前围板、顶盖、地板等板件的刚度和模态，通常采用增加局部加强板、梁结构和加强筋的方式。增加加强筋是最经济的方式，合理设计的加强筋能够有效提高板件的刚度和模态性能。

（1）前围板刚度性能设计　前围板上有很多孔洞和安装面，与其相连的各种线束、管道和安装附件会直接将振动作用在前围板上。针对前围板刚度和模态性能设计，目前多数车型采用整体单层板加局部加强设计。对很多孔洞和附件安装点位置，通常采用增加加强板、设计台阶面的方式进行加强；针对非安装面，通常采用设计槽形、曲面形加强筋的方式进行加强。图 5-83 所示为大众途观 L 的前围设计，整体采用单层板设计，左侧大的安装孔处设计台阶形加强筋，右侧设计不规则槽形加强筋。

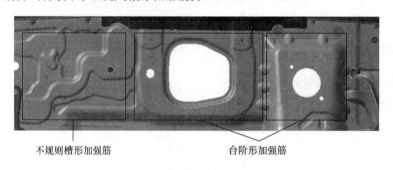

不规则槽形加强筋　　　　　　台阶形加强筋

图 5-83　大众途观 L 的前围槽形加强筋

图 5-84 所示为丰田凯美瑞的前围设计，整体采用单层板设计，局部采用加强板、加强梁和加强筋设计。左侧大的安装孔处设计台阶形加强筋，中间区域设计了加强梁，右侧设计曲面形加强筋。通常，在设计允许的条件下，曲面形加强筋虽然形式简单，但模态提升效果更为明显。

（2）顶盖刚度性能设计　顶盖由一块大薄板构成，刚度较低。汽车高速行驶时，风可以对顶盖产生激励，其振动会对车内辐射噪声。为了提高顶盖板件模态性能，通常进行整体曲面设计，并设计多根横梁进行支撑，对非支撑区域进行加强筋设计。图 5-85 所示为宝骏 730 的顶盖设计，设计了六条顶盖纵向加强筋，顶盖横梁间距需要着重进行控制。

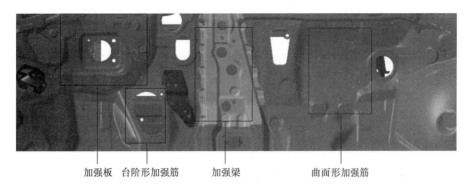

图 5-84　丰田凯美瑞前围曲面形加强筋

（3）地板刚度性能设计　地板上往往会布置大量的纵梁和横梁结构，安装点一般都是在梁结构上，针对该区域的板结构通常具有较高的刚度。个别承受载荷较小的安装点会直接设计在地板面上，通常采用台阶形加强筋的形式进行加强，同时也存在大量的非安装面，通常采用设计各种槽形和曲面形加强筋。图 5-86 所示为大众途观 L 的地板采用了多种加强筋设计形式，有长条形槽形、不规则槽形和台阶形。

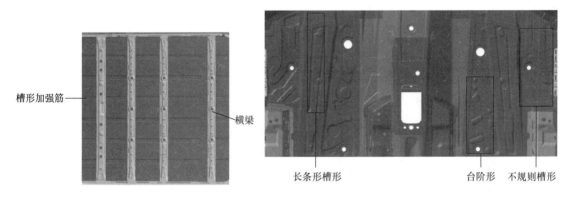

图 5-85　宝骏 730 顶盖纵向加强筋　　　图 5-86　大众途观 L 地板多种加强筋

图 5-87 所示为瑞风 S7 地板主要的曲面形加强筋形式。

图 5-87　瑞风 S7 地板曲面形加强筋

（4）备胎槽刚度性能设计　备胎槽刚度性能设计，通常采用单层板增加加强筋和增加横梁两种方式实现。图 5-88 所示为不同车型采用增加加强筋的方式，由于备胎槽的形状大多数采用圆弧形，因此通常设计由中心向外的辐射状加强筋。也有车型采用从前贯穿至后部的长条形加强筋。

 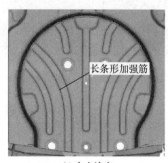

a) 丰田凯美瑞　　　　　　　　b) 大众途安

图 5-88　备胎槽多种加强筋

图 5-89 所示为不同车型采用增加加强梁的方式，该方式对提升备胎槽刚度具有更好的效果。

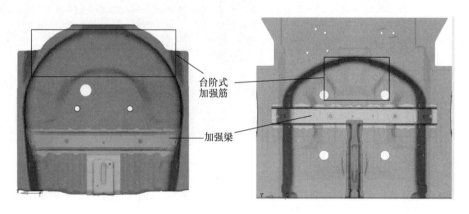

图 5-89　备胎槽加强梁

（5）后轮包刚度性能设计　后轮包刚度对安装在上面的减振器安装点刚度影响较大，在其总体轮廓曲面设计中，针对大面区域通常也采用增加加强筋的方式。加强筋形式多采用槽形和台阶形。图 5-90 所示为不同车型的后轮包加强筋设计。由于后轮包处结构形式复杂，同时需要满足多种性能，因此后轮包上的加强筋形式一般较为简洁，多采用长条形加强筋或者大尺寸加强特征。

（6）后围板刚度性能设计　大多数车型后围板多采用大量横向长条槽形加强筋设计提高刚度，也有部分车型采用少量斜向槽形加强筋设计，如图 5-91 所示。

5.2.2　车身关键安装点的刚度性能设计

汽车上的很多系统直接安装在车身上，如动力总成系统、悬架系统、排气系统等，这些

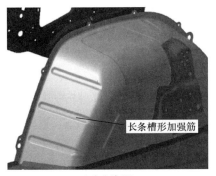
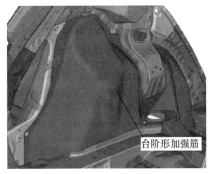

a) 大众途观L　　　　　　　　　　　b) 沃尔沃XC60

图 5-90　不同车型的后轮包加强筋设计

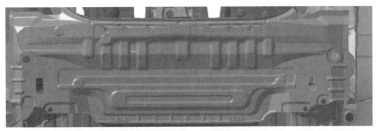

a) 瑞风S7的横向加强筋设计

b) 大众途观L的斜向加强筋设计

图 5-91　不同车型的后围板加强筋设计

系统运动时将力和振动通过相应的支架传递给车身，因此车身支架刚度特别是动刚度对振动隔离具有重要的作用。车身关键安装点动刚度主要包括发动机悬置安装点刚度、前减振器安装点刚度、前副车架安装点刚度、后减振器安装点刚度和后弹簧座安装点刚度等。同时，为了进一步提升车身声品质性能，还需要重点关注车门锁扣安装点刚度设计。

1. 安装点动刚度设计理论

对于线性系统，施加的外部载荷除以位移即得到了刚度。在静止状态下，在系统上施加力并测量位移，便得到静刚度。在外力的作用下，系统运动起来，其刚度特性随着输入的频率而发生变化，此时的刚度是激励频率的函数，即刚度是随着频率而变化的，而不是一个固定值，此时的刚度被称为动刚度，其幅值为

$$|k_d(w)|^2 = (k - mw^2)^2 + (cw^2)^2 \tag{5-3}$$

式中，k_d 为动刚度；w 为激励频率；k 为静刚度；m 为系统质量；c 为系统阻尼系数。可以

看出，动刚度取决于系统的质量、阻尼和静刚度。系统质量越大，动刚度越小；阻尼越大，动刚度越大；静刚度越大，动刚度越大。

2. 安装点动刚度设计案例

工程设计中，通常可以通过提高安装点静刚度、降低系统质量的方法来提升动刚度。提高安装点静刚度通常从两个方面入手，一方面要提升安装点自身局部结构的刚度，另一方面要提高局部结构安装点整体结构的刚度，比如安装点尽量设计成盒状结构，板厚尽量大，同时还要与刚度较高的梁结构相连。

（1）发动机悬置安装点支架设计　发动机悬置安装点支架安装在前纵梁上，首先要确保纵梁本身在各个方向上具有较高的刚度。发动机悬置安装点支架通常采用盒状结构设计，安装面采用最小化设计，支架厚度为2.0mm以上，这样可以确保安装点本身具有较高的刚度。安装点支架与纵梁上面和侧面相连，同时与前轮包侧面相连以确保较好的连接刚度。根据支架安装点的形式分为整体式和分体式，两种形式均能实现较高的刚度。图5-92所示为两种不同形式的安装点支架。

a) 整体式　　　　　　　　b) 分体式

图 5-92　不同车型发动机悬置安装点支架

（2）前减振器安装点设计　前减振器安装点安装面采用最小化设计，通常，安装面板件厚度为2.5mm以上，确保较高的局部面外刚度。轮包支撑面Z向结构平直，采用连续性设计，实现支撑面主要承受面内载荷。该方向板件承载力非常强，更有利于提升整体支撑刚度。目前，多数车型将前围上横梁与安装面搭接以提供支撑，从而进一步提升安装点刚度。按照前围横梁是否与安装面搭接分成两类，第一类安装面不与前横梁搭接，如图5-93所示，两款车型减振器安装点与发舱上边梁Y向间的距离较小，上安装面确保安装空间前提下采用尺寸最小化设计，下部支撑面沿高度方向平直化设计，确保板件面内承受载荷。

第二类前围上横梁与安装面搭接，提供额外支撑，目前也有较多车型采用第二类结构形式。如图5-94所示，大众途观L的前围上横梁形成封闭梁结构与安装面上面和侧面搭接，凯美瑞的前围上横梁单层板与安装面上面搭接。

（3）前副车架安装点支架设计　前副车架安装点支架通常也采用盒状结构设计，安装面采用最小化设计，通常支架厚度为2.0mm以上。通过安装螺柱连接安装面和支撑梁为安装面提供支撑，进一步提高刚度。图5-95所示为丰田凯美瑞的副车架安装支架设计，侧面整体采用梯形结构形式，实现较小的安装面，有效控制安装点面外刚度，支架上部与纵梁充分搭接保证了较好的连接刚度，安装螺柱进一步提升安装面的面外刚度。

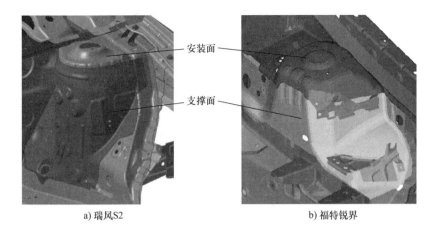

a) 瑞风S2　　　　　　　　　　　b) 福特锐界

图 5-93　不搭接的安装点设计

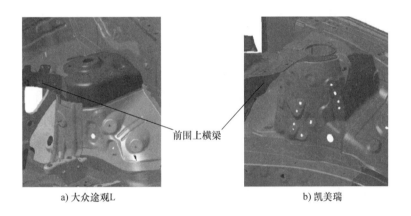

a) 大众途观L　　　　　　　　　　b) 凯美瑞

图 5-94　搭接的安装点设计

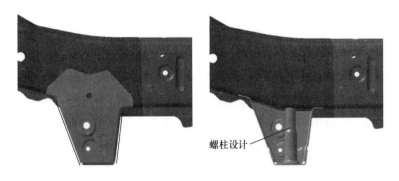

图 5-95　凯美瑞的副车架安装支架设计

（4）后减振器安装点　后减振器安装点存在多种形式，本文重点介绍 SUV 车型安装点在后轮包上的形式。多数车型采用直接设计安装支架与后轮包焊接的形式。基于安装支架两个方向的延伸程度分为四类，第一类为紧凑型盒装结构设计，安装面采用最小化设计，独立的安装面设计，单层板或是两层板设计，主体结构板件厚度建议在 2.0mm 以上，具体根据

CAE 分析并结合轻量化要求选择最合适的厚度；第二类为安装支架上焊接边向上延伸至轮包焊接边处，通过增加安装支架上部搭接强度来提升安装点刚度；第三类为安装支架下焊接边向下延伸至后纵梁焊接边处，通过增加安装支架下部搭接强度来提升安装点刚度；第四类为安装支架上、下焊接边分别向上、下延伸至后轮包和后纵梁焊接边搭接，该形式综合了类型二和类型三的特点，具有更好的刚度提升效果，具体形式如图 5-96 所示。

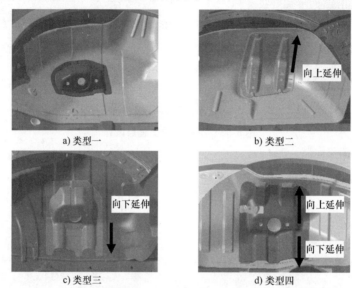

图 5-96　后减振器安装支架四种类型

针对后减振器点高刚度设计，一方面确保安装支架的高刚度设计，同时还要重点设计后轮包结构。通常，后轮包型面尺寸较大，为了实现较高的刚度需要重点关注轮包的轮廓形状设计，同时可能还需要额外的加强结构设计，目的都在于提高安装基础结构的整体刚度。

（5）后弹簧座安装点　后弹簧座通常安装在后纵梁上，为了确保梁结构整体刚度，通常设计后纵梁最小断面高度不低于 80mm，厚度为 1.6mm 左右。安装支架本身板件厚度主流设计在 2.0mm 以上，侧面设计成锥形使其承受面内载荷，安装面与纵梁底面贴合焊接，侧面与纵梁侧面点焊连接。根据后弹簧座中心孔与后纵梁的相对位置不同，主要有两种类型的安装支架设计。当中心孔位置正对后纵梁宽度中心时，通常采用整体式安装支架设计；当中心孔位置偏离后纵梁宽度中心距离较大时，通常采用分体式安装支架设计，安装支架底面和侧面分件设计，侧面板件设计锥形特征对底面板进行支撑。两种类型结构都能够实现较高的刚度，如图 5-97 所示。

（6）后门锁扣安装点　后门锁扣动刚度对关门声品质有很大影响，而常用的后门锁扣安装点采用单层 L 形板设计，单层 L 形板设计主要是安装板只与侧围外板相连，没有与其他梁结构相连，很难实现较高的基础刚度，大幅度提升动刚度很难实现。当部分车型对安装点要求非常高时，通常采用将安装点支架与其他结构连接，来提升动刚度。如图 5-98 所示，类型一为常见的单层板形式，通过在板上设计多条加强筋也能确保一定的动刚度要求；类型二为盒状结构设计，通过结构胶与轮包连接，动刚度提升明显；类型三为安装点设计在 C

a) 整体式　　　　　　　　　　　b) 分体式

图 5-97　后弹簧座安装支架设计

a) 瑞风S4　　　　　　　b) 大众途观L　　　　　　c) 锐界

图 5-98　后门锁扣安装点设计

柱加强板上，动刚度提升明显。

（7）仪表台管梁安装点　仪表台管梁支架作为支撑仪表台最主要的承力结构，需要具有足够的刚度要求，通常采用盒状结构设计，安装面尽量小，板件厚度为 1.5mm 以上。为了确保安装处基础结构的高刚度设计，通常会在安装梁内部设计支架结构。按照分件形式，目前大多数车型采用整体式和分体式两种，如图 5-99 所示。

a) 分体式　　　　　　b) 整体式

图 5-99　仪表台管梁安装点设计

5.3　可靠性性能结构一体化设计

汽车可靠性是指车辆在一定使用时间内和一定的使用条件下达到规定功能的能力。车辆可靠性是一个比较复杂的综合性能，从广义上讲包括汽车的无故障性（耐久性）、维修性和保存性。车身作为整车重要的零部件，在使用过程中承受着各种载荷，期间要求车身能完成作为结构体的承载功能作用,在使用中既不能产生塑性变形,也不能产生裂纹和损坏,这就要求车身必须具有足够的静强度和疲劳强度(耐久性)。因此,车身静强度和疲劳强度性能是车身可靠性的重要性能指标。

5.3.1 车身可靠性强度概念

车身静强度是确认车身在模拟各种典型使用工况下,受工作载荷作用下车身的应力分布状况,其所受应力不应超出车身零件材料的许用应力,一般为屈服强度。在设定车身结构强度目标值时,根据承载力的重要程度,车身不同部位应设定一定的安全系数,保证车身强度设计安全可靠。车身设计强度理论分析,一般是模拟车身在实际典型工况(如驱动、制动、左转向、右转向和垂直冲击五种工况)下的受力,并进行CAE分析,考核车身零部件的强度是否能够满足正常使用要求。实车强度验证可结合整车可靠性道路试验进行确认。

车身疲劳强度是确认车身承受动载荷作用下,其疲劳性能是否满足设计要求。疲劳性能是汽车产品的基本性能,优异的疲劳性能是汽车生命周期的基本保证。车身主要是钣金件,需考虑金属疲劳。疲劳是一种机械损伤过程,在这一过程中,即使名义应力低于材料的屈服强度,载荷的反复变化也将引起失效。车身结构疲劳寿命评估方法一般采用S-N(名义应力法)进行评估。

车身钣金件疲劳开裂一般包括裂纹萌生和随后的裂纹扩展两个阶段。金属疲劳失效的主要外因是载荷变化,内因是金属中有位错。车身钣金零件疲劳总寿命包括裂纹起始寿命和裂纹扩展寿命两个方面,其中,裂纹起始评估方法采用e-N法(局部应变法),表示局部应变和裂纹起始寿命之间的关系;裂纹扩展寿命评估方法采用LEFM法(断裂力学法),表示应力强度因子与裂纹扩展速率之间的关系;而车身结构疲劳寿命评估采用S-N法,包括了前述两者的总寿命,表示名义应力或是弹性应力与总寿命之间的关系。具体车身钣金件疲劳开裂发展阶段与三种寿命评估法相应关系如图5-100所示。

疲劳损伤的定义,1个应力幅值S_a对应的失效循环次数为N_i,1个应力幅值S_a对应的损伤为$1/N_i$,n个应力幅值S_a的循环周引起的损伤为n/N_i,N个应力幅值S_a对应的损伤为$N/N_i=1$,此时,疲劳损伤发生。如图5-101所示车身钣金材料的疲劳寿命曲线,当应力幅值S_a取值较大时,其对应的疲劳寿命相应变短;相应地,应力幅值S_a越小,其疲劳寿命越长。故车身结构设计时,应尽量减小车身零件结构受

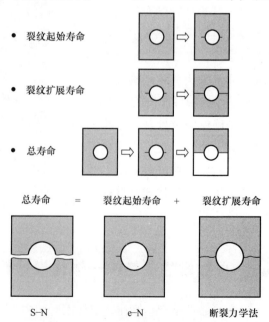

图5-100 车身钣金件疲劳开裂发展阶段及相应的疲劳寿命评估办法

力，避免结构应力集中，有利于车身零件静强度目标要求的达成，同时也有利于车身疲劳寿命目标的达成。

车身疲劳强度一般通过理论 CAE 分析计算疲劳损伤值进行目标达成判断；实车通常采用可靠性道路试验进行确认。整车综合可靠性耐久路试一般为 3 万 km，包含的路况有磨合道路、一般公路、高速环道、山路、强化坏路等。针对不同级别的车辆可靠性需求，综合耐久性路试的总里程及各路况里程分布存在一定差异。

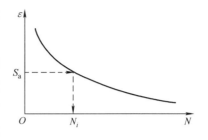

图 5-101　车身钣金材料疲劳寿命曲线及疲劳损伤说明示意

5.3.2　车身结构可靠性强度设计流程

车身结构可靠性强度设计贯穿整个车身开发流程，包括车身设计阶段的概念设计、方案设计、详细结构设计，试制阶段试制及可靠性试验验证和量产阶段的可靠性试验验证，详细设计流程如表 5-6 所示。

表 5-6　车身结构可靠性强度设计流程

输入	车身结构可靠性设计流程	输出
产品开发指令 设计任务书	开始 → 车身结构可靠性目标设定	车身性能目标设计书
车身结构可靠性设计规范 标杆车结构数据库 底盘、动力总成等分组方案等	车身结构可靠性概念及方案设计 → 车身结构可靠性详细设计 → 分析结果是否符合目标要求（否→优化方案，是↓）	车身铰接点方案数据及刚度分析报告 车身断面及性能报告车身零件材质 BOM 车身结构数据 车身结构强度分析报告 车身疲劳强度分析报告 优化方案
试制及生产线样车	整车可靠性试验验证 → 验证结果是否符合目标要求（否→整改方案，是↓）→ 结束	试验问题反馈单 试验报告 整改方案 车身可靠性达标报告

(1) 车身结构可靠性强度性能目标设定　一般，车身结构可靠性强度性能目标结合整车产品质保年限或里程进行设定，如整车产品质保 5 年 10 万 km，该质保条件下车身结构可靠性强度至少保证综合工况 10 万 km 不能发生开裂问题。

车身结构可靠性强度达成该目标需满足两个方面的条件：其一，在整车各种使用工况下，车身具有足够强度抵抗各种工况的载荷作用不开裂，即满足静强度要求；其二，保证在整车质保年限及里程内，车身不发生疲劳开裂问题。故在理论分析方面，车身结构可靠性强度目标需进行静强度及疲劳强度的性能目标设定。

如上所述，车身结构可靠性静强度目标设定时，根据车身各零件要求定义材质，需满足各种工况条件下的载荷应力，车身重要承载部位，如动力总成、底盘安装结构部位等，需设计一定安全系数，保证车身实际性能目标的达成。车身结构可靠性疲劳强度目标设定时，一般通过加载 MULE 车采集的典型道路综合工况载荷进行循环分析，达成目标质保里程时，车身各部位损伤要求小于 1，一般对于重点承载部位，要求理论分析时损伤要求可进一步减小，保证必要的车身疲劳强度安全系数。

(2) 车身结构可靠性概念及方案设计　车身结构可靠性概念及方案设计，主要指在造型设计阶段开展车身概念结构及断面设计分析时，需要对车身框架结构布置、铰接点结构刚度、主要结构断面性能等进行分析优化，以使车身结构具有较优的刚强度性能。高刚度车身是确保车身强度和疲劳性能的基础，为此在车身概念及方案设计时，需要考虑车身主要铰接部位具有较好的刚强度性能，通过 CAE 拓扑优化分析，使其结构性能满足铰接点刚度设计目标要求。主要框架结构断面设计，必须满足足够承载力的要求。通过截面系数的计算，可以确认车身结构断面两个主要方向的抗弯强度能力是否满足结构承载力的强度要求。截面系数计算公式为：

$$W_x = I_x / Y_{\max}$$
$$W_y = I_y / X_{\max} \quad (5\text{-}4)$$

式中，X、Y 是断面两个主轴坐标方向；I_x、I_y 是截面主轴方向的惯性矩，$X_{\max}$、$Y_{\max}$ 是截面主轴方向的最大距离，W_x、W_y 是两个轴向的弯曲截面系数。

在此阶段，通过对车身框架结构布置、断面尺寸的分析及优化调整，使车身概念及方案设计具有较好的刚强度性能，可以使车身详细结构设计阶段在满足结构强度的前提下达成可控的车身重量和成本目标。

(3) 车身结构可靠性详细设计　在基于车身结构概念及方案设计基础上，结合产品开发需求，进行车身结构详细设计。在此阶段，车身结构可靠性强度性能设计主要关注车身零件细节的特征设计，及零部件之间良好的搭接配合。一般要求零件结构特征设计避免特征突变、过小的圆角设计等，以避免受载时形成局部应力集中；零部件连接需设计良好的搭接匹配面及焊点，合理的焊点间距及数量，确保零件连接强度；纵横梁搭接结构、动力总成及底盘安装结构需设计足够的连接及局部刚度，确保受载时接头及安装点部位的稳定性等。

待完成详细的、完整的车身结构数据制作后，需开展详细的 CAE 强度性能分析，包括白车身静强度分析及疲劳强度分析。根据静强度分析结果，确认各种工况下车身零件应力是否满足材料屈服强度及安全系数的要求，分析示例如表5-7所示。根据疲劳强度分析结果，同样需进行零件损伤值达标情况确认。若车身零件分析应力值、疲劳损伤值超标，则需进行结构方案优化，再次开展方案数据的分析，以此反复，直至车身所有零件及结构强度、疲劳强度满足目标要求，方完成车身结构可靠性强度性能的理论分析确认工作。

表5-7 白车身强度分析结果示例

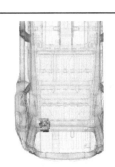  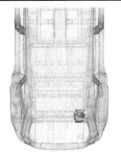 

	部件名	5401534			部件名	5401634	
	材料	400MPa			材料	400MPa	
	分析结果	应力/MPa	安全系数		分析结果	应力/MPa	安全系数
工况	驱动1.0g	15.249	26.23	工况	驱动1.0g	19.414	20.60
	制动1.0g	10.329	38.73		制动1.0g	13.567	29.48
	左转弯1.0g	48.649	8.22		左转弯1.0g	53.854	7.43
	右转弯1.0g	51.854	7.71		右转弯1.0g	60.959	6.56
	垂直3g	47.584	8.41		垂直3g	55.253	7.24

（4）整车道路可靠性试验验证　整车道路可靠性试验验证是汽车产品实物可靠性最有效的验证方法，其试验方法在GB/T 12678—1990中有详细的规定，一般在专门的试验场开展。整个试验过程是由磨合道路、高速环道、山路、强化坏路、一般道路等分配不同里程进行的，相比普通道路行驶，具有一定的快速系数。一般在车身试制及生产线验证阶段，通过整车道路可靠性试验可以确认白车身可靠性强度性能是否满足实际使用工况下承载强度要求，确认白车身实物制造质量对可靠性强度性能的影响及满足情况，同时也可以验证白车身强度理论分析结果的准确性。

对于道路可靠性试验出现的白车身开裂问题，需进行详细的实物原因排查及理论分析对比，确认是属于制造质量问题（如冲压缺陷、焊接缺陷等），还是本身结构设计强度不足问题，根据分析结果进行制定方案优化对策及再次验证。一般整车道路可靠性试验反馈的车身可靠性相关问题，需要在后续的道路可靠性试验车上进行闭环验证。

5.3.3 车身可靠性强度问题失效模式、原因及设计规避方法

1. 车身可靠性强度问题

一般来说，车身可靠性问题主要表现为板件本身开裂及零件连接处焊点开裂两类，其原因可分为两方面：一是设计缺陷导致的开裂，包含结构设计缺陷、材质设计不足、料厚设计

不足等；二是工艺原因导致的开裂，包含冲压缺陷、焊接缺陷等。

一般，车身连接点处开裂表现为焊点（或者弧焊焊接处）撕裂、开裂，焊接处以及螺纹联接处开裂、断裂等，该种开裂基本上是由连接点的强度偏弱造成的；板件自身结构开裂、断裂的原因，是由板件自身结构强度不足造成的。

车身失效模式可分为车身零件之间连接强度不足、零件自身强度不足、车身局部刚度不足造成的疲劳开裂和制造缺陷四种模式，其开裂失效原因、受力模式、失效后果、解决方案如表5-8所示。

表5-8 车身四种失效模式简述

序号	失效模式	失效原因	受力模式	失效后果	解决方案
1	连接强度不足	1. 零件自身强度不足 2. 连接点强度不足	简单的拉应力、切应力	1. 焊点撕裂 2. 连接零件被撕裂	1. 提高零件自身的强度；提高零件材料强度等级、料厚，设计翻边、法兰边等结构提高零件强度 2. 提高连接点的强度；增加焊点个数，提高焊点质量 3. 增加加强件，有效分解受力件所受力
2	零件自身强度不足	受力件自身强度不足	简单的拉应力、切应力	1. 非连接部位开裂 2. 安装点开裂	1. 提高受力件自身强度；提高零件材料强度等级、料厚，设计翻边、法兰边等结构提高零件强度 2. 增加加强件，有效分解受力件所受力 3. 重要的横、纵梁连接部位增加连接头，以分散应力
3	刚度不足造成疲劳开裂	结构刚度不足	交替的扭转力	1. 铰接部位开裂 2. 刚度薄弱零件开裂	1. 提高受力件刚度，提高料厚，改善结构 2. 增加梁类件，制成盒状结构
4	制造缺陷	焊点/焊缝质量不合格	简单的拉应力、切应力	焊点/焊缝开裂	1. 参照标准合理选择焊接类型及焊接参数 2. 充分考虑焊接可行性，避免出现骑边焊等缺陷 3. 考虑采用加强筋、缺口等特征，避免焊接缺陷

2. 车身可靠性问题常见部位及原因

一般，车身失效部位均为承受载荷较大的部位，易出现失效问题的部位有如下三类：

1）车身框架典型连接部位，如车身框架结构连接接头、纵横梁搭接接头部位。

2）车身动力总成及底盘部件安装点部位，如副车架安装点、悬架安装点、悬置安装点等。

3）车身特殊工况下的受力部位，如座椅安全带安装点、拖钩安装结构部位等。

车身框架典型连接部位，在车身的具体位置包括A柱、B柱、C柱、D柱与下车体、顶盖铰接点部位，A柱与前围上盖流水槽铰接点部位，发舱前端框架连接部位等，这些部位属于车身框架铰接处，搭接结构复杂，受力大，在汽车使用过程中不同工况下产生的冲击载荷，对车身框架连接部位产生较大的扭转、弯曲载荷。因此，车身需要设计较高的刚度、强度，设计不良时易发生开裂问题。

车身底盘部件安装点部位，为汽车正常使用过程中直接受道路激励载荷的部位，需承载较大的力；动力总成因本身重量大，在汽车使用各种工况条件下，对车身安装点（悬置安装结构）会产生较大的载荷。这些安装部位的结构在汽车使用过程中，不断受道路激励载荷及瞬时较大冲击载荷的影响，易出现结构强度不足失效及疲劳失效。

车身特殊工况下的受力部位，指的是需要满足专门的台架试验承载力的要求，这些部位由于需承受较大的载荷力，易出现强度不足引起的失效问题。如车身座椅安全带安装点部位，需满足国标 GB 14167 的要求，其试验载荷根据车辆型号不同进行区分，其中，对 M1 和 N1 类的车辆，施加 13500N±200N 的试验载荷，对 M2 和 N2 类的车辆，试验载荷应为 6750N±200N；对于 M3 和 N3 类的车辆，试验载荷为 4500N±200N。施力方向沿平行于车辆纵向中心平面并与水平线成向上 10°±5°角的方向施加载荷。在规定时间内，持续按规定的力加载，不允许出现车身结构完全断裂失效的现象。对于车身拖钩安装结构，则需要满足 GB 32087—2015《轻型汽车牵引装置》规定，牵引装置应能承受的最小静载荷 F 为汽车最大允许总质量的一半；牵引装置拖拽绳索穿过的最小空间要求 $\geqslant 25\mathrm{mm}$；试验条件为对牵引装置垂直方向 $\pm 5°$、水平方向 $\pm 25°$ 分别施加拉伸和压缩静载荷 F，试验过程及试验后，牵引装置及其固定件不应失效、断裂或产生影响正常使用的变形。

以上部位出现的失效问题，一般均是由设计及制造原因造成的，其中，强度设计不足的原因主要包括以下几个方面：

1）车身整体刚度及局部刚度设计不足，导致受力时车身结构变形大，进而使结构受力变大，在反复变形受力情况下，易出现疲劳失效问题。

2）车身局部结构特征设计不良，造成应力集中局部开裂，及受交变载荷后的裂纹扩展。

3）车身零件材质选用不当、料厚设计不足，导致结构本身强度设计安全系数不足，出现受载失效。

4）车身零件连接部位匹配结构设计不良（如搭接边短、零件搭接匹配有干涉间隙等）、焊点数量设计不足、焊点间距偏大等原因，导致车身连接部位强度不足引起失效问题。

3. 规避可靠性失效问题的设计原则及方法

根据上述车身失效部位及原因分析，车身设计过程规避可靠性失效问题的设计原则及方法如下：

（1）车身框架铰接点部位、纵横梁搭接部位结构设计要求

1）铰接点处零件受力状况与整车扭转刚度有较大关系，白车身刚度要达到设计目标。

2）铰接点设计必须注重连接强度，采用高强度的结构件进行连接，搭接边尽量长，保证采用多排焊点进行连接，接头结构设计尽可能增大尺寸，以增加接头的连接刚度。

3) 车身零件之间的连接焊点需分布均匀,焊接边宽度及焊接空间需设计充分,避免造成焊接缺陷问题。

4) 车身零件结构特征设计应尽量平缓过渡,不宜采用急剧突变特征及小特征圆角设计,避免造成应力集中。

5) 框架梁结构搭接处,梁上尽量不设计工艺缺口,横梁与纵梁间宜设计连接梁进行连接,且连接端头梁截面尺寸宜适当加大,以保证搭接处的刚强度需求,如图5-102a所示。

6) 零件接头焊接边部位,可采用"三角面"或"球化圆角"方法改善法兰边的成形性能,避免工艺缺口的设计,如图5-102b所示。

7) 若零件焊接边必须设计工艺缺口,工艺缺口的设计应保证该处的结构强度,缺口处结构圆角外延平直面宽度尺寸≥3mm,如图5-102c所示。

8) 接头连接尽可能减少二保焊缝焊的设计,尤其是大面积二保焊,必要时可采用塞焊孔设计,以减少焊接热影响区造成该处的结构强度失效问题。

9) 车身设计时需仔细进行CAE强度分析,对模型质量、各部件的应力、安全系数进行检查确认,以满足目标要求。

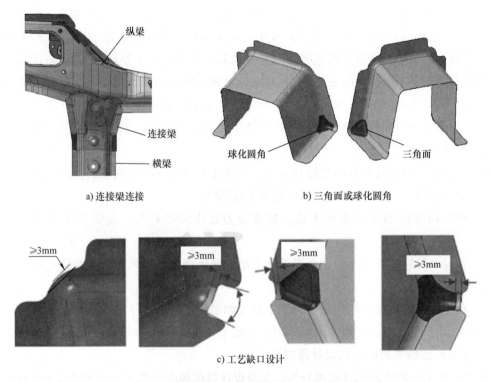

图5-102 框架梁搭接接头结构设计方法示意

(2) 车身动力总成及底盘部件安装点部位结构可靠性设计要求 车身框架铰接点部位、纵横梁搭接部位结构设计要求同样需在车身动力总成、底盘件安装部位结构上应用,除此以外,尚需按照如下要求进行设计:

1) 安装点需布置在车身框架结构上,或安装板结构与框架结构形成紧密连接,可有效传递各种工况下的冲击载荷，分散应力，减小安装点局部受力。

2）安装板周边结构应设计有较强的台阶特征，不宜设计为大平板结构，避免大平板上设计安装孔从而引起安装点周边局部刚度不足而使应力过大；台阶特征圆角过渡设计时，考虑大圆角及顺滑过渡，避免型面扭曲、突变等造成应力集中。

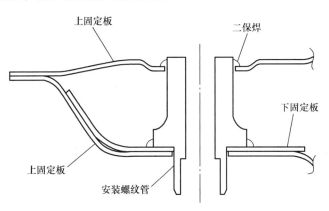

图 5-103 副车架安装螺纹管与车身钣金件连接示意图

3）设计安装螺柱、螺纹管时，要保证在其上、下部位通过二保焊与钣金焊接，保证安装结构强度及稳定性，如图 5-103 所示。

4）安装螺柱及螺纹管二保焊的设计要求焊缝布置均匀、对称，设计为两段或三段为宜。

5）进行 CAE 静强度分析及疲劳强度分析时，应设定高于车身一般部位的强度安全系数及最大应力值，确保理论分析结果满足该安全系数及应力值目标要求。

（3）座椅安全带安装点、拖钩安装结构等特殊工况下的车身结构可靠性设计要求　上述车身框架铰接点部位、动力总成及底盘安装点部位规定的结构设计要求，同样适用于座椅安全带、拖钩安装结构设计，此外，尚需满足以下要求：

1）座椅安全带安装结构强度性能设计及分析，首先需确认整体车体框架结构刚强度性能，确保其满足抵抗施加载荷的强度及变形量要求。

2）座椅安全带安装点需设计螺母板，选用带大沉台的焊接标准螺母，以分散安装点应力，避免该处集中过大导致钣金件撕裂，如图 5-104 所示。

3）拖钩结构设计需设计固定板结构，同时与拖钩采用二保焊有效连接，合理设计二保焊长度的焊接部位，使其连接强度满足拖钩使用工况载荷的要求。

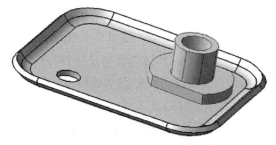

图 5-104 安装螺母板及带大沉台焊接螺母图示

4）拖钩结构及其车身周边结构设计需满足标准 GB 32087 规定的使用工况要求。

5）进行 CAE 强度分析，需满足车身结构残余位移、塑性应变目标要求。

（4）规避典型制造缺陷的车身结构可靠性设计要求　制造缺陷是造成车身失效的一项重要原因，影响车身强度性能的制造缺陷主要为冲压工艺缺陷、焊接工艺缺陷。其中，对可靠性能存在影响的冲压工艺缺陷可分为冲压开裂、冲压起皱、冲压拉毛、冲压暗伤、冲压件减薄率过高等；对可靠性能存在影响的焊接工艺缺陷主要有焊点虚焊、焊点骑边、焊点焊穿、二保焊焊过烧、焊核过小等。

车身结构设计阶段需对冲压、焊接缺陷进行防范设计，主要就是改善车身零件冲压工艺性、各级总成部件的焊接工艺性，结构设计尽量满足冲压、焊接工艺要求。具体设计要求如下。

1）针对冲压工艺缺陷的零件结构强度设计。

① 结构受力较大的零件，避免相邻焊接边设计成异向翻边，如图5-105a所示，因交接处不可避免存在工艺缺口，该处无连接强度，易发生撕裂。

② 避免结构件相邻焊接翻边交接处工艺缺口尺寸设计过大，零件缺口部位必须保证强度，如图5-105b所示。

③ 零件翻边工艺缺口两侧需设计焊点进行连接，且保证缺口两侧焊点间距$L \leqslant 60mm$，如图5-105b所示，以减少缺口处应力集中；若通过强度分析，零件工艺缺口处强度仍然偏弱，缺口部位可设计加强板进行连接，如图5-105c所示。

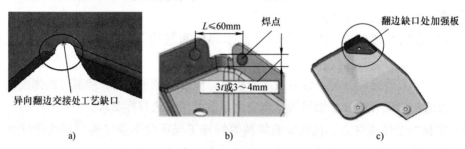

图5-105　车身零件工艺缺口设计结构示意

t—零件材质料厚

④ 对于车身零件起皱部位，在设计过程中，需结合冲压工艺成形分析，在合适部位增加吸皱筋等特征；在零件翻边部位，尽量采用平顺设计，避免结构特征突变或设计台阶特征，引起翻边成形起皱，导致叠料或开裂风险。

⑤ 车身零件设计过程应加强单件冲压成形分析，保留成形减薄率安全裕度。对于深拉延结构件，材质设计需考虑增加料厚，结构设计需避免小圆角过渡，以免材料成形减薄过多，引起暗伤隐患或造成该处强度不足。

2）针对焊接工艺缺陷的零件结构强度设计。

① 保证足够的焊接边宽度，一般要求$\geqslant 13mm$，特殊结构受力部位和总料厚过大部位，其零件焊接边宽度应适当增加，以减少骑边焊缺陷。

② 相邻零件搭接边与圆角配合位置，要设计安全间隙，避免零件搭接干涉引起应力集中问题。

③ 零部件匹配焊接面位置，板件需完全贴合，不得出现干涉或间隙；零部件圆角匹配部位，圆角大小需错开，保证圆角匹配部位留有间隙，避免干涉，影响零件焊接质量。

④ 点焊焊接的车身零部件，单层板与总板厚比$\leqslant 4.5$，重要部位应减少相应值，同时控制钣金件总料厚，以避免焊点过烧、焊核过小等缺陷。

⑤ 尽量减少拼焊层数，严格控制四层焊数量，避免出现未焊透、假焊等焊接缺陷。

⑥ 二保焊焊接质量设计要求等级为Ⅰ级，不允许出现过烧、焊穿、咬边、未熔合、气孔、夹渣等焊接缺陷。

除了以上设计要求外，制造过程需加强对冲压、焊点质量的检测和工艺参数的调整，如对冲压模具、单件、总成件质量进行详细检测，避免制造缺陷问题引起车身在使用过程发生开裂；保证焊点的合格率，减少焊接工艺缺陷导致可靠性失效问题的发生。

4. 车身典型结构可靠性设计示例

结合以上所述的车身结构易出现可靠性失效问题的部位，进行相关车身结构设计示例说明。

（1）车身D柱铰接点可靠性设计示例说明

1）D柱上铰接点结构示例。对于D柱上铰接点，由于该处结构位于后尾门铰链、气撑杆安装处，受力大，设计时此部位需重点考虑结构强度性能。参考现代ix35及江淮瑞风S5车型，车身D柱上铰接部位结构设计示意如图5-106所示。

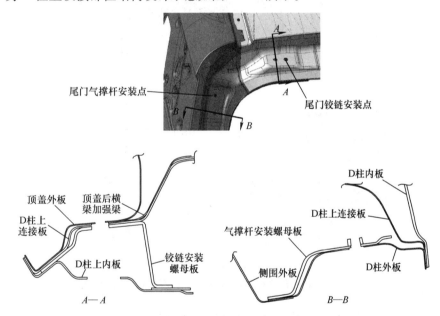

图5-106 车身D柱上铰接部位结构设计示意

该处铰链安装板结构与后顶横梁之间采用有效搭接，建立盒状受力结构，可有效减少应力集中。铰链安装面一般设计为4层板连接结构，分别为顶盖外板、顶盖后横梁加强梁、D柱上连接板、铰链安装螺母板，具体如图5-106断面A—A所示；铰链安装螺母板设计为盒状结构，可使尾门铰链处的力传递到D柱上连接内板上，分散铰链安装点受力。气撑杆处设计一个安装螺母板，与D柱外板形成有效的受力结构，如断面B—B所示。该处主要结构零件顶盖后横梁加强梁、D柱上连接板、铰链安装螺母板、D柱上内板、气撑杆安装螺母板采用高强度钢材质。通过该种结构设计及有效的点焊连接，可有效满足D柱上铰接点处结构强度要求。

2）D 柱下铰接点结构示例。D 柱下铰接点，位于 D 柱与地板、后围连接部位，承受较大的尾门框扭摆力，行驶过程中易反复受力导致疲劳开裂，故侧围 D 柱与后围板连接需要有足够的结构强度。参考起亚索兰托车体结构，其 D 柱与后围设计为贯通的空腔结构，如图 5-107 所示；其外部结构由侧围外板、D 柱外板与后围外板形成搭接，内部结构则通过设计 D 柱下连接板，与 D 柱内板、后围内板、后纵梁总成形成连接结构；该铰接部位下部，将 D 柱下连接板与地板后纵梁总成尾端板设计为有效连接，所有零件的搭接部位宜采用多排焊点进行连接，以增强接头连接强度；该铰接部位 D 柱下连接板为关键结构件，其材质选用高强度钢。

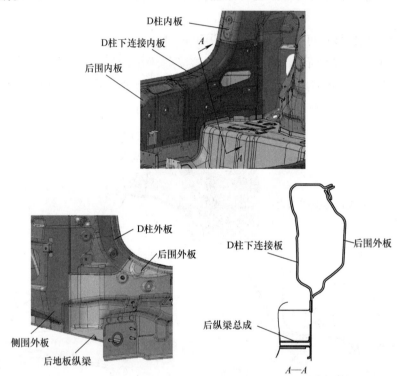

图 5-107　起亚索兰托车身 D 柱下铰接部位结构设计示意

（2）动力总成、底盘部件安装点可靠性结构示例说明

1）前减振器安装结构设计示例。

车身前减振器安装点一般位于发舱上边梁内侧，主要由减振器安装板、前轮包等组成前减振安装结构，两侧分别与发舱上边梁、前纵梁进行连接，前后与前围板或前围流水槽、轮包前连接板进行连接。如有必要，可设计前轮包竖梁进行结构加强或增加安装结构，图 5-108 所示为现代索纳塔 8 车身前减振器安装板结构。该处结构设计首先要保证减振器安装板、前轮包的结构合理，再与周边结构有效连接。该处减振器安装板承受应力较大，前轮包受力相对较小。

前减振器安装板安装点周边结构应有较强的特征，不宜设计为大平板结构上开安装孔，具体结构设计可参考图 5-108，在减振器安装点周边设计台阶特征，提升减振器安装板处的支撑刚度，分散安装点处的应力，降低零件承受的应力幅值。前轮包结构设计在车身垂向应顺直，整体结构特征设计平缓，避免突变的台阶、加强筋特征，以避免应力集中。车身减振器安装板材质设计为高强度钢。

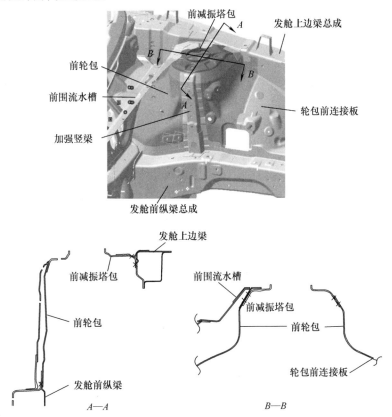

图 5-108 索纳塔 8 车身前减振器安装部位结构设计示意

减振器安装板与周边零件加强搭接设计，采用多排焊点连接，避免焊点数量过少、间距过大在焊点处造成应力集中，出现焊点连接强度不足及焊点疲劳问题。减振器安装板周边零件搭接重点部位设计成多排焊点连接，如图 5-108 断面所示。焊点位置的零件型面设计应尽量平直，保留足够的焊接搭接边，法兰边工艺缺口设计应尽量平缓且保证有必要的强度，避免出现疲劳开裂问题。

2）动力总成悬置安装结构设计示例。车身左悬置安装结构设计示例：车身左悬置安装点一般布置在发动机舱前横梁中部区域，一般采用三点式安装结构设计，下部有两个安装点，根据其位置不同，有在前纵梁内部（如现代锐欧），也有在前纵梁外侧设计（如瑞风A60）；上部安装点一般通过支架（带凸焊螺栓）与前轮包或前轮包前连接板进行焊接，具体车身安装结构形式如图 5-109 所示。

车身左悬置安装点一般以下部两个安装点为主要承力结构，布置尽量靠近纵梁本体，其安装点一般采用螺柱或螺母与安装支架焊接，安装支架再与前纵梁拼焊形成一个整体腔体安装结构。安装螺柱部位需要设计一个固定板，一端与螺柱通过二保焊进行连接，另一端则与

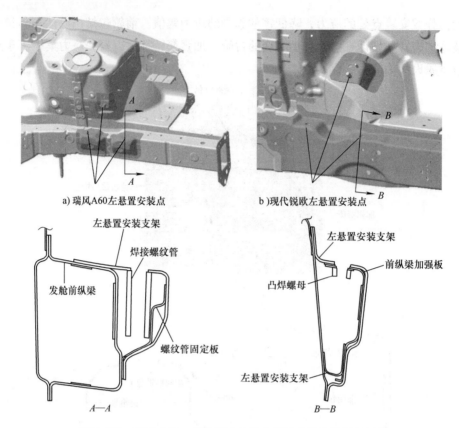

图 5-109 瑞风 A60、现代锐欧车身左悬置安装结构设计示例

安装支架或直接与发舱前纵梁以点焊连接，安装支架总成与前纵梁结构设计为有效连接。左悬置上安装点支架结构相对简单，支架周边与前轮包设计好搭接及焊点，悬置支架材质设计建议采用高强度钢。

（3）后拖钩安装结构可靠性结构示例　根据车身后拖钩结构形式，一般分为螺纹套管式固定结构、后拖钩钢筋固定结构两种形式，前者主要布置在车身后地板左、右后纵梁内，后者主要布置在后地板中间部位。对于后拖钩钢筋固定结构，结构形式一般比较简单，在布置后拖钩钢筋部位时需设计一个固定板，与后拖钩采用二保焊连接，固定板与车身结构件连接，将拖钩拉拽力有效分散到车身整体结构上，保证该处的局部强度。图 5-110 所示为瑞风 S3 拖钩结构，其后拖钩钢筋部位位于后地板中部，专门设计一个十字加强梁与固定板连接；后拖钩钢筋结构空间尺寸设计，空间要求需确保能够穿过直径为 $\phi25$ 的绳索；后拖钩钢筋与固定板的匹配连接长度 a，一般设计为 $a \geqslant 50mm$，保证二保焊焊接长度满足连接强度要求；为保证后拖钩钢筋本身的结构强度，钢筋弯钩角度设计为钝角，确保牵引装置拉拽过程中钢筋受力平顺，弯点无过大应力集中。

钢筋式后拖钩安装结构比较简单，钢筋与固定板的连接采用二保焊连接，其整体承受牵引装置的拖拽力相对较小，一般适用于整车重量较轻的 A0 级及以下的小型车。

对于整车重量较重的车型，拖钩一般设计为螺纹管式结构，一般布置在后纵梁尾端。整

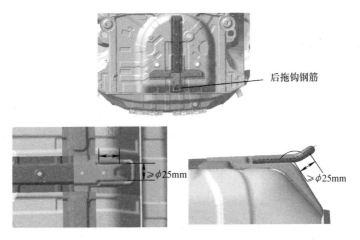

图 5-110 瑞风 S3 车身钢筋式后拖钩布置及结构设计

体后拖钩安装结构一般由螺纹管固定板、后纵梁后连接板、后封板、螺纹管组成，图 5-111 所示为现代 ix35 车身螺纹管式拖钩结构。螺纹管部分长度位于后纵梁内部，通过二保焊与固定板连接，下端通过塞焊与后纵梁连接板连接，螺纹管伸出后封板部位采用二保焊与后封板连接；固定板与螺纹管匹配处进行弧面结构设计，周边设计法兰边，与纵梁后连接板、后封板通过焊点进行连接。螺纹管与车身结构形成四处有效连接，与纵梁框架结构形成牢固的拼焊总成，可保证较强的结构强度，满足较重车型的牵引装置拉拽力强度要求。

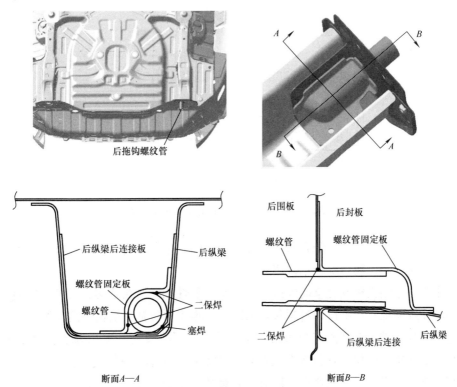

图 5-111 现代 ix35 车身螺纹管式后拖钩布置及结构设计

5.4 防腐性能设计

防腐性能是车身设计过程中需重点保证的性能。车身锈蚀会影响整车产品品质,严重的甚至影响车辆使用安全性。根据汽车实际的使用环境,一般车身各部位腐蚀环境存在差异,目前行业内将车身各区域按腐蚀程度划分为四级,具体可参考图 5-112 所示。

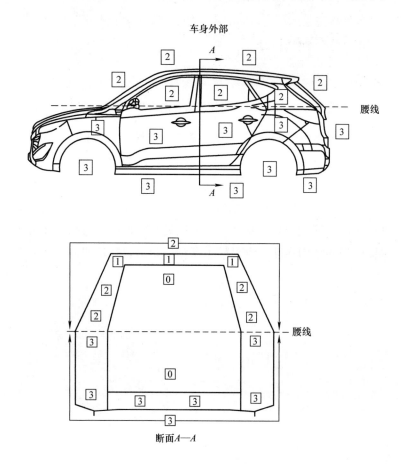

图 5-112 车身各部位腐蚀等级划分示意

从图 5-112 可知,车身内侧表面、车身顶部内腔、车身腰线以上外表面及内腔、车身腰线以下外表面及内腔,腐蚀等级依次严重。

车身作为一个结构极其复杂的焊接总成,其防腐性能需要在结构、工艺、材料三个方面进行详细设计及验证;车身设计过程采取的防腐方案主要包括:结构上满足车身各部位钣金件表面电泳漆膜要求、合理的车身防腐结构设计、应用涂胶及 PVC 等辅材对车身钣金件进行防锈及密封保护、应用镀锌板等防腐材料、内腔喷(或注)蜡防护等。车身设计过程需进行防腐性能详细设计,并在样车阶段进行防腐性能试验验证。

5.4.1 车身防腐性能结构设计

1. 通过车身钣金件表面电泳漆膜提升防腐性能

车身钣金件表面电泳涂层是车身钣金件防腐最基本、最可靠的措施。电泳漆膜质量的好坏决定了车身防腐性能的优劣，因而在车身结构设计时，必须满足车身电泳工艺性要求。

电泳泳透力（电泳涂装过程中，使背离电极的被涂物表面涂上漆的能力）是保证车身内腔涂膜获得良好质量的关键因素。为使车身内腔获得良好的电泳泳透力，除考虑涂料、涂装工艺外，合理的车身结构设计是内腔获得良好电泳漆膜的必要条件。

为获得良好的车身电泳性能，设计初期必须确认涂装前处理及电泳的生产工艺，分析车身电泳过程进槽、电泳、出槽过程中的姿态及运动轨迹，明确车身各部位电泳液及气流走向；系统考虑电泳过程的电力线、进液、排液、排气等要素，在车身结构上进行合理的电泳孔、进液孔、漏液孔、排气孔设计。合理的钣金件结构断面、特征设计应满足车身钣金件表面电泳液完全覆盖、有效电泳、出槽时电泳液顺利排出的工艺要求及车身表面漆膜质量要求。

车身电泳性能结构设计主要包括以下几个方面。

（1）车身结构空腔断面设计　车身框架结构一般由多层钣金件拼焊而形成，钣金件焊接贴合面或间隙较小的部位，由于电泳液难以进入，无法形成覆盖完全、良好的电泳漆膜。因此，车身结构复杂区域，除了焊接贴合面，其他部位需要设计足够的空腔间隙结构，以方便电泳。若车身空腔间隙设计过小，会影响电泳液的流动性及空腔内表面的电泳性能（影响电力线进入及其通过性）。车身典型部位，如侧围A柱、B柱、C柱及门槛外侧空腔等区域，往往因为空腔间隙不足，导致钣金件表面电泳不良或膜厚不足。因此，车身结构设计时需要控制断面空腔间隙尺寸。

根据车身涂装电泳试验验证，空腔间隙尺寸在5mm以上时，可获得较好的漆膜质量。车身结构断面设计时，需确保钣金件空腔间隙尺寸要求。车身侧围区域部分断面空腔间隙要求如图5-113所示。

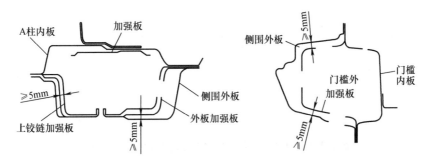

图5-113　某车型车身侧围区域断面空腔间隙设计

（2）车身结构电泳工艺孔设计　进液孔、排气孔设计需要确保电泳液在车身内腔各部位的充分流动和全面接触，这是车身钣金件表面充分电泳的基本条件。

进液孔主要用于封闭的空腔结构，可以与其他安装孔、特征减重孔及工艺孔共用，应根据结构型面及空腔大小合理地进行布置，使空腔内部在车身进入电泳槽时快速注入电泳液进行电泳，典型部位如门槛底部、框架梁、门柱等部位的孔位或开口特征。

排气孔的设计是要满足电泳液进入时，车身内腔或上凸特征部位气体可及时排走，避免形成气室导致存在裸露的钣金件表面。排气孔设计需考虑车身在电泳过程中入槽、浸没和出槽时的姿态，要在车身空腔或上凸特征顶部布置排气孔，保证气体能充分流动、及时排出，从而使该类部位钣金件表面可充分电泳。车身易形成气室的典型部位，如后轮包顶部、前减振器塔包顶部、侧围上边梁顶部和顶盖等，需要专门进行排气分析及相应的特征设计，如图 5-114 所示。

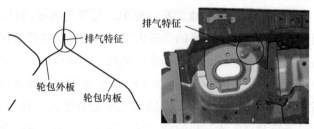

图 5-114　某车型车身排气特征及排气孔设计

车身焊接边及结构间隙较小的区域往往无法形成良好的电泳漆膜，在满足性能要求下，可对焊接边在焊点之间设计间隙为 2~3 mm 的间隔凸台特征，从而改善焊接边凸台部位的电泳效果。总之，通过有效的设计方案，扩大车身钣金件匹配间隙尺寸、减小间隙较小区域面积、增加局部电泳工艺孔等方法可提升车身各部位钣金件表面的电泳效果。

车身结构腔体一般为封闭结构，具有电磁屏蔽效应，因此需要在腔体结构上开设电泳孔，使电力线通过孔位进入车身内腔。由于电力线强度随电极至被涂物距离的增加而减弱，因此应结合电泳涂料泳透率水平，按一定间距及开孔尺寸的要求，在形成空腔的车身钣金件上开设电泳孔，如图 5-115a 所示为侧围上框区域电泳孔设计方案示意图。对于部分复杂的有多个空腔的结构，需要在外层零件和加强板零件上开设对穿孔，以便缩短电力线到达距离，提高内部腔体的电场强度，保证电泳漆膜有足够的厚度，如侧围门槛为保证上空腔内钣金件表面电泳漆膜，采取对穿孔设计方案，截面示意如图 5-115b 所示。

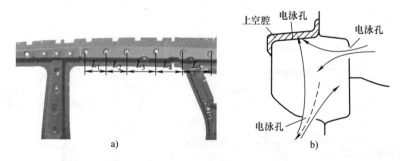

图 5-115　侧围上框及门槛区域电泳孔设计方案示意

为了电泳后排液完全，防止电泳漆膜再溶解，并有利于电泳烘干，需要根据电泳方式、车身结构型面和空腔大小，在空腔底部或凹面底部合理设计排液孔或排液结构。对车身而言，一般在地板、框架梁和侧围等零部件最低点均需设计排液孔及相关结构。如侧围门槛底部除了设计进液、电泳、排液共用的工艺孔以外，往往还在底部焊接边上设计排液特征——

凸台或半圆形凸筋特征，如图5-116所示，以便使腔内电泳液充分排出。对于局部凹面特征设计而言，则应根据车身电泳出槽角度进行排液分析及凹面特征角度设计，必要时在凹面底部开设排液孔。

2. 通过合理车身结构设计提升防腐性能

车身结构设计过程中，根据汽车使用环境，在容易积水、积泥的区域需要通过合理的结构设计来改善车身防腐性能，使车身结构表面或流水区域满足排水、不积水要求，保证车身相对干燥的使用环境，改善防腐性能。

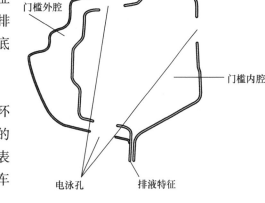

图5-116　门槛及地板区域电泳工艺孔设计示意

（1）开口流水区域　如前围流水槽部位，由于经常接触水，在设计上需进行排水结构的详细设计。为使进入流水槽内的水能够顺利向两侧排出，流水槽在横向断面上应设计为"中间高，两端低"的结构，如图5-117所示，设计为弧形结构，两侧排水口型面设计成小平面或向下倾斜，利于水流顺利排出；流水槽底面不设计封闭下凹面、筋特征，以防积水。

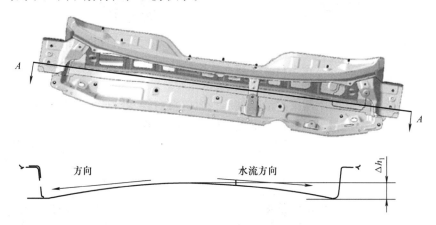

图5-117　流水槽排水结构设计

（2）梁类流水区域　车身梁类结构，内部一般设计有多层加强板件，焊接搭接面较多，电泳不良区域相对较多，需要重点关注，下面以发舱纵梁为例说明。

1）防水设计：发舱前纵梁结构设计应考虑尽量阻止水流进入纵梁内腔，减少内腔锈蚀风险。为此，零件搭接配合需设计良好，不能出现较大孔洞或间隙，保证能应用涂胶工艺进行涂胶密封；发舱前纵梁上表面的孔为雨水进入纵梁内部的重要途径，如图5-118所示。纵梁上表面的孔位一般需要密封并设计凸台结构减少水流进入，如图5-119所示。纵梁上表面定位孔、闲置孔、工艺孔等，采用孔塞或孔贴密封。

2）排水设计：发舱纵梁内腔必须考虑排水设计，排水设计一般应避免形成兜水结构，底面宜平直，使进入前纵梁内腔的水方便地流入到发舱纵梁内排水特征处，通过排水特征上

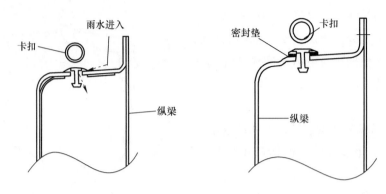

图 5-118 雨水从卡扣孔进入示意图

a) 结构型式一的纵梁凸台特征示例

b) 结构型式二的纵梁凸台特征示例

图 5-119 纵梁上表面凸台设计示例

的孔流出。排水特征一般设计在梁的最低处。一般的沉台排水特征如表 5-9 所示。

表 5-9 底面沉台排水特征示意

简述	贯穿式沉台	非贯穿式沉台
纵梁下表面带孔沉台特征示例		

3) 发舱纵梁加强板结构设计：应避免加强板底面与纵梁底面特征大面积贴合设计（贴合面电泳不良、雨水灰尘积聚，易导致贴合面大面积深度锈蚀），下加强板底面与纵梁底面采用间隙配合设计，方便排水及该处钣金件表面形成良好电泳漆膜。

4) 其他部位：加油口座型面角度设计需要考虑方便积水从加油口盖分缝处排出；对于前、后轮包及车身底板底部区域来说，由于易于受到石子击打而使钣金件表面漆膜或保护层脱落导致锈蚀，因可以考虑设计塑料轮罩及防护板结构，全面保护易受石击处的车身钣金件表面漆膜，保证其防腐性能。轮包处若无轮罩保护，车身结构应考虑设计易于排除泥水的特征，如图 5-120 所示，轮包上的加强筋宜为竖向设计，避免积泥等。

5.4.2 防腐工艺设计

车身防腐工艺设计主要指对车身腔体的密封防护、钣金件止口的防护、钣金件贴合面的防腐、钣金件外表防石击防护设计等。具体防腐工艺设计措施有点焊密封胶（或结构胶）、焊缝密封胶、PVC防石击涂料、喷蜡等防腐材料的应用。

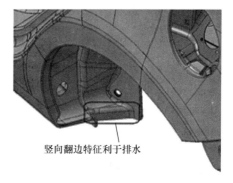

图 5-120 轮包处避免积泥的结构方案设计示例

（1）应用涂胶工艺改善车身密封性及防锈性能 车身钣金件焊接贴合面在制造上会存在微小缝隙，钣金件贴合面基本无电泳漆膜，如不采取防护措施很容易生锈，需要在焊接面上涂覆点焊密封胶进行防腐；为防止外部环境中的泥水和灰尘等杂物进入车身内腔而加速车身钣金件腐蚀，需要对贯通车身内腔、外部的焊缝缝隙及孔洞进行密封处理。车身焊缝缝隙及孔洞的密封，一般采用涂胶处理，重要部位的缝隙（如前围板周边、前/后轮包区域、地板与侧围搭接边等），尽可能在焊接贴合面及两端使用多道密封胶进行密封处理，具体涂胶应用示例如图 5-121 所示。

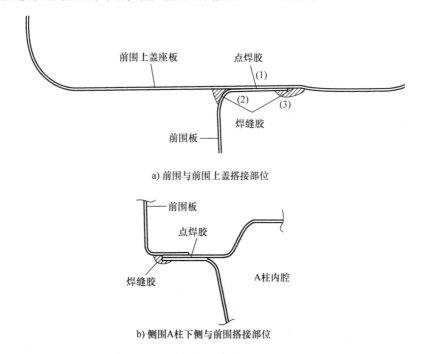

图 5-121 车身焊接边多道密封胶涂覆方案示例

（2）应用焊缝胶工艺改善车身表面止口的防腐性能 车身零件一般为冲压件，止口比较尖锐，存在毛刺，这些区域的电泳漆膜附着能力很差，如不加以防护，就会过早锈蚀。防止车身表面止口锈蚀的措施主要有两条：一是控制冲压工艺切边质量，减少毛刺；二是对车身裸露的止口边进行涂胶防护。发动机舱、地板、轮包、流水槽和"四门两盖"包边处等使用环境比较恶劣的部位，以及外表可视部位的止口边，需要用焊缝密封胶进行防护，涂胶需要完全覆盖止口边。

(3) 应用 PVC 防石击涂料改善车身下部因石击损伤导致的锈蚀　在车辆行驶过程中，溅起的石子会高速击打车身钣金件，容易造成车身电泳漆膜和镀锌层的损坏，容易在钣金件表面造成点状和成片状锈蚀。因此，需要在石击比较频繁的部位（如轮包、车身地板、框架梁底面和侧围门槛底部无防护区域）喷涂一定厚度的 PVC 防石击涂料进行防护。

车体石击区域主要为前、后轮罩区域，以及未被排气管、传动轴、油箱、排气管消声器等底盘件或专门的塑料防护件覆盖的车体下部区域，具体区域及大小根据整车防腐试验结果而定。根据石击程度不同，车身石击保护区域可以分为重点保护区域、正常保护区域和无要求区域三类，如图 5-122 所示。一般根据石击严重程度，结合轻量化和成本综合考虑，对 PVC 厚度进行差异化设计。

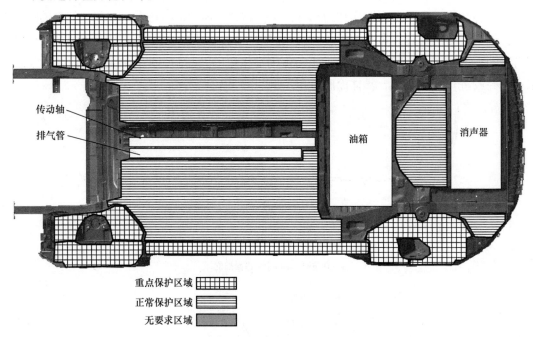

图 5-122　车身下部石击重点区域分类及 PVC 喷涂区域示意

车身下部 PVC 喷涂要求覆盖均匀、完整。对于门槛下部外观可见区域，尤其要求喷涂的均匀性和美观性。图 5-123 为途观 L 侧围门槛下部 PVC 涂胶示意，PVC 覆盖门槛下部整个外表面，包括下止口边完全覆盖保护。

(4) 应用喷（注）蜡工艺改善车身空腔防锈性能　汽车在存放、运输、使用过程中，采用防锈蜡保护很有必要。在车身设计过程中，首要考虑的是在关键部位内腔表面应用喷（注）蜡防锈技术。空腔喷（注）蜡，就

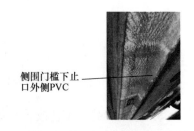

图 5-123　途观 L 侧围门槛下部 PVC 涂胶示意

是在车身底部及其他钢板夹层及空腔中打入一定量的液态蜡,经过特定工艺流程使留在车身空腔内部的蜡形成均匀的保护蜡膜,令水滴无隙可入,保证了整车良好的防腐性能。

根据汽车使用环境,车身下部,包括发舱纵梁、发舱上边梁、前围外部横梁、前地板纵横梁、中地板横梁、后地板纵横梁、侧围门槛、后轮包、后围、车门下部等钣金件空腔内部,宜应用喷(注)蜡工艺进行防护。蜡膜应覆盖整个钣金件内腔表面,充分渗入钣金件搭接边间隙中,如图5-124前地板纵梁空腔蜡膜防护示意,蜡膜对无电泳漆膜的钣金搭接面和内腔表面提供了较好的防护,显著提升了车身内腔及焊接面防腐性能。

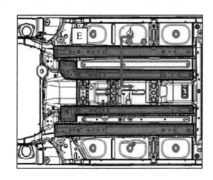 

图 5-124　前地板纵梁空腔蜡膜防护示意

为满足车身应用空腔喷(注)蜡工艺,必须在结构上设计喷蜡孔位,孔位布置及大小需要根据具体的生产线喷蜡工装进行设计。具体设计要求:

1)孔位应该设计在防锈蜡容易喷涂到要求部位的区域。
2)喷涂防锈蜡的车身空腔及周边结构,是否有足够的喷(注)蜡操作空间。
3)喷(注)孔大小要大于防锈蜡喷枪喷嘴的大小。

5.4.3　车身防腐选材设计

区别于特殊的全铝及钢铝混合车身,对于传统乘用车来说,车身防腐材料主要指镀锌板材料的应用,而对于特殊的超高强热成形钢零件,防腐镀层目前普遍采用铝硅涂层。

汽车镀锌板生产及加工方法可分为热镀锌钢板、合金化镀锌钢板、电镀锌钢板、单面镀锌钢板、双面镀锌钢板,以及合金、复合镀锌钢板。目前,国内汽车车身上应用较普遍的为热镀锌钢板及热镀锌铁合金钢板,后者通过钢板镀锌后增加热扩散处理工序,使钢板表面形成一种"铁-锌"合金镀层,其特点是具有良好的涂料附着性,电泳后耐蚀性和焊接性较普通热镀锌板要好。

汽车用镀锌板有单面镀层钢板和双面镀锌钢板,其中单面镀锌钢板的应用主要是有锌层的面用作防腐,无锌层的面有利于点焊;由于合金化板(锌-铁合金)具备良好的焊接性,因此单面镀锌钢板在汽车车身上的应用已越来越少。电镀锌钢板具有良好的加工性,但镀层较薄,耐腐蚀性不如热镀锌钢板。在表面质量方面,电镀锌钢板要优于热镀锌钢板,因此目前在国内外汽车车身上仍有较多应用。

根据电偶腐蚀现象,镀锌板材料中的锌层对钢板具有牺牲阳极保护作用,在自然环境下可以显著提高车身钣金件的防腐性能。镀锌板提升车身防腐性能，通过图 5-125 所示的中性盐雾"划 X"试验可以很直观地进行判断。

国外主流车企车身镀锌板的应用比例越来越高，据有关文献调查统计，目前部分欧美及日系车车身上镀锌板应用比例已高达 90%，使得车身的防腐性能大为提高，基本满足 12 年的车身防腐要求；国内自主车企镀锌板应用比例正在逐步提高。

 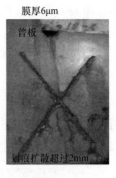

图 5-125 不同材质、相同电泳膜厚（6μm）样件 700h 盐雾试验对比

镀锌板的应用需要根据车身腐蚀环境的严重度、各零部件所处的位置及结构特点，结合其他防锈措施进行综合设计。基于车身零部件防腐重要度选用镀锌板可参考表 5-10，具体镀锌板的应用需结合实车验证充分考虑其有效性来确认。

表 5-10 车身零部件镀锌板按重要度选用参考

重要度	选用要求	车身零部件
A 类	应用	侧围外板、翼子板、四门两盖外板、加油口座、轮包、流水槽部位等四门两盖内板、下车体（包括发舱、前围、地板）外露部位零部件以及下车体纵横梁等
B 类	选用	侧围内部加强板及下车体框架结构腔内加强板、顶盖外板等
C 类	可考虑不用	完全位于乘员舱内零部件（如衣帽架、内板、横梁、加强板、CCB 等）

对于车身热成形钢零件来说，目前使用较多的防锈材料为铝硅镀层热成形钢板，具有较好的防锈性能，如图 5-126 所示。铝硅镀层热成形钢板样件、普通钢板样件 700h 中性盐雾试验结果显示，铝硅镀层防锈性能明显要优于普通钢板。

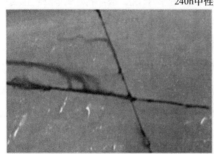 

图 5-126 铝硅镀层件与普通钢板件中性盐雾试验防腐性能对比

车身防腐设计是一项系统性工程，需综合采取各种防腐措施及方法，并结合生产的方便性和成本等因素来确认最终方案，以期比较经济地达到整车的防腐要求。通过设计合理的车身结构、选用钢板材料、应用工艺防护措施等方法，结合整车强化腐蚀试验，最终确认车身

防腐性能是否满足设计要求。

5.5 气密性及涉水性设计

5.5.1 气密性设计

车身气密性用来衡量车身的密封状况，是衡量车身 NVH 性能优劣的一项重要指标。它与汽车的 NVH 性能、空调性能、燃油经济性等密切相关。好的密封性能能够起到隔声、消声的作用，对于汽车的空调效果和燃油经济性能也起到提升作用。因此提升车身气密性能在汽车设计过程中非常重要。汽车的气密性通常分为白车身气密性和整车气密性。本文主要针对白车身气密性进行设计。

1. 设计流程

依据车身性能目标制定白车身气密性要求，随后在数据和结构设计中要注意对车身进气口、气流途径和出气口进行密封合计，着重对焊缝、闲置漏液孔、老鼠洞、空腔等位置进行设计，随后对试制样车进行多轮次气密性试验，找出不合理泄露点进行密封，并达到最终目标。气密性设计流程如图 5-127 所示。

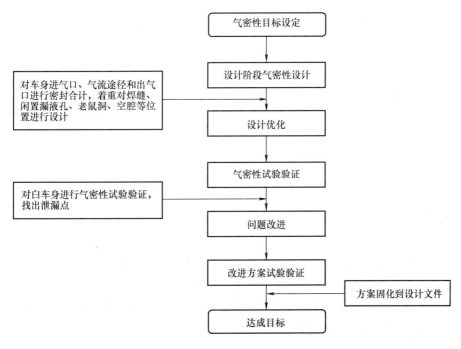

图 5-127　气密性设计流程

2. 白车身气密性设计理论及模型

在对白车身进行气密性分析时，分析模型如图 5-128 所示，主要分为：1）进气口；2）气流通道；3）出气口。以上三种位置选择任何一位置进行密封时，都可以完全阻断气流。在设计阶段，需综合考虑重量、成本、实施方便性以及效果来选择合理的密封位置以降低泄漏量。最终白车身的泄漏量由进气口、通道和出气口中面积最小的部位决定。

图 5-128　白车身气密性模型图

进气口：一般指车内安装孔、漏液工艺孔、减重孔等孔洞，部分孔位形状不规则，密封难度大、密封成本高。

气流通道：指侧围、纵横梁等气流进入的空腔，一般选择旁路密封等隔断作为密封措施。

出气口：一般指外漏的焊缝、漏液孔、老鼠洞等孔洞，可以选择孔塞、涂胶等方式进行密封，由于外漏的孔除了影响气密性能外，对防腐、防水也有较大影响，一般需进行封堵，这也是气密性最常用的封堵方式，实施较为方便，成本较低。

理论分析：根据气密性试验过程，测量仪将气流从风道充入车身中，再通过车身上的出气口排出。理论上可建立如图 5-129 的简化模型，根据伯努利原理，对气流在风道、白车身和出气口进行流动的过程进行分析，根据各阶段的气流机械能守恒的性质进行计算。

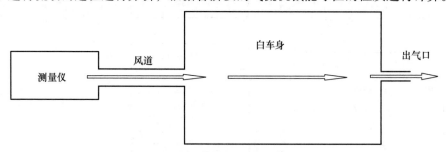

图 5-129　气密性试验过程示意图

根据伯努利原理，气流的机械能守恒：

$$Q_{风道} = Q_{白车身} = Q_{出气口}$$

即机械能 = 动能 + 重力势能 + 压力势能。伯努利方程为

$$\rho v^2/2 + \rho g h + P = C \tag{5-5}$$

式中，ρ 为空气密度；v 为空气流速，则 $\rho v^2/2$ 代表动能；$\rho g h$ 代表重力势能；P 为压力势能，即压强；C 为机械能，机械能守恒常量。

在出气口，车内和出气口通道内的机械能守恒，根据伯努利方程计算不同压强下出气口通道内的空气流速，从而可计算出泄漏量。

在 125Pa 下，出气口空气流速和单位泄露量计算过程如下：

由于出气口车内和出气口通道内的机械能守恒，则有：

$$\rho v_1^2/2 + \rho g h + P_1 = \rho v_2^2/2 + \rho g h + P_2 \tag{5-6}$$

式中，v_1 为车内流速；P_1 为车内压强；v_2 为出气口通道内流速；P_2 为出气口通道内压强；

$$P_1 - P_2 = \rho v_2^2/2 - \rho v_1^2/2$$

在气密性试验中，当车内压强稳定时，可理论默认空气不流动，则 $v_1 = 0$，即：

$$\Delta P = \rho v_2^2/2$$

而在理想状态下，空气密度 $\rho = 1.144 \text{kg/m}^3$，则可计算出 125Pa 下出气口通道内的理论流速。

$$V_2 = \sqrt{\frac{2\Delta P}{\rho}} = 14.783 \text{m/s} \tag{5-7}$$

气密性泄漏量单位为 SCFM，含义为立方英尺/分钟，换算单位则可知：

$$1\text{SCFM} = 0.0283168 \text{m}^3/\text{min} \approx 1.7 \text{m}^3/\text{h}$$

根据 125Pa 下的空气流速，则可计算出泄露 1SCFM 所需的单位泄露面积：

$$S = 1.7/3600 v_2 = 31.94 \text{mm}^2$$

则理论上泄露 1SCFM 所需的出气口面积为 31.94mm^2。

最后，白车身设定泄漏量要求为 ≤X SCFM，则通过以上分析结合白车身气密性目标要求，可以在设计初期制定白车身可泄露面积为 $\leq 31.94 \times X \text{mm}^2$。

3. 结构设计方法及案例

（1）设计方法　根据白车身结构特点，可以将白车身气密性结构特征分为两大类：无空腔特征和有空腔特征。无空腔特征设计方法：主要对闲置孔位密封、老鼠洞密封、钣金件搭接涂胶密封。有空腔特征设计方法：对空腔结构形式的进气口、气流通道及出气口进行选择性合理密封，如图 5-130 所示。

图 5-130　有空腔特征密封形式示意图

（2）具体结构举例

1）无空腔特征设计：

① 闲置孔位密封设计。整个白车身孔种类较多，其中需要密封的孔是指总装后的闲置孔，包含定位孔、漏液孔和焊接过孔等。从孔的密封设计上来说，一般分为两种情况：贯穿孔和非贯穿孔。贯穿孔为保证密封等级一般采用热熔型孔塞密封，非贯穿孔在 NVH 性能无特殊需求下使用橡胶孔塞密封。部分区域（如前围区域）有时也会有一些焊接过孔为较大的腰形或方形孔，需采用金属孔塞等特殊孔塞进行密封，这时需对金属孔塞周边进行涂密封胶处理，保证孔密封完全（图 5-131）。

② 老鼠洞密封设计。老鼠洞的分布位置主要在各分总成与周边件搭接的拐角位置，由于成型性原因存在工艺缺口，导致搭接后形成老鼠洞。由于老鼠洞的形成无法避免，因此在

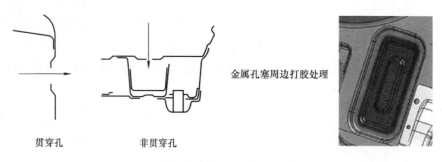

图 5-131 前围区域闲置孔密封示意图

设计时应充分考虑减小老鼠洞,保证能在涂装时进行涂胶密封。

③ 焊缝密封。车身是由各个钣金件焊接而成的,由于点焊工艺的局限性,焊缝不可能完全闭合,气体会从各处焊缝泄漏出去,从而影响白车身气密性。因此,在前围、地板、顶盖、侧围、后围、后轮包以及各大总成之间的搭接区域,连接车内和车外的焊缝都需要进行涂胶密封处理。

图 5-132 所示为某车型前围板四边搭接区域的密封方案,重点对前围板与 A 柱、前围板与流水槽、前围板与前地板搭接区域进行密封。

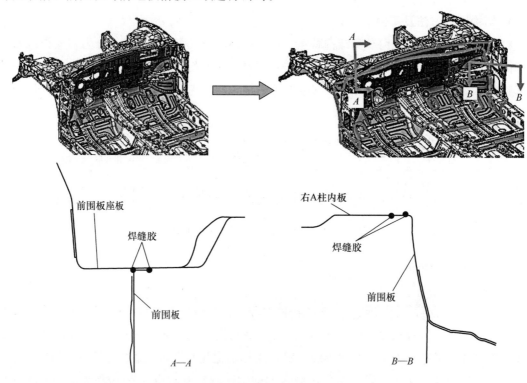

图 5-132 瑞风 A60 前围板涂胶密封设计

2)有空腔特征设计:车身有空腔特征部位主要是指侧围、门槛以及流水槽空腔部位。下面以侧围门槛空腔进行举例。侧围和门槛区域存在较多的进气孔及气流通道,如 A 柱、B 柱、C 柱内板以及后轮包区域大的工艺孔、安全带卷收器安装孔、线束安装过孔等,这些孔位密封困难且会导致重量和成本增加较多。因此在进行气密性设计时，除了对进气口采取基本的密封措施之外，这些孔位基本不做密封处理。针对气流通道，由于侧围存在较多气流通道，无法完全隔断且会使成本、重量增加较多，一般仅对主要气流传播路径进行基本隔断。侧围门槛空腔的出气口位于侧围下部，设计上容易控制且经济有效，仅仅通过减少漏液特征及增加密封胶即可达到要求。因此侧围门槛空腔气密性设计主要采取密封出气口辅以进气口密封和空腔隔断的方案，过程中充分平衡结构、性能、成本及重量，如图 5-133 所示。门槛漏液孔数量单边一般为 2~3 个，尺寸为在保证漏液的基础上尽量减少小气体泄漏面积，如图 5-134 所示 现代 ix35 车型门槛漏液孔尺寸为 2mm×20mm。

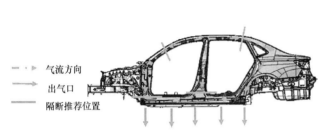

图 5-133 侧围空腔气流运动

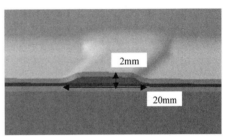

图 5-134 现代 ix35 门槛漏液孔设计

4. 白车身气密性试验

（1）白车身气密性试验设备及试验状态

如图 5-135 所示，将试验仪器连接好电源（需提前 15min 连接预热），通过鼓风机向车内输送气体，同时记录泄漏量大小，在该工况下，重复测试三次，取平均值。

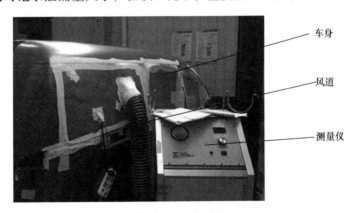

图 5-135 气密性试验图

当车内达到一定压力时，通过烟雾发生器释放烟雾，在白车身四周检查白车身气体的泄漏情况，并根据烟雾泄漏量确定白车身主要泄漏源。

针对不同泄漏源，首先评估是否符合白车身气密性设计要求，对于不符合设计要求的泄漏源，分别记录在密封和不密封状态下测得的泄漏量。

（2）问题排查 针对气密性试验反馈不符合设计要求的泄漏源或泄漏量较大处，要对泄漏源气体入口、气体通道、出口进行排查和分析，并制订改进方案，如增加密封孔塞、增加涂胶、增加空腔隔断、改进制造质量等措施，并充分考虑性能与成本、重量的平衡。

5.5.2 涉水性设计

涉水试验是考察车辆在满载状态下的涉水通过性，主要指车辆能够安全通过涉水池，车身内部不会出现大量进水的现象，并能够在水中熄火再起动。根据要求，车辆的离地间隙不同，涉水深度不同。当最小离地间隙设计值≤180mm时，涉水池深度为300mm；当最小离地间隙设计值>180mm时，涉水池深度为350mm。标准的涉水池尺寸如图5-136所示。注：不同地方的法规标准对涉水深度要求有所不同。

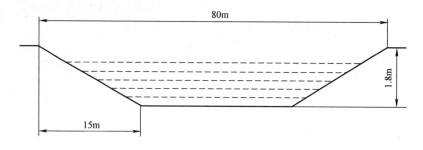

图5-136　涉水池尺寸

注意涉水通过性指汽车对涉水池的通过能力；水中熄火再起动指汽车在涉水池规定位置处熄火，停留2min后再次起动汽车。

1. 设计流程及原则

（1）设计流程　依据涉水试验要求，按照车型离地间隙值，在进行下车身结构设计时，需要关注涉水线下区域的密封设计，随后对试制样车进行多轮次车辆涉水试验，找出进水点并增加密封设计措施，最后达成目标。涉水性设计流程如图5-137所示。

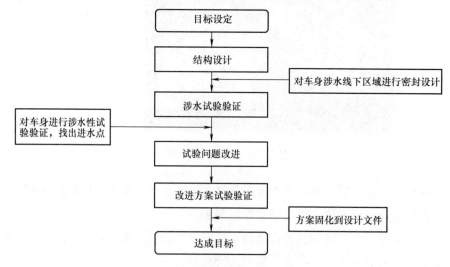

图5-137　涉水性设计流程图

（2）涉水试验车身设计基本原则

1）通过涉水试验后，在不影响车辆熄火前提下，乘员舱内部不允许有水进入或者有很少量的水珠进入。

2）满载状态高度在 320mm 或 370mm 以下的与乘员舱内部相通的焊缝必须保证密封。

3）满载状态高度在 320mm 或 370mm 以下的与乘员舱内部相通的孔必须密封。

2. 白车身涉水设计

（1）白车身涉水水面线设定　涉水试验要求当最小离地间隙设计值≤180mm 时，通过水深为 300mm 的涉水池；当最小离地间隙设计值>180mm 时，通过水深为 350mm 的涉水池。但是考虑到运动过程水的波动性，设计状态须考虑满载状态高度在 320mm 或 370mm 以下的与乘员舱内部相通的部位的密封。

图 5-138 中阴影部分为涉水池水平面，涉水池水平面以下主要有前围、前地板、门槛内板、中地板、后地板备胎池及后围。

（2）车身涉水结构设计方法　根据下车身结构特征，可将车身分为水流直接进入区域和水流间接进入区域。水流直接进入区域：单层闲置孔位、钣金件搭接处。水流间接进入区域：下部门槛处进入横梁、纵梁空腔，再通过空腔上的闲置孔位进入车内。针对闲置孔采用孔塞进行密封，钣金件搭接处采用焊缝胶进行完全密封。

图 5-138　白车身涉水部位

（3）设计案例

1）地板本身的密封。前地板及备胎池底部上的漏液孔孔塞密封，图 5-139 所示为大众途观 L 车型地板本体孔位的密封。

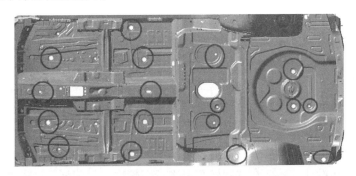

图 5-139　大众途观 L 车型地板本体孔位的密封

2）门槛内板的密封。原则上，门槛内板上高度在 320mm 或 370mm 以下区域，不设计线束卡扣孔、拉丝固定孔；内饰板卡扣孔及其他安装孔必须自带密封结构；定位孔、电泳孔必须用孔塞密封。

3）钣金件搭接处密封。如图 5-140 所示江淮瑞风 S3 车型为前地板与前围板之间的焊缝密封，对于地板下部或上部有纵梁或加强板的部位无法打焊缝胶，需增加点焊密封胶。点焊密封胶要覆盖整个有效焊接边，如图5-141所示。

图5-140　瑞风S3前地板与前围板之间焊缝密封胶密封

图5-141　瑞风S3前地板与前围板之间点焊密封胶密封

5.5.3　白车身孔塞设计

白车身在设计过程中，存在许多冲压、焊接使用的定位孔、工艺孔和涂装电泳时使用的漏液、排气孔。这些孔若不密封，会导致整车气密性、隔音性等NVH性能下降，同时也会使白车身产生锈蚀风险。因此，在设计过程中需使用孔塞对白车身孔位进行密封。

1. 设计流程

依据车体分组提供相关孔位信息输入，对相关需要密封的孔位进行识别和分类，进行相关类型孔塞的匹配和设计，随后在试制样车上进行多轮次车辆装配、气密性试验及相关密封性试验，找出需要增加孔塞密封措施方案，保证白车身密封性能，最后达成目标。孔塞设计流程图如图5-142所示。

2. 孔塞种类

（1）橡胶孔塞　橡胶孔塞是以EPDM为原材料加工而成，用于汽车车身地板、发舱、侧围等部位，起到防尘、防水、降噪、密封和防锈等作用（图5-143）。

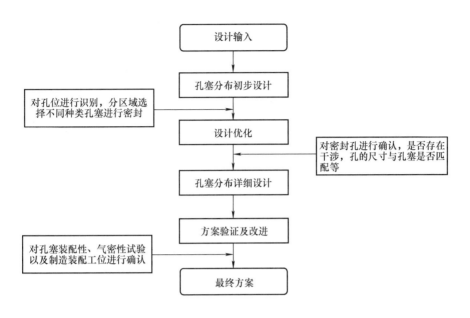

图 5-142 孔塞设计流程图

橡胶孔塞有以下特点:

1) 优点:①耐腐蚀性强;②安装简单,易取下,有利于汽车结构和配置的变更;③质轻,利于车身轻量化设计;④成本相对较低。

2) 缺点:①密封效果比金属孔塞和热熔孔塞差;②耐老化性和高低温性差。

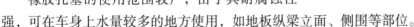

图 5-143 橡胶孔塞

橡胶孔塞的使用范围较广,由于其耐腐蚀性强,可在车身上水量较多的地方使用,如地板纵梁立面、侧围等部位。

(2) 金属孔塞 金属孔塞的材料要求为镀锌板材。一般安装在舱内地板表面,安装后必须经过电泳处理,并且在孔塞和钣金件贴合的缝隙处填充焊缝密封胶,通过高温处理使孔塞和钣金件粘接紧密,从而达到良好的密封和防锈效果(图 5-144)。

图 5-144 金属孔塞

金属孔塞有以下特点:

1) 优点:①密封效果好;②稳定,不易发生变形。

2) 缺点:①耐腐蚀能力一般;②不利于车身的轻量化设计,成本提高;③安装较为复杂，安装后需打焊缝密封胶，增加工序；④安装后很难取下，不利于汽车结构和配置的变更。

金属孔塞由于耐腐蚀能力不好，一般只在乘员舱内使用，目前由于热熔孔塞的应用，圆形金属孔塞已经被替代，部分异形孔的密封还保留着金属孔塞的应用。

（3）塑料孔塞　塑料孔塞一般使用的材料是软聚乙烯（PE），塑料孔塞抗腐蚀能力强，不与酸、碱反应，一般用于地板等易与水汽接触的地方，起到防锈、防腐、密封等作用。塑料孔塞质轻，化学性能稳定，但其耐热性差，热膨胀率大，尺寸稳定性差，容易变形，在车身上使用较少（图5-145）。

图5-145　塑料孔塞

塑料孔塞有以下特点：

1）优点：①耐腐蚀性强，不与酸碱反应；②质轻，利于车身轻量化设计。

2）缺点：吸湿性大，尺寸稳定性差。

由于塑料孔塞在不打胶时密封效果较差，一般作为车门、侧围外漏孔的装饰件。

（4）热熔型孔塞　热熔型孔塞是以PA6+EVA为原材料加工而成，其中，EVA为发泡材料，过完烘房后，发泡膨胀以密封车身孔洞。主要用于汽车车身地板、侧围门槛、发舱纵横梁等部位，起到防尘、防水、降噪、防腐、密封和防锈等作用（图5-146）。

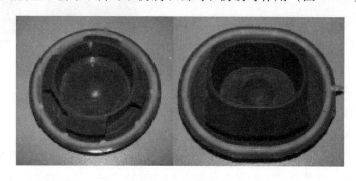

图5-146　热熔型孔塞

热熔型孔塞有以下特点：

1）优点：①耐高温；②密封性能较好；③安装简单；④质轻，利于车身轻量化设计；⑤耐腐蚀性好。

2）缺点：安装后难以取下。

热熔型孔塞具有良好的密封性能，可替代金属孔塞密封乘员舱内与舱外的贯穿孔，同时其耐高温、耐腐蚀能力强，可作为侧围门槛、发舱纵横梁等外观可见区域的钣金件孔的密封。

（5）PVC孔贴　孔贴的材料主要是EPDM和PVC。孔贴具有良好的耐腐蚀性，安装简便、质轻，但其结构简单，密封性能较差，和水汽长时间接触后容易脱落。在没有与车身孔洞尺寸匹配的孔塞时，考虑使用孔贴。一般用在舱内不容易接触水的地方，起密封、降噪的作用（图 5-147）。

图 5-147　PVC 孔贴

孔贴有以下特点：

1) 优点：①成本低；②安装简便，易取下，有利于汽车结构和配置的变更；③质轻，有利于汽车轻量化设计。

2) 缺点：密封效果最差，接触水后易脱落，耐候性不好，成本相对较高。

孔贴适用于一些密封要求不高、不容易接触到水的地方，如乘员舱内等。车身上直径小于 10mm 的孔可用孔贴密封。

综上所述，几种不同孔塞种类对比如表 5-11 所示。

表 5-11　孔塞种类对比

孔塞种类	密封性	防腐性	重量	耐候性
橡胶孔塞	好	好	重	较好
金属孔塞	较好	较差	较重	—
塑料孔塞	较差	良好	较轻	好
热熔型孔塞	良好	良好	较轻	好
PVC 孔贴	差	差	轻	差

注：性能排序为良好、好、较好、较差、差。

3. 孔塞设计原则

孔塞的设计首先要选择孔塞在车身上的分布位置，然后根据安装位置的环境（孔的形状、尺寸、钣金件厚度、密封性要求、湿度等）要求，选择合适的孔塞。一般来说，橡胶孔塞使用范围较为广泛，几乎所有的孔洞都可以使用橡胶孔塞来密封，但密封效果不如热熔型孔塞；金属孔塞一般只用在乘员舱内的孔洞上，且渐为热熔型孔塞所取代；塑料孔塞用于对防腐要求高，但对密封要求不是很高的孔洞；热熔型孔塞用于乘员舱内与舱外的贯穿孔，也可用在侧围门槛、发舱纵梁等外观可见区域的钣金件孔上。在上述种类中没有合适的孔塞可以选用时，且不容易接触泥水的地方，可考虑使用孔贴。

4. 孔塞与孔的匹配规范

密封原理：孔塞的密封是通过孔塞和孔之间的过盈配合，孔塞产生一定量的变形从而达到密封的效果。在实际的使用过程中，评判孔塞是否起到密封作用的标准有两个：

(1) 密封效果　达到密封孔的作用，安装后不漏水。
(2) 装配效果　有一定的插拔力要求，易装难拔。

从以上密封原理结合圆橡胶孔塞的结构形式，圆橡胶孔塞设计的关键尺寸有 $d1$、$d2$ 和 $h1$。其中，$d1$、$d2$ 决定孔塞的密封效果和装配效果，$h1$ 决定孔塞所能密封孔的钣金件厚度，如图 5-148 所示。

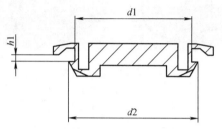

图 5-148　圆形橡胶孔塞关键尺寸关系

根据以上分析，选用橡胶孔塞时应保证安装孔径 $d < d1$，保证孔塞与孔之间为过盈配合。

5. 设计示例

（1）热熔型孔塞　对于密封要求较高区域、贯穿舱内外区域，例如地板部位、横梁、纵梁部位应采用热熔型孔塞。

1）地板贯穿孔。通过地板孔洞，乘员舱内和舱外贯穿，无遮挡，对孔塞的密封性及耐候性要求较高。在设计孔塞时，优先选用热熔型孔塞封堵贯穿孔，图 5-149 所示为大众途观 L 车型地板贯穿孔密封。

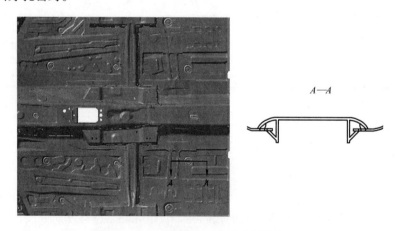

图 5-149　大众途观 L 车型地板贯穿孔

2）地板纵梁、横梁。纵梁、横梁底面使用热熔型孔塞，立面可以使用橡胶孔塞，如图 5-150 所示为江淮瑞风 R3 车型的热熔型孔塞示意。

（2）橡胶型孔塞　对于密封要求不高区域、舱内区域，例如内门槛、后围内侧等可采用橡胶孔塞。

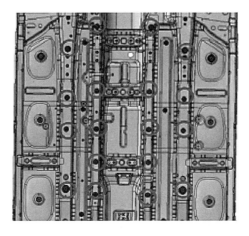

图 5-150　江淮瑞风 R3 车型热熔型孔塞

侧围门槛内部的孔主要影响白车身的气密性，因此优先考虑使用橡胶孔塞，图 5-151 所示为东风风光 580 车型橡胶型孔塞示意。

图 5-151　东风风光 580 橡胶型孔塞

（3）孔贴　对于密封要求不高区域、不规则孔位，例如 A 柱内板可采用孔贴。

侧围 A 柱内部区域的闲置孔主要影响 A 柱处气流，因此优先考虑使用橡胶孔塞，若无匹配的橡胶孔塞可使用孔贴，图 5-152 所示为吉利帝豪 GL 车型的孔贴示意。

图 5-152　吉利帝豪 GL 侧围 A 柱内部区域孔贴

参 考 文 献

[1] MALEN DONALD E. Fundamentals of Automobile Body Structure Design [M]. Arrendale：SAE International, 2011.

[2] 中国保险汽车安全指数管理中心. 中国保险汽车安全指数规程：第2部分 车内乘员安全指数车顶强度评价规程 [R]. 重庆：中国汽车工程研究院股份有限公司, 2017.

[3] 庞剑. 汽车车身噪声与振动控制 [M]. 北京：机械工业出版社, 2015.

[4] 尚德广. 疲劳强度理论 [M]. 北京：科学出版社, 2019.

[5] 全国汽车标准化技术委员会. 汽车安全带安装固定点、ISOFIX固定点系统及上拉带固定点：GB 14167—2013 [S]. 北京：中国标准出版社, 2014.

[6] 全国汽车标准化技术委员会. 轻型汽车牵引装置：GB 32087—2015 [S]. 北京：中国标准出版社, 2016.

第 6 章
车身试制试验验证

6.1 车身试制试验验证的目的及内容

6.1.1 车身试制验证的目的及内容

1. 车身试制验证的目的

车身试制的目的是制造体系按照设计数据、图样及试制工艺文件,将设计技术方案转换为实车的过程中检验设计方案的正确性、工艺可行性及整车匹配符合性,并将生产验证过程中出现的各类问题反馈给设计人员,设计人员针对制造体系反馈问题进行分析改进并提出可行的优化方案,制造体系随后针对设计人员提供的优化方案再次进行实物验证直至问题闭环,确保整车批量生产前将设计缺陷及生产缺陷等问题提前暴露,保证量产整车产品性能及品质达到设计要求,保证产品质量一致性。

2. 车身试制验证的内容

车身试制验证工作可分为两个阶段,第一阶段为试制车间试制阶段,第二阶段为生产线整车小批量生产过线试制验证阶段。

第一阶段主要分为首序件样车试制验证和全序件样车试制验证,主要验证零部件单件及车身分总成设计正确性与设计实物匹配性。其中,零部件单件主要验证单件材质、料厚、重量,以及冲压单件与设计一致性。车体分总成主要验证分总成拼焊焊点质量、上件方便性、拼焊细节结构质量等匹配性;美观性验证,主要针对整车未电泳和电泳后车身可视外观部位,诸如对发动机舱、侧围、顶盖、地板等区域整体美观性进行试制验证;车体总成刚度性能验证,主要针对未电泳和电泳后车身覆盖件及一些重要安装点部位刚度性能进行试制验证,诸如侧围外板、顶盖、翼子板、地板、安全带安装点等部位;车体总成结构验证,主要针对未电泳和电泳后车身重量、焊点、涂胶、防腐结构等方面进行验证。根据零部件和总成的状态,以上项目可以进行分段验证,部分在首序件阶段验证,部分在全序件阶段验证。

各阶段试制验证主要内容见表6-1、表6-2及表6-3。

表6-1 车身第一阶段试制验证工作主要内容

序号	项目编号		项目	要求	重要度	分段		符合情况	结果说明
						首序件	全序件		
一、依据数模及图样对冲压件单件进行验证									
1	XXXXX-101	冲压单件	实物/数模一致性检查（轮廓、特征）	重要安装面、切边符合冲压件数模设计状态	C	×	√		
2	XXXXX-102		实物/数模一致性检查（孔位）	重要孔位符合冲压件数模设计状态	C	×	√		
3	XXXXX-103		材质确认	符合冲压件BOM设计状态	A	√	√		
4	XXXXX-104		料厚确认	符合冲压件BOM设计状态	A	√	√		
5	XXXXX-105		重量确认	实物重量与数模重量对比、记录	A	×	√		
6	XXXXX-106		镀锌板检查	符合镀锌板设计要求	A	×	√		
7	XXXXX-107		细节结构检查	加强筋等结构设计是否合理	B	×	√		
8	XXXXX-108		外观品质检查	无开裂、起皱、凹陷、暗伤	B	√	√		
9	XXXXX-109		毛刺检查（特殊特性清单）	无明显毛刺，要求无毛刺部位做无毛刺处理	A	×	√		
10	……		……	……					
二、依据数模及图样对中小总成进行验证									
1	XXXXX-201	车体分总成	焊接标准件检查	符合设计状态	C	×	√		
2	XXXXX-202		焊点检查（位置、数量、间距、质量）	符合设计状态	A	×	√		
3	XXXXX-203		焊点焊接方便性验证	满足焊接方便性要求	A	√	√		
4	XXXXX-204		上件焊接方便性验证	满足焊接方便性要求	A	√	√		
5	XXXXX-205		焊接面贴合检查	满足焊接面贴合要求	B	×	√		
6	XXXXX-206		重要安装面检查	焊接变形、间隙、二保焊是否影响安装功能	A	×	√		
7	XXXXX-207		重要安装孔遮孔验证	满足安装分组安装功能要求	B	×	√		
8	XXXXX-208		焊接边验证	焊接边尺寸满足焊接要求	B	×	√		
9	XXXXX-209		细节结构验证	定位孔、筋等设计是否合理	A	×	√		
10	……		……	……					

注：Y表示检查符合；N表示检查不符合。

表 6-2 车身试制第一阶段试制验证内容（车体总成未电泳）

序号	项目编号		项目	要求	重要度	分段 首序件	分段 全序件	符合情况	结果说明
一、对车身总成外观进行验证									
1	XXXXX-101	美观性	车体侧面美观性验证	车体侧面设计美观	B	√	√		
2	XXXXX-102		车体顶部美观性验证	车体顶部设计美观	B	√	√		
3	XXXXX-103		车体后部美观性验证	车体后部设计美观	B	√	√		
4	XXXXX-104		车体底部美观性验证	车体底部设计美观	B	√	√		
5	XXXXX-105		车体B柱美观性验证	车体B柱设计美观	A	√	√		
6	XXXXX-106		车体后围流水槽美观性验证	车体后围流水槽设计美观	A	√	√		
7	…		……	……					
二、对车体总成刚度进行验证									
1	XXXXX-201	刚度	侧围外板刚度验证	刚度满足设计要求	A	√	√		
2	XXXXX-202		顶盖外板刚度验证	刚度满足设计要求	A	√	√		
3	XXXXX-203		翼子板刚度验证	刚度满足设计要求	A	√	√		
4	XXXXX-204		前地板刚度验证	刚度满足设计要求	A	√	√		
5	XXXXX-205		中地板刚度验证	刚度满足设计要求	A	√	√		
6	XXXXX-206		后地板刚度验证	刚度满足设计要求	A	√	√		
7	……		……	……					
三、对车体总成结构进行验证									
1	XXXXX-301	结构	车体总成重量确认	实物重量与数模重量对比、记录	A	√	√		
2	XXXXX-302		细节结构验证	定位孔、筋等设计是否合理	A	√	√		
3	XXXXX-303		涉水风险验证	无涉水风险	A	√	√		
4	XXXXX-304		总成焊点验证（间距、数量、过烧）	满足设计要求	A	√	√		
5	XXXXX-305		重要安装面验证（焊接变形、间隙等）	满足安装要求	A	√	√		
6	XXXXX-306		重要安装孔遮孔验证	满足安装要求	A	√	√		
7	XXXXX-307		各大总成搭接验证	搭接结构合理	A	√	√		
8	……		……	……					

注：Y 表示检查符合；N 表示检查不符合。

表 6-3 车身试制第一阶段试制验证内容（车体总成电泳后）

序号	项目编号		项目	要求	重要度	分段		符合情况	结果说明
						首序件	全序件		
一、对车体总成外观进行验证									
1	XXXXX-101	美观性	车体侧面美观性验证	车体侧面设计美观	B	√	√		
2	XXXXX-102		车体顶部美观性验证	车体顶部设计美观	B	√	√		
3	XXXXX-103		车体后部美观性验证	车体后部设计美观	B	√	√		
4	XXXXX-104		车体底部美观性验证	车体底部设计美观	B	√	√		
5	XXXXX-105		车体B柱美观性验证	车体B柱设计美观	A	√	√		
6	XXXXX-106		车体后围流水槽美观性验证	车体后围流水槽设计美观	A	√	√		
7	……			……					
二、对车体总成刚度进行验证									
1	XXXXX-201	刚度	侧围外板刚度验证	刚度满足设计要求	A	√	√		
2	XXXXX-202		顶盖外板刚度验证	刚度满足设计要求	A	√	√		
3	XXXXX-203		翼子板刚度验证	刚度满足设计要求	A	√	√		
4	XXXXX-204		前地板刚度验证	刚度满足设计要求	A	√	√		
5	XXXXX-205		中地板刚度验证	刚度满足设计要求	A	√	√		
6	XXXXX-206		后地板刚度验证	刚度满足设计要求	A	√	√		
7	……		……	……					
三、对车体总成结构进行验证									
1	XXXXX-301	结构	车体总成重量确认	实物重量与数模重量对比、记录	A	√	√		
2	XXXXX-302		涉水风险验证	无涉水风险	A	√	√		
3	XXXXX-303		防腐结构验证	满足设计要求	A	√	√		
4	XXXXX-304		涂胶验证	满足设计要求	A	√	√		
5	XXXXX-305		PVC验证	满足设计要求	A	√	√		
6	……		……	……					

注：Y 表示检查符合；N 表示检查不符合。

第二阶段为生产线整车小批量生产过线试制验证阶段，此阶段主要工作为识别整车批量生产过线试制问题及车身最终设计品质确认，验证工作内容诸如：焊装定位夹具与车身匹配状态、总成拼焊焊点操作可行性、涂装电泳空腔膜厚、涂胶喷蜡、总装马墩吊具匹配等问题，详细试制验证主要内容见表 6-4。

表6-4 车身试制第二阶段试制验证内容（生产线小批量生产车身总成）

序号	项目编号	项目		要求	重要度	符合情况	结果说明
1	XXXXX-101	焊装	焊装定位夹具状态确认	满足设计定位精度要求	A		
2	XXXXX-102		工装焊枪操作可行性	满足设计焊点固定要求	A		
3	XXXXX-103		焊装运转滑橇定位确认	满足设计滑橇定位固定要求	A		
4	……		……	……			
5	XXXXX-104	涂装	车体覆盖件表面电泳膜厚确认	满足设计防腐膜厚要求	A		
6	XXXXX-105		车体空腔零部件电泳膜厚确认	拆车空腔零部件电泳膜厚满足设计设计防腐要求	A		
7	XXXXX-106		涂胶品质确认确认	涂胶部位及质量满足设计防腐要求	A		
8	XXXXX-107		PVC喷涂品质确认	PVC喷涂部位及质量满足设计防腐要求	A		
9	XXXXX-108		涂装喷蜡品质确认	喷蜡部位及质量满足设计滑橇定位固定要求	A		
10	XXXXX-109		涂装运转滑橇定位确认	满足设计滑橇定位固定要求	A		
11	……		……	……			
12	XXXXX-110	总装	总装工装马墩吊具固定确认	满足设计马墩吊具车身固定要求	A		
13	……		……	……			

注：1. Y表示检查符合；N表示检查不符合。
2. 以上表6-1～表6-4中的项目序号及项目内容仅为示例所用，在开展具体的项目操作中需要根据车型的具体要求对表中内容进行完善。

6.1.2 车身试验验证的目的及内容

1. 车身试验验证的目的

车身试验验证是通过专用试验场或室内试验设备，按照预定的程序让汽车在不同的工况道路、地理和气候条件下使用及测试，考察车身的安全、可靠、耐久等性能目标达成情况，同时验证设计阶段车身性能模拟分析结果的正确性并尽可能暴露性能模拟分析遗漏的风险问题点，保证在量产上市前车身性能问题完全解决，车身性能达到设定目标。此阶段试验测试主要方式有台架试验和道路试验，其中，车身台架试验主要有24通道四立柱疲劳耐久试验、车身刚度及模态测试、碰撞试验等；道路试验主要有车身综合道路试验、车身强化腐蚀试验、四高一山可靠性试验等。

2. 车身试验验证的内容

（1）车身的疲劳耐久性能试验 通过试验验证诸如前纵梁、A/B/C柱、后地板横梁等重要车身结构件以及前/后副车架、前/后减振器、前/后门铰链等重要安装点的零部件钣金件静强度及车身钣金件、焊点疲劳性能，主要工作内容见表6-5。

表 6-5 车身疲劳耐久可靠性能试验主要工作内容

项目	性能要求指标		是否达标
白车身钣金件强度	前纵梁	无疲劳损伤开裂问题	
	前围板	无疲劳损伤开裂问题	
	A柱上/下	无疲劳损伤开裂问题	
	B柱上/下	无疲劳损伤开裂问题	
	C柱上/下	无疲劳损伤开裂问题	
	D柱上/下	无疲劳损伤开裂问题	
	侧围内板	无疲劳损伤开裂问题	
	侧围外板	无疲劳损伤开裂问题	
	前/中/后地板	无疲劳损伤开裂问题	
	后地板横梁	无疲劳损伤开裂问题	
	……	……	
动力总成安装点强度	发动机悬置安装点	无疲劳损伤开裂问题	
	……	……	
底盘安装点强度	前副车架前安装点	无疲劳损伤开裂问题	
	前副车架后安装点	无疲劳损伤开裂问题	
	前减振器安装点	无疲劳损伤开裂问题	
	……	……	
底盘安装点强度	备胎支架	无疲劳损伤开裂问题	
	……	……	
电子元件安装点强度	蓄电池安装点	无疲劳损伤开裂问题	
	雨刮安装点	无疲劳损伤开裂问题	
	……	……	
闭合件安装点强度	前门铰链安装点	无疲劳损伤开裂问题	
	前门锁扣安装点	无疲劳损伤开裂问题	
	后门铰链安装点	无疲劳损伤开裂问题	
	后门锁扣安装点	无疲劳损伤开裂问题	
	……	……	

(2) 车身 NVH 性能试验 主要通过台架及道路试验验证车身气密性、模态、静刚度及动刚度性能是否达到设计性能目标要求，车身 NVH 性能试验主要验证工作内容见表 6-6。

表 6-6 车身 NVH 性能试验验证主要工作内容

项目			性能要求指标		是否达标
气密性	白车身		车身气密性	满足设计性能目标要求	
模态	白车身		基频	满足设计性能目标要求	
			一阶扭转	满足设计性能目标要求	
			一阶弯曲	满足设计性能目标要求	
			前围板	满足设计性能目标要求	
			前地板	满足设计性能目标要求	
			……	……	
	局部安装点		蓄电池支架	满足设计性能目标要求	
静刚度	白车身静刚度	扭转工况	全局刚度	满足设计性能目标要求	
			门洞对角线变形	满足设计性能目标要求	
			尾门框对角线变形	满足设计性能目标要求	
			……	……	
		弯曲工况	全局刚度	满足设计性能目标要求	
			门洞对角线变形	满足设计性能目标要求	
			座椅横梁	满足设计性能目标要求	
			……	……	
静刚度	车身局部板件	翼子板	轮包卡扣安装孔法向刚度	满足设计性能目标要求	
			前支架法向刚度	满足设计性能目标要求	
			翼子板安装支架孔位置 ($X/Y/Z$)	满足设计性能目标要求	
			尖点刚度	满足设计性能目标要求	
			……	……	
	车身局部板件	侧围外板	后保安装支架撑脚接触点	满足设计性能目标要求	
			非常用区域初始刚度	满足设计性能目标要求	
			常用区域初始刚度	满足设计性能目标要求	
			……	……	
	车身局部板件	顶盖	初始刚度	满足设计性能目标要求	
			油罐效应载荷	满足设计性能目标要求	
		地板	刚度	满足设计性能目标要求	
静刚度	内饰安装点	安全带卷收器安装点	法向	满足设计性能目标要求	
		……	……	……	
	底盘安装点	前减振器安装点	X	满足设计性能目标要求	
			Y	满足设计性能目标要求	
			Z	满足设计性能目标要求	
		后减振器安装点	X	满足设计性能目标要求	
			Y	满足设计性能目标要求	
			Z	满足设计性能目标要求	
		……	……	……	

（续）

项目			性能要求指标		是否达标
动刚度	钣金件	顶盖	法向	满足设计性能目标要求	
		前围板	法向	满足设计性能目标要求	
		地板	法向	满足设计性能目标要求	
		后侧围	法向	满足设计性能目标要求	
		……	……	……	
	动力总成安装点	发动机悬置安装点	X	满足设计性能目标要求	
			Y	满足设计性能目标要求	
			Z	满足设计性能目标要求	
		……	……	……	
	底盘件安装点	前减振器安装点	X	满足设计性能目标要求	
			Y	满足设计性能目标要求	
			Z	满足设计性能目标要求	
		后弹簧支座安装点	X	满足设计性能目标要求	
			Y	满足设计性能目标要求	
			Z	满足设计性能目标要求	
		后减振器安装点	X	满足设计性能目标要求	
			Y	满足设计性能目标要求	
			Z	满足设计性能目标要求	
		……	……	……	
动刚度	开闭件安装点	门铰链车身端安装点	法向	满足设计性能目标要求	
		车门锁扣安装点	X	满足设计性能目标要求	
			Y	满足设计性能目标要求	
			Z	满足设计性能目标要求	
		……	……	……	
	内饰安装点	座椅安装点	Z	满足设计性能目标要求	
			……	……	……
动刚度	电子元件安装点	刮水器和电机支架安装点	法向	满足设计性能目标要求	
		……	……	……	

（3）车身防腐性能试验 主要验证车身钣金件防腐可靠性能。车辆在高温高湿特殊气候条件工况下进行工作试验，检验车身各个部位钣金件防腐性能。车身防腐性能试验主要是海南车身强化腐蚀试验，试验后需要对车身进行拆解对比分析，验证工作主要内容见表6-7。

表 6-7 车身防腐性能试验验证主要工作内容

分析项目	性能要求指标		是否达标
外板件防腐性能	翼子板	表面无锈蚀问题	
	侧围外板	表面无锈蚀问题	
	顶盖外板	表面无锈蚀问题	
	……	……	
关键结构空腔零部件防腐性能	A柱空腔钣金件	满足设计防腐性能目标要求	
	B柱空腔钣金件	满足设计防腐性能目标要求	
	C柱空腔钣金件	满足设计防腐性能目标要求	
	D柱空腔钣金件	满足设计防腐性能目标要求	
	……	……	
外露钣金件焊接止口边防腐性能	发动机舱钣金件搭接外露止口	止口边无锈蚀问题	
	前地板钣金件搭接外露止口	止口边无锈蚀问题	
	门槛钣金件搭接外露止口	止口边无锈蚀问题	
石击区防腐性能	前轮罩石击区域钣金件	无石击破坏防腐层锈蚀问题	
	门槛石击区域钣金件	无石击破坏防腐层锈蚀问题	
	前地板石击区域钣金件	无石击破坏防腐层锈蚀问题	
	……	……	
重要安装点防腐性能	翼子板安装点	安装点无锈蚀问题	
	副车架车身安装点	安装点无锈蚀问题	
	悬架车身安装点	安装点无锈蚀问题	
	……	……	
标准件防腐性能	翼子板安装区域标准件	标准件无锈蚀问题	
	地板区域外露标准件	标准件无锈蚀问题	
	……	……	

（4）车身安全碰撞试验 主要模拟车身在发生碰撞情形下，对车身的结构安全性能进行实车测试，验证其结构性能能否达到相应安全法规要求。安全碰撞试验项目主要有国标碰撞要求、C-NCAP 星级碰撞要求、中国保险汽车安全指数要求等。各碰撞试验对车身的考察项主要有结构入侵、入侵速度和加速度。以 C-NCAP 为例，主要验证内容如表 6-8 所示。

表 6-8 NCAP 车身安全碰撞性能试验验证主要工作内容

分析项目			性能设计要求	是否达标
正面碰撞	防火墙侵入量	A 区	满足设计性能要求	
		B 区		
		C 区		
		D 区		
	A 柱侵入量	上门框	满足设计性能要求	
		下门框		
	转向管柱	X	满足设计性能要求	
		Z		
	加速踏板	X	满足设计性能要求	
		Z		
	……	……	……	

(续)

分析项目		性能设计要求		是否达标
偏置碰撞	防火墙侵入量	A区	满足设计性能要求	
		B区		
		C区		
		D区		
	A柱侵入量	上门框	满足设计性能要求	
		下门框		
	转向管柱	X	满足设计性能要求	
		Z		
	……	……	……	
侧面碰撞（AEMDB）	B柱侵入量	上测点	满足设计性能要求	
		中测点		
		下测点		
	B柱最大侵入速度	上测点	满足设计性能要求	
		中测点		
		下测点		
	前门侵入量	上测点	满足设计性能要求	
		中测点		
		下测点		
	……	……	……	
顶压	最大承载载荷		满足设计性能要求	
侧面柱碰	前门变形量	最大入侵量	满足设计性能要求	
	……	……	……	

注：以上表6-5～6-8中的项目及内容仅为示例所用，在开展具体的项目操作中需要根据自身的具体要求对表中内容进行完善。

6.2 车身试制试验验证方法及流程

6.2.1 车身试制验证方法及流程

车身试制验证方法主要采用多阶段试制排查验证方法，即首序件白车身试制验证——首序件白车身试制问题设计优化验证——全序件试制白车身验证——全序件白车身试制问题设计优化验证——生产线整车过线试制验证——生产线过线试制问题设计优化验证——试制验证问题闭环。对应车身试制验证流程见图6-1。

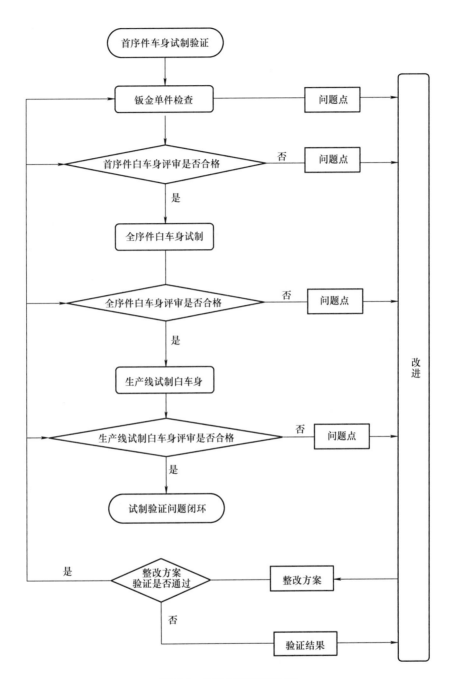

图 6-1 车身试制验证流程

6.2.2 车身试验验证方法及流程

车身试验验证方法主要采用实车道路验证 + 台架试验结合验证方法 + 环境试验,即通过实车可靠性道路试验、环境试验与台架试验,检验车身在整车使用年限内车身疲劳耐久性能、NVH 性能、防腐性能以及碰撞性能是否达到车辆初期目标设计要求,同时校核设计阶段性能理论分析结果的准确性，从而确保车身产品质量可靠。对应试验验证流程见图6-2。

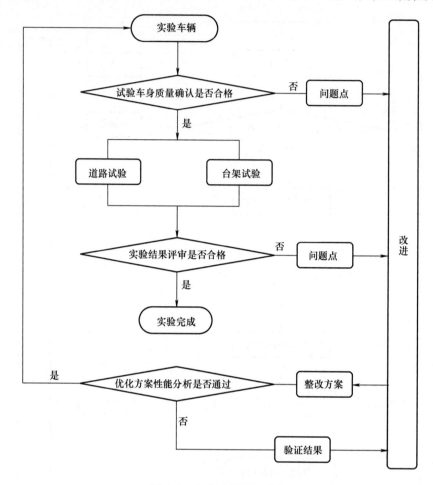

图6-2 车身试验验证流程

附 录 Appendix
常见专业术语英文缩略词及释义

序号	缩略词	英文	中文
1	MPV	Multi-Purpose Vehicle	多用途汽车
2	SUV	Sport Utility Vehicle	运动型实用汽车
3	DC	Drawing Common Steels	冷轧深冲钢
4	MS	Mild Steel	低碳钢
5	HSS	High Strength Steel	高强钢
6	AHSS	Advanced High Strength Steel	先进高强钢
7	UHSS	Ultra High Strength Steel	超高强钢
8	PHS	Press Hardened Steel	热成形钢
9	SPR	Self-Piercing Rivet	自冲铆
10	FDS	Flow Drill Screw	流钻焊
11	CMT	Cold Metal Transfer	冷金属过渡焊
12	ASF	Audi Space Frame	奥迪铝合金空间框架
13	NVH	Noise Vibration Harshness	噪声、振动与声振粗糙度
14	BIW	Body in White	白车身
15	VTF	Vibration Transfer Function	振动传递函数
16	TWB	Tailor Welded Blank	激光拼焊板
17	TRB	Tailor Rolled Blank	变厚板
18	ECB	Euro Car Body	欧洲车身会议
19	CLCB	China Lightweight Car Body Conference	中国车身轻量化会议
20	PB	Patchwork Blank	补丁板
21	SE	Simultaneous Engineering	同步工程
22	NC	Numerical Control	模具加工
23	CAE	Computer Aided Engineering	计算机辅助工程
24	CAS	Concept A Surface	造型面
25	CCB	Center Cross Beam	仪表板管梁

(续)

序号	缩略词	英文	中文
26	NCAP	New Car Assessment Program	新车碰撞测试
27	C-NCAP	China New Car Assessment Program	中国新车评价规程
28	AE-MDB	Advanced European Mobile Deformable Barrier	高级欧洲移动变形壁障
29	C-IASI	China Insurance Automotive Safety Index	中国保险汽车安全指数
30	OEM	Original Equipment Manufacture	原始设备制造商
31	ECE	Economic Commission of Europe	联合国欧洲经济委员会汽车法规
32	SSS	Simple Structural Surface	简单结构面法
33	CAD	Computer Aided Design	计算机辅助设计
34	MFL	Multiple Flange	多层焊接边
35	FEM	Front End Module	前端模块
36	DP	Dual Phase Steels	双相钢
37	CP	Complex Phase Steels	复相钢
38	QP	Quenching and Partitioning Steel	淬火延性钢
39	GFRP	Glass Fiber Reinforced Plastic	玻璃纤维增强复合材料
40	CFRP	Carbon Fiber Reinforced Plastic	碳纤维增强复合材料
41	IF	High Strength Interstitial Free Steels	无间隙原子高强钢
42	BH	Bake Hardening Steels	烘烤硬化高强钢
43	HSLA	High Strength Low Alloy Steels	高强度低合金钢
44	TRIP	Transformation Induced Plasticity Steels	相变诱导塑性钢
45	MS	Martensitic Steels	马氏体钢
46	EA	Effective Acceleration	有效加速度
47	VPI	Vehicle Pulse Index	汽车波形指数
48	OLC	Occupant Load Criterion	乘员承载指数
49	PVC	Polyvinyl Chloride	聚氯乙烯